dtv

Kennt jemand »Herrn Weihnachten«, der seiner Frau die Hände abschneidet, weil sie bei der Geburt Jesu behilflich war? Oder die Legende, wie sich Maria ertränken wollte? Oder jene, wonach ein Bäcker in der Heiligen Nacht den Joseph mit glühenden Scheiten bewarf? Weiß einer, dass Väterchen Frost nur bestimmten Menschen etwas antut? Dass St. Nikolaus mitunter dreimal im Jahr seine Runde macht? Und wie unbändig es zu Weihnachten bei den Trollen und Huldren des Nordens zugeht? Und was ist mit dem Weihnachtsschwein und dem Julbier, mit den Dreikönigen in Mexiko und Brasilien? 112 unerhörte Geschichten enthält dieser Originalband. Er zeigt, dass es noch ein anderes Weihnachten gibt – die christlichen Unter- und Gegenwelten. ›Schöne wilde Weihnacht‹ verrät einiges von der mythischen Kraft, die solchen Geschichten innewohnt, von denen die Leute früher mit Ehrfurcht und Schaudern, mit Lust und Behagen erzählt haben.

Ulf Diederichs, geboren 1937 in Jena, stammt aus einer alten Verlegerfamilie. Neben vielen anderen Veröffentlichungen gab er bei dtv mehrere erfolgreiche Anthologien heraus: u. a. ›Ostern. Ein Spaziergang rund um die Welt‹ (dtv 12325), ›Allerlei Glück. Ein Fontane-Lebensbuch‹ (dtv 12538).

Schöne wilde Weihnacht

Märchen, Sagen und Legenden aus alter Zeit

Mit 50 Bildern

Herausgegeben
von Ulf Diederichs

Deutscher Taschenbuch Verlag

Von Ulf Diederichs
wurden im Deutschen Taschenbuch Verlag
herausgegeben:

Ostern. Ein Spaziergang rund um die Welt (12325)
Theodor Fontane. Allerlei Glück (12538)
Wenn Väterchen Frost kommt (12699)
Who's who im Märchen (32537)

Originalausgabe
Oktober 1991
7. Auflage Oktober 2000
Deutscher Taschenbuch Verlag GmbH & Co. KG,
München
www.dtv.de

Umschlagkonzept: Balk & Brumshagen
Umschlagbild: Jindra Čapek
Gesamtherstellung: C. H. Beck'sche Buchdruckerei,
Nördlingen
Gedruckt auf säurefreiem, chlorfrei gebleichtem Papier
Printed in Germany · ISBN 3-423-20368-4

INHALT

ERSTES KAPITEL

VÄTERCHEN FROST UND SCHNEEKÖNIGIN

»Und mit weißen Locken und schneeweißem Bart saß der Winter eiskalt, alt und gebeugt, aber stark wie der Wintersturm und des Eises Macht, hoch auf der Schneewehe des Hügels und schaute nach Süden. Das Eis krachte, der Schnee knirschte, die Schlittschuhläufer kreisten auf den blanken Seen, und Raben und Krähen nahmen sich gut aus auf dem weißen Grunde.«

Hans Christian Andersen,
›Die Geschichte des Jahres‹ (1852)

Junker Frost
Ein russisches Märchen

Es lebten einmal ein Mann und eine Frau. Der Mann und die Frau hatten drei Töchter. Die Frau liebte ihre älteste Tochter nicht (es war ihre Stieftochter), sie schalt sie oft, weckte sie frühzeitig und lud die ganze Arbeit auf sie ab. Das Mädchen tränkte und fütterte das Vieh, trug Holz und Wasser in die Hütte, heizte den Ofen, verrichtete ihre Gebete, fegte die Hütte und räumte noch vor Tage alles auf. Doch die Alte war auch dann nicht zufrieden und brummte über Marfuscha: »So ein faules Ding, so eine Schlampe! Und der Besen ist nicht an seinem Platz, und das steht nicht richtig da, und schmutzig ist's in der Hütte ...!« Das Mädchen schwieg und weinte; sie bemühte sich auf alle Weise, es der Stiefmutter recht zu machen und ihren Töchtern gefällig zu sein; aber die Schwestern sahen's von der Mutter ab und setzten Marfuscha in allem hintenan, suchten Zank mit ihr und brachten sie zum Weinen: das war ihnen ein Vergnügen! Sie selber standen immer spät auf, wuschen sich mit dem bereitstehenden Wasser, trockneten sich mit einem sauberen Handtuch ab und setzten sich an die Arbeit, nachdem sie zu Mittag gegessen hatten. So wuchsen nun unsere Mädchen heran, wurden groß und kamen ins Brautalter. Ein Märchen ist bald erzählt, aber eine Tat nicht so bald getan. Dem Alten tat seine älteste Tochter leid; er liebte sie, weil sie gehorsam und arbeitsam war, nie eigensinnig, was man ihr sagte, auch machte, und nie auch nur mit einem Wort widersprach; aber der Alte wußte nicht, wie er dem Kummer abhelfen sollte. Er selber war krank, die Alte ein Zankteufel, und ihre Töchter waren faul und widerspenstig.

Nun begannen unsere Alten zu überlegen: der Alte, wie er seine Töchter unter die Haube bringen kann, und die Alte, wie sie die Älteste loswerden kann. Einmal sagte die Alte zu ihrem Alten: »Nun, Alter, wir wollen Marfuscha verheiraten!« – »Ist gut«, sagte der Alte und trollte sich auf den Ofen; die Alte aber rief ihm nach: »Alter, steh morgen frühzeitig auf, spann die Stute vor den Schlitten und fahr mit Marfuscha los; und du, Marfuscha, pack deine Sachen in den Reisekorb und zieh ein weißes Hemd an; du fährst morgen zu Besuch!«

Die gutmütige Marfuscha freute sich über das Glück, daß man sie zu Besuch fährt, und schlief süß die ganze Nacht; am Morgen stand sie zeitig auf, wusch sich, betete zu Gott, holte alles zusammen und packte es ordentlich ein, zog sich selbst festlich an und war ein Mädchen – nun, eine Braut, wie sie sich einer nur wünschen kann! Die Geschichte war aber im Winter, und draußen war eine beißende Kälte.

Der Alte spannte früh, ehe es noch tagte oder dämmerte, die Stute vor den Schlitten und führte sie bis an die Tür; er selber kam in die Hütte, setzte sich auf die Türbank und sagte: »Nun, ich habe alles vorbereitet!« – »Setzt euch an den Tisch und eßt!« sagte die Alte. Der Alte setzte sich an den Tisch und ließ auch die Tochter sich hinsetzen; der Brotteller stand auf dem Tisch, er nahm einen Laib und schnitt für sich und die Tochter ab. Die Alte aber brachte unterdessen in einer Schüssel alte Krautsuppe und sagte: »Nun, mein Täubchen, iß und scher dich dann fort, ich habe dich lange genug hier gesehen! Alter, bring Marfuscha zu ihrem Bräutigam; paß aber auf, alter Tropf, fahr geradeaus den Weg entlang und biege dann rechts vom Wege ab, in den Wald hinein, du weißt schon, gerade zu der großen Fichte, die auf dem Hügel steht, und gib Marfuscha dort dem Junker Frost zur Frau!« Der Alte riß Augen und Maul auf und hörte auf zu löffeln, das Mädchen aber begann zu heulen. »Nun, was plärrst du hier herum! Das ist doch ein schöner und reicher Bräutigam! Sieh nur, was er alles besitzt:

alle Tannen, Fichten und Birken tragen einen Pelz; ein beneidenswertes Leben, und er selbst ist ein Prachtkerl!«

Der Alte verpackte schweigend die Habseligkeiten, hieß die Tochter einen Schafspelz überwerfen und machte sich auf den Weg. Fuhr er nun lange, kam er bald an – ich weiß es nicht; ein Märchen ist bald erzählt, eine Tat aber nicht so bald getan. Schließlich kam er zum Wald, bog vom Wege ab und fuhr einfach über den verharschten Schnee; als er tief in den Wald hineingefahren war, hielt er an und hieß die Tochter heruntersteigen, er selber stellte den Reisekorb unter eine riesige Fichte und sagte: »Bleib hier sitzen und warte auf den Bräutigam; paß aber auf, empfang ihn recht zärtlich!« Und er wendete das Pferd und fuhr nach Hause.

Das Mädchen sitzt und zittert: es schüttelte sie am ganzen Leibe. Sie wollte jammern, aber die Kräfte reichten nicht aus: nur ihre Zähne klapperten in einem fort. Auf einmal hört sie: nicht weit von ihr knallt Junker Frost auf einer Tanne, springt von einer Tanne auf die andere und

knistert. Plötzlich war er auf der Fichte, unter der das Mädchen sitzt, und sagt zu ihr von oben: »Ist dir warm, Mädchen?« – »Warm, Väterchen, warm, Junker Frost!« Junker Frost ließ sich weiter herab, knallte und knisterte noch mehr. Der Frost fragte das Mädchen: »Ist dir warm, Mädchen? Ist dir warm, du Schöne?« Dem Mädchen verschlägt es bald den Atem, aber es sagt noch: »Warm, Junker Frost, warm, Väterchen!« Der Frost knallte noch mehr, knisterte noch stärker und sagte zu dem Mädchen: »Ist dir warm, Mädchen, ist dir warm, du Schöne, ist dir warm, mein Herzchen?« Das Mädchen war schon ganz erstarrt und sagte kaum hörbar: »Oj, so warm, liebster Junker Frost!« Da empfand der Junker Frost Mitleid, hüllte das Mädchen in Pelze und wärmte es mit Decken.

Am Morgen sagte die Alte zu ihrem Alten: »Fahr los, alter Trottel, und wecke das junge Paar!« Der Alte spannte das Pferd ein und fuhr los. Als er bei der Tochter ankam, fand er sie noch am Leben; sie hatte einen schönen Pelz an, ein kostbares Seidentuch um und einen Korb mit reichen Geschenken. Ohne ein Wort zu sagen, lud der Alte alles auf den Schlitten, stieg mit der Tochter auf und fuhr nach Hause. Sie kamen zu Hause an, und das Mädchen fiel der Stiefmutter zu Füßen. Die Alte war höchst verwundert, wie sie das Mädchen noch am Leben sah, dazu den neuen Pelz und den Korb Wäsche. »Ach, du Hündin! Du sollst mich nicht zum besten haben!«

Nach einer kleinen Weile sagte die Alte zu ihrem Alten: »Bring nun auch meine Töchter zum Bräutigam; der wird sie noch ganz anders beschenken!« Eine Tat ist nicht so bald getan, aber ein Märchen ist bald erzählt. Früh am Morgen also gab die Alte ihren Kindern reichlich zu essen, schmückte sie, wie sich's gehört, für die Hochzeit und schickte sie auf den Weg. Der Alte brachte die Mädchen auf dem gleichen Wege unter die Fichte. Unsere Mädchen sitzen dort und spotten: »Was hat sich

Mutter da ausgedacht – beide auf einmal in die Ehe wegzugeben? Gibt's etwa in unserem Dorfe keine Burschen? Will's das Unglück, kommt irgendein Teufel, und du weißt nicht wer!«

Die Mädchen waren in Schafspelzen, und doch war ihnen kalt. »Wie geht's, Paracha? Mich kneift der Frost schon auf der Haut. Nun, wenn unser Auserwählter nicht kommt, können wir hier erfrieren!« – »Hör auf, Maschka, und erzähl keinen Unsinn! Ist es etwa üblich, daß sich die Bräutigame so zeitig einfinden? Jetzt ist draußen erst Mittag.« – »Nun, Paracha, wenn nur einer kommt, wen wird er nehmen?« – »Na, vielleicht dich, du Närrin?« – »Aber dich ganz bestimmt!« – »Natürlich, mich!« – »Dich? Hör auf, mich zu foppen und Märchen zu erzählen!« Junker Frost hatte ihnen die Hände erstarren lassen; unsere Mädchen wärmten ihre Hände an der Brust und fingen wieder an: »Ach du, Schlafmütze, Zankteufel, Schmutzfink! Zu spinnen verstehst du nicht, und vom Weben hast du gleich gar keine Ahnung!« – »Och, du Prahlerin! Und was kannst du? Dich in den Lauben herumtreiben und dich abschlecken lassen. Wir werden ja sehen, wen er zuerst nimmt!« So unterhielten sich die Mädchen und froren ganz schrecklich; auf einmal sagten sie wie aus einem Munde: »Warum kommt er so lange nicht? Du bist schon ganz blau!«

Da begann in der Ferne Junker Frost zu knallen, von Tanne zu Tanne zu springen und zu knistern. Den Mädchen schien es, daß jemand gefahren kommt. »Horch, Paracha! Er kommt schon, und dazu noch mit Schellen.« – »Scher dich fort, Hündin! Ich höre nichts, mich zwickt der Frost!« – »Und du willst heiraten!« Und sie begannen, auf ihre Finger zu hauchen. Junker Frost kommt immer näher und näher; schließlich war er auf der Fichte, über den Mädchen. Er sagt zu den Mädchen: »Ist euch warm, ihr Mädchen? Ist euch warm, ihr Schönen? Ist euch warm, meine Täubchen?« – »Oj, Junker Frost, uns ist sehr kalt! Wir sind ganz erfroren, warten auf den Auserwählten, aber der verfluchte Kerl läßt sich nicht blikken!« Junker Frost ließ sich weiter herab, knallte noch mehr und knisterte noch häufiger. »Ist euch warm, ihr Mädchen? Ist euch warm, ihr Schönen?« – »Geh zum Teufel! Bist du vielleicht blind, du siehst doch, daß uns Hände und Füße abgefroren sind.« Junker Frost ließ sich noch weiter herab, gab ihnen einen harten Schlag und sagte: »Ist euch warm, ihr Mädchen?« – »Scher dich zu allen Teufeln, verrecke im Moor, verfluchter Kerl!« – und die Mädchen waren starr und steif.

Am Morgen sagt die Alte zu ihrem Mann: »Spann den Stadtschlitten an, Alter; leg einen Armvoll Heu darauf und nimm eine Pelzjacke mit. Die Mädchen werden wohl durchfroren sein, es ist ein schrecklicher Frost draußen! Und mach schnell, alter Trottel!« Der Alte kam nicht einmal dazu, ein paar Bissen zu essen, da war er schon draußen und auf dem Wege. Fährt, die Töchter zu holen, und findet sie tot. Er lud seine Kinder auf, hüllte sie in die Decke und legte eine Bastmatte darüber. Die Alte sah den Alten schon von weitem, kam ihm entgegengelaufen und fragte: »Was ist mit den Kindern?« – »Im Schlitten!« Die Alte hob die Bastmatte auf, nahm die Decke weg und fand ihre Kinder tot.

Da fuhr die Alte los wie ein Gewitter und schimpfte auf den Alten: »Was hast du angerichtet, alter Hund? Hast meine Töchter zugrunde gerichtet, meine, meine Kinder, meine lieben, meine schönen, meinen Augentrost. Ich werde dich mit der Ofengabel prügeln, mit dem Schürhaken erschlagen!« – »Hör auf, altes Weibsstück! Das hast du davon, daß du so versessen auf Reichtum warst und daß deine Kinder so eigensinnig waren! Bin ich vielleicht schuld? Du hast's nicht anders gewollt!« Die Alte war eine Weile böse, schimpfte eine Weile, danach aber söhnte sie sich mit der Stieftochter aus, und von nun an lebten sie herrlich und in Freuden, wurden reiche Leute und gedachten des Bösen nicht mehr. Der Nachbar kam als Freier, sie feierten Hochzeit, und Marfuscha führt ein glückliches Leben. Der Alte drohte den Enkeln mit dem Junker Frost und ließ keinen Eigensinn zu. Auch mich luden sie zur Hochzeit ein, ich trank Bier und Wein; 's ist alles um den Bart geronnen, der Mund hat nichts abbekommen.

Der Vater der Kälte
Eine estnische Sage

Der Sohn der Kälte kommt zum Vater mit der freudigen Nachricht: »Ich habe einen Herrn erfroren, der im Schlitten fuhr, den Kutscher auf dem Bock.« – »Gut«, sagt der Vater der Kälte, »aber sieh – dort geht ein Fronarbeiter in den Wald, um Holz zu hauen, die Axt auf dem Hintern am Gürtel. Geh und erfrier nun den da draußen!« – »Warte nur«, sagt der Sohn, »der Herr hatte einen warmen Pelz an, und ich habe ihn erledigt; da werde ich den da bestimmt auch erledigen.«

Damit geht er. Der Waldhauer haut und haut, denn damals kannte man noch keine Sägen. Der Morgen ist recht kalt, den Hauer macht auch die Arbeit nicht warm, kein Schweiß kommt auf die Stirn, die Hände frieren schrecklich – der Sohn der Kälte war nämlich in den Daumen des Handschuhs gekrochen und hatte von dort aus seine Arbeit angefangen. Der Mann zieht die Handschuhe ab, guckt sie an, dreht sie zusammen, legt sie auf den Baumstumpf und fängt an, die Handschuhe mit der Axt zu bearbeiten. Der Sohn der Kälte kann kaum aus dem Handschuh entfliehen, keuchend eilt er zum Vater und sagt zu ihm: »Du hast mich wohl zu einem Tollen geschickt, der mir mein Leben rauben wollte – solch einem darf man sich gar nicht nähern. Der Herr hatte einen warmen Pelz und viele Kleider an, mit ihm ging es schnell.« – »Ja«, erwiderte der Vater, »Sohn, du sollst den Mann nicht an den Haaren erkennen, sondern an den Zähnen; die Arbeiter sind nun mal Zahnmänner (d. h. Zauberer).«

Andere erzählen die Geschichte so. Einem Holzhacker wurde im Wald warm von der Arbeit. Er streifte die Handschuhe ab und legte sie auf einen Baumstumpf. Der Sohn der Kälte kroch in den Daumen des Handschuhs. Der Mann wollte den Handschuh wieder auf die Hand ziehen, aber es gelang ihm nicht. Da legte er ihn auf den Baumstumpf und schlug ihn mit dem Beilauge weich, ja er zerriß den Sohn der Kälte ganz und gar.

Anderntags ging der Vater der Kälte selbst, um den Mann zu reizen. Er kroch in den Pelz des Mannes, der auf dem Schnee lag. Der Holzhacker wollte nach Haus, zog aber den Pelz nicht an, denn ihm war noch warm von der Arbeit. Der Mann warf den Pelz samt der Kälte auf den Schlitten unter seinen Sitz. Zu Haus warf er den Pelz zum Wärmen auf den Ofen. Der Ofen war heiß, und der Vater der Kälte zerschmolz völlig. Da gab es lange Zeit keine Kälte mehr, die die Menschen plagen konnte.

Der Frost, die Sonne und der Wind
Ein weißrussisches Märchen

Ein Mann ging des Wegs und begegnete der Sonne, dem Frost und dem Wind. Als er an ihnen vorüberging, sagte er: »Gelobet.« – »Wen lobt er?« fragten die drei. Die Sonne sagte: »Mich, damit ich ihn nicht versenge.« – »Mich und nicht dich«, sagte der Frost, »denn vor dir fürchtet er sich weniger als vor mir.« – »Alles nicht wahr«, sagte schließlich der Wind, »dieser Mann lobt nicht euch, sondern mich.«

Und sie begannen zu streiten, beschimpften sich und fuhren beinah einander in die Haare ...

»Dann laßt uns ihn fragen, wen er lobte, mich oder euch.« Die drei holten den Mann ein und fragten ihn. Da sagte der Mann: »Den Wind.« – »Seht ihr, hab ich doch gesagt – mich!« – »Warte! Ich werde dich braten, bis du rot bist wie ein Krebs«, sagte die Sonne, »du sollst an mich denken.« Darauf sagte der Wind: »Hab keine Angst, sie wird dich schon nicht braten. Ich werde wehen und dich kühlen.« – »Und ich werde dich, du Schinderknecht, zu einem Eiszapfen machen«, sagte der Frost. »Fürchte dich nicht, Freund«, sagte der Wind, »dann werde ich ausbleiben, und er wird dir nichts anhaben können, denn ohne Wind kann er dich nicht zu einem Eiszapfen machen.«

Die Schneekönigin
Ein lothringisches Märchen

Es waren Eltern, die hatten zwei Kinder, den Karl und das Gretel. Es war hoher Winter und schneite. Große Flocken fielen, und die Kinder hatten Plaisir und schrieen: »Mutter, schau, Sterne!« Gegen Abend kam eine große Flocke ans Fenster geflogen, schaute herein, lachte die Kinder an. Da sagte die Mutter: »Das ist die Schneekönigin, ihr Kinder, nehmt euch in acht vor ihr!«

Unten in der Straße spielten die andern Kinder, warfen Schneeballen, fuhren Schlitten und riefen: »Kommt, spielt auch mit uns!« Karl wäre gern auf die Straße gegangen. Die Mutter aber sagte: »Nein, bleib da, denn es geht schon auf die Nacht zu. Daß mir keines fortgeht!«

Und die Flocken tanzten wieder vor dem Fenster und die Schneekönigin war dabei, lachte und winkte, sie sollten kommen. Die Mutter war in der Küche und Karl sagte zu der Schwester: »Ich gehe doch!« Das Gretel sagte: »Geh nicht, bleib da!« Und Karl, die Pelzkappe auf den Kopf, den Cachenez (großes Halstuch) um sich herumgewickelt, und hinunter zu den andern Kindern und Schneeball geworfen und immer dem Gretel gewinkt: »Komm, komm auch!« Das Gretel, den Kopf geschüttelt, es käme nicht.

Nun spielten und lachten die Kinder und machten so fort, bis in die Nacht hinein. Karl dachte, er wolle noch nicht heimgehen. Er nahm seinen Schlitten, ging oben zur Stadt hinaus, und es schneite immer mehr. Nun dachte er: »Ich will jetzt aber doch heimgehen!« Und wie er heimgehen will, kommt eine große Frau (Madame), weißer Pelz, weißer Mantel, weiße Pelzkappe und lacht: »Komm, setz dich in meinen Schlitten, ich fahre dich heim.«

Karl setzte sich auf den Schlitten und sie, mit dem Schlitten los, zur Stadt hinaus. Karl gefiel es gut auf dem Schlitten, und sie übers Feld und in den Wald! Dann sagte Karl: »Ja, wo geht Ihr denn hin? Ich will ja heim!« Da antwortete sie: »Komm nur mit, ich führe dich in mein Schloß, es wird dir gefallen!« Karl wurde es kalt, er fror und war hungrig. Sie aber ging fort mit ihm.

Nun, zu Hause: Karl ist fort! Das Gretel fing an zu heulen und die Mutter sagte: »Karl ist fort. Er kam noch nicht wieder.« Dann fing auch die Mutter an zu weinen: »Gelt, er ging fort, er folgte mir nicht. Den hat die Schneekönigin geholt.« Sie suchten nach ihm, sie fanden ihn nicht mehr. Verschwunden!

Das Gretel sagte: »Mutter, ich gehe fort, ihn zu suchen.« – »Um Gottes willen, Kind, du findest ihn nicht. Die Schneekönigin hat ihn geholt!« Das Gretel, den andern Morgen aufgestanden, zu Morgen gegessen, die

Schuhe angezogen, ein Halstuch um sich herum: »Mutter, ich gehe fort, den Karl zu suchen, und ich komme nicht, oder ich habe ihn!« Da sagte die Mutter: »Geh und bring mir ihn heim!«

Das Gretel ging fort, zur Stadt hinaus. Der Wind ging schneidig kalt. Es aber ging tapfer drauf los, übers Feld, in den Wald und ging und ging, brach im Schnee unter, bekam kalte Hände, Tränen liefen ihm aus den Augen und immer rief es: »Karl, Karl!« Die Nacht kam und es wurde müde und schläfrig und hungrig. Es aß sein Stück trockenes Brot, setzte sich hinter einen Tannenbaum und dachte, da wolle es schlafen. Dann betete es sein Nachtgebetchen und dachte, den andern Morgen wolle es den Bruder weiter suchen und wolle nicht ruhen und nicht rasten, bis es ihn gefunden hätte. »Und ich suche und ich finde ihn!« So schlief das Gretel ein.

Am nächsten Morgen erwachte es und: wieder fort, ihn zu suchen. Es fürchtete sich mitunter im Wald, denn da räusperte sich etwas und dort. Dann schaute es und rief und ging so immerfort, drei Tage lang. Am dritten Tag sah es abends ein helles Glitzern und war an dem Schloß der Schneekönigin. Da rief es: »Karl, Karl! Wo bist du? Das Gretel ist da!« Da kam die Schneekönigin: »Gelt, du bist es, Gretel«, sagte sie, »du kommst, Karl zu holen? Komm herein, du kannst auch da bleiben. Karl gefällt es gut.« Das Gretel fror, war ganz blau im Gesicht, und in dem Schloß war eine Eiseskälte. Die Eiskönigin sagte: »Komm, ich will dir deinen Bruder zeigen. Er liegt im Bett.« Da führte sie das Gretel an ein Schneebett, in dem Karl lag, halb tot, mit ganz blauem Gesicht. Es hauchte ihn an, es rief ihn: »Karl, Karl, ich bin da, das Gretel, deine Schwester, wach auf, wir gehen nach Hause.« Es schüttelte ihn, er wollte aber nicht aufwachen. Endlich machte er die Augen auf und sagte: »Gretel, mir ist es kalt, ich will heim.« – »Ja, warum bist du fort zu der bösen Schneekönigin?«

Die Königin kam und sagte: »Wollt ihr nicht da bleiben bei mir? Es ist doch so schön!« Da antwortete das Gretel: »Nein, wir wollen fort von dir, wir wollen zu unserer Mutter, denn du bist ja so böse.« Daraufhin lachte sie und sagte: »Ja, ich hole alle bösen Kinder. Aber weil's Gretel so brav war, dürft ihr nun doch heim, nur müßt ihr weit, weit laufen! Wenn ihr nun heim geht, dann nicht herüber und hinüber schauen und euch bei nichts aufhalten.«

Die Kinder nahmen sich an der Hand, und sie winkte ihnen zu: »Adieu ihr Kinder, auf Wiedersehn!« Das Gretel schaute noch einmal herum. Da sah es, wie das Eisschloß verging. Es wurde immer kleiner, wurde zu Wasser, und der Schneekönigin flossen Tränen aus den Augen. Endlich war alles verschwunden. Die Kinder gingen drei Tage lang durch den Wald, und als sie gegen den Heimatort kamen, war schon der Frühling da. Blümchen und grünes Gras kamen aus dem Boden. Sie sahen ihre Heimatstadt, liefen, was sie konnten, liefen durch die Gassen, nichts als heim, die Treppe hinauf, die Türe auf: »Mutter, Mutter, da sind wir!« Da hatte die Mutter ein Plaisir! »O, mein Karl, mein Karl!« Und Karl sagte: »Niemals mehr lasse ich mich locken von dieser bösen Königin.«

Schlittenpartie mit Rübezahl
Eine schlesische Sage

Ein armer Bauersmann hatte sich ein wenig Holz im Gebirge zusammengemacht, in der Meinung, solches bei guter Schneezeit bequem herunterzubringen. Da nun der Winter in Ermangelung des Schnees jenes Jahr schlecht war, wußte er sich keinen Rat; der Winter war streng, so daß er mit seinem Weib und den Kindern große Kälte ausstehen mußte. Er sah sich genötigt, etwas aus dem Busch zu holen, es sei so viel als ihm möglich. Wie er nun da angelangt, stand er ein wenig und suchte seinen Kummer hinter den Ohren zu stillen; denn er wußte nicht, wie er das Holz den Berg hinunterschaffen sollte. Wie er mit solchen Grillen sich plagte, siehe, unverhofft kommt ein Mann mit einem Schlitten getrost auf ihn zugezogen, der ihn sofort fragt, wie es ihm geht und ob's auch Schnee genug hat, Holz herunterzuschleppen. Der gute Mann antwortete ihm: »Nein, der Schnee ist heuer schlecht; ich weiß nicht, wie ich mein bißchen Holz herunterbringen kann, wo kein Schnee mehr kommt.« Rübezahl sagte: »Oho, wenn ich nur viel hätte! Herunterzubringen getraute ich mir's schon; kommt, weist mir, wo es steht!« Als sie hinkamen, sprach er: »Ihr habt dem Holz keine gute Stelle gegeben; allein, wollt Ihr mir's etliche Schritte herüberwerfen, will ich es Euch den Berg helfen herunterfahren.« Der Bauer sprach: »Das will ich gerne tun; wollt Ihr mir helfen, so geschieht mir ein sonderlicher Gefallen, denn ich habe zu Hause gar kein Holz, Weib und Kinder sind mir halb erfroren; wenn Ihr nur nicht zu viel für Eure Mühe verlangt: Hilfe wäre mir vonnöten, denn ich bin ein armer Mann.« Rübezahl ver-

setzte: »Wir werden es schon miteinander machen; werft nur frisch herüber, ich will für Euch und hernach für mich aufladen.« Sobald er des Mannes Schlitten vollgepackt, half er ihm damit auf den Weg; nachdem er das Holz zu seinem herzugeworfen, hieß er den Mann fahren, soweit er könne, er wolle ihm bald nachkommen. Der Mann tat, wie der andere ihm gebot. Rübezahl lud also das über den Stein geworfene Holz auf seinen Schlitten, segelte damit den Berg hinunter, daß der Mann erstaunte, wie er ihn vorbeikommen sah. Rübezahl lachte und sagte: »Seht, so müßt Ihr aufkasten und fahren; sonst lohnt's nicht der Mühe, es so weit herunterzuholen.« Der Mann dankte ihm sehr und bat, daß er's ihm auch vollends nach Hause helfen wollte. Er besann sich ein wenig, sagte drauf: »Weil es nahe am Dorf ist, kann es schon geschehen; zieht, ich will nachschieben!« Drauf brachten sie des Mannes Schlitten zuerst nach Hause. Der Bauer sagte zu seinem Weib, die sich über ihres Mannes baldige und glückliche Wiederkunft sehr erfreute, sie solle nun geschwind eine warme Stube machen, es dauere nicht gar lange, so würde er mehr Holz bringen. Sie tat's. Inzwischen gingen die beiden und brachten den andern Schlitten auch herzugeschleppt; Weib und Kinder freuten sich, als sie das viele Holz ankommen sahen. Der Mann nötigte seinen Mithelfer darauf ins Haus und in die Stube; er ging endlich hinein. Er sah, bei den guten Leuten mochte wenig zum besten sein; drum ließ er sich mit dem guten Willen begnügen. Der Mann trug auf, was seine Wenigkeit vermochte, und bat, daß er sagen möchte, was er ihm für seine Mühe gäbe. Rübezahl sagte: »Gebt, was Euch dünkt, recht zu sein, Ihr werdet's ja verstehen; doch sehe ich wohl, Ihr bedürft's selbst.« Der Mann gab ihm drei Groschen, sagte, mehr hätte er nicht, sonst wollte er ihm gerne mehr geben; denn er wüßte, daß er's verdient hätte. Damit war auch unser dienstfertiger Rübezahl zufrieden.

Die Leute hatten zwei Kinder: die warme Stube hatte sie hinter dem Ofen weggetrieben, sie liefen in der Stube herum und machten ihm Zeitvertreib. Das eine Kind, so ein munterer Knab, gefiel unserem guten Rübezahl dermaßen, daß er stets auf sein Tun acht hatte; griff darauf in seine starke Ficke (Sack) und sagte zu ihm: »Komm her, schau! Hier will ich dir ein paar Knippkäulchen (Schnellkügelchen, ein altes Kinderspielzeug) schenken, spiel damit!« Der Knabe war beherzt, griff vor Freuden zu und sprang damit herum. Der andre aber traute sich nicht, doch schmiß Rübezahl ihm eines zu, weil er sah, daß er traurig wurde, damit er sich mit seinem Bruder freute. Hierauf nahm er Abschied von ihnen, zog mit seinem Schlitten immer dem Gebirge zu; der Mann gab ihm einen Feldweg lang das Geleite und kehrte wieder zu seiner Hütte.

Nach einer guten Weile, als die Eltern mit den Kindern der Käulchen halber ihre Freude hatten und eines davon besahen, wurden sie inne, daß es pur gediegen Gold war. Sie waren dessen froh und sehr bedürftig, konnten eine gute Weile davon haushalten. Sein Nachbar, dem es dieser Mann vertraute, gedachte selbiges Glück auf solche Art auch zu erlangen, ging aus nach Holz; es wollte aber keiner zu Hilfe kommen, so mußte er seinen Schlitten ledig wieder nach Hause schleppen.

Das Schneekind
Ein russisches Märchen

Es lebten einmal ein alter Mann und eine alte Frau, die hatten weder Sohn noch Tochter, und ihre Fenster hatten sie mit Brettern zugenagelt. Einmal liegen sie auf dem Ofen, da sagt der Mann zu seiner Frau:

»Mir ist ein Gedanke gekommen; geh und bring etwas Schnee!«

Die Alte brachte in einem Sieb Schnee. Den Schnee kneteten und kneteten sie, bis sie ein Schneekind herausgeknetet hatten. Das stellten sie in ihren Ofen. Es wurde trocken und begann zu wachsen, nicht von einem Tag zum anderen, sondern von einer Stunde zur anderen. So schnell wuchs es heran, daß es zum Frühjahr schon eine Jungfrau war. Die Leute im Dorf erfuhren, daß der Alte ein Schneekind hatte, und kamen gelaufen: »Laß das Schneekind mit in den Wald zum Beerensammeln!« Sie baten wohl an die zwanzig Mal. Schließlich erlaubte es der Alte: »Es sei, geht nur!« Da machten sie sich auf den Weg. Die Alte hatte dem Schneekind ein Schüsselchen mitgegeben und ein Stück Brot. Schneekind hatte das Schüsselchen genommen und auch das Stück Brot. Die Mädchen essen, Schneekind aber pflückt indessen Beeren und legt sie ins Schüsselchen. Wie die Mädchen hinschauen, ist Schneekinds Schüsselchen schon voll, sie selbst aber haben noch gar nichts gepflückt. Da wurden sie zornig und schlugen das Schneekind tot. Schlugen's tot, das Schüsselchen aber zerbrachen sie, die Beeren teilten sie, und das Brot aßen sie. Schneekinds Leib vergruben sie und steckten noch Weidenruten in die Erde darüber. Dann gingen sie heim. »Und wo ist unser Schneekind?« – »Wir wissen's nicht, haben es verloren!« Da weinten sie bitterlich, aber das half auch nichts. Einmal fuhren Kaufleute mit ihren Waren denselben Weg, die hatten einen kleinen Sohn. Der sah, wie unter einem Strauch Rohr für eine Pfeife wuchs. »Vater, schneid mir eine Pfeife, ich will darauf spielen!« Sie schnitten ihm eine Pfeife, und er begann darauf zu spielen. Die Pfeife aber sang:

Lieber Knabe, leise, leise,
Spiel und hör die Trauerweise.

Zwei Schwestern haben mich erschlagen,
Haben mich unter dem Strauch begraben,
Haben 's Schüsselchen zerbrochen,
Haben alle Beeren genommen,
Haben zum Totenmahl 's Brot gegessen,
Haben mich noch mit Ruten besteckt.

Sie fuhren weiter, und der Knabe spielte ohne Unterlaß. Als sie zum Dorf kamen, wollten sie ausruhen und fuhren gerade zu jenem Alten. Der fütterte die Pferde und stellte den Samowar auf den Tisch. Der Knabe aber saß draußen auf den Stufen, holte sein Pfeifchen hervor und spielte das Lied:

Lieber Knabe, leise, leise,
Spiel und hör die Trauerweise.
Zwei Schwestern haben mich erschlagen,
Haben mich unter dem Strauch begraben,
Haben 's Schüsselchen zerbrochen,
Haben alle Beeren genommen,
Haben zum Totenmahl 's Brot gegessen,
Haben mich noch mit Ruten besteckt.

Das hörte die Alte: »Ach, wie klingt das schön. Laß mich auch einmal versuchen.« Nahm's, das Pfeifchen aber sang:

Mütterchen, ach leise, leise,
Spiel und hör die Trauerweise.
Zwei Schwestern haben mich erschlagen,
Haben mich unter dem Strauch begraben,
Haben 's Schüsselchen zerbrochen,
Haben alle Beeren genommen,
Haben zum Totenmahl 's Brot gegessen,
Haben mich noch mit Ruten besteckt.

Als die Alte das gehört hatte, erblaßte sie: »Was ist das? Alter, spiel du einmal!« Der Alte nahm das Pfeifchen, das aber sang:

Väterchen, ach leise, leise,
Spiel und hör die Trauerweise.
Zwei Schwestern haben mich erschlagen,
Haben mich unter dem Strauch begraben,
Haben 's Schüsselchen zerbrochen,
Haben alle Beeren genommen,
Haben zum Totenmahl 's Brot gegessen,
Haben mich noch mit Ruten besteckt.

Viele Nachbarn waren zusammengelaufen, alle hörten das Lied, und auch jene Mädchen waren herbeigekommen. Denen gibt die Alte das Pfeifchen. Das eine Mädchen aber, kaum daß es nach dem Pfeifchen greift, sinkt zu Boden: »Ich will nicht spielen!« Das Pfeifchen zerbrach, und im gleichen Augenblick saß das Schneekind dort. Da freuten sie sich sehr, ich weiß gar nicht, was sie alles vor Freude angestellt haben. Die Kaufleute aber tranken ihren Tee und fuhren dann weiter zum Markt.

ZWEITES KAPITEL

SANKT NIKOLAUS IN MANCHERLEI GESTALT

»Heiliger Niklaus leg mir ein
Äpfel, Bira, Nuß,
Des macht mir kein Verdruß.
Und was noch mehr? Verhau du mir
Mein Ärschle nicht so sehr!«

Kinderruf im Altschwäbischen

Nikolaus rettet drei Schwestern vor Unzucht und Schande
Nach der Legenda aurea des Jacobus de Voragine

Als sein Vater und seine Mutter tot waren, stellte Nikolaus Betrachtungen an, wie er den großen Reichtum verzehre in Gottes Lob und nicht zu der Ehre des Menschen. Da war in Patara, seiner Geburtsstadt, ein Nachbar, edel von Abstammung und arm an Gut, der hatte drei Töchter, die wollte er in seiner Not in die offene Sünde der Welt stoßen, daß er von dem Preis ihrer Schande leben möchte. Als das Sankt Nikolaus hörte, entsetzte er sich über die Sünde. Er ging hin, band einen Klumpen Goldes in ein Tuch und warf ihn des Nachts heimlich dem Armen durch ein Fenster in sein Haus und ging heimlich wieder fort. Als es Morgen wurde, fand der Mann das Gold, dankte Gott und richtete davon der ältesten Tochter Hochzeit aus. Nicht lange danach tat Sankt Nikolaus

dasselbe zum andern Mal. Als der arme Mann wiederum das viele Gold fand, lobte er Gott von Herzen und nahm sich vor, fortan zu wachen, daß er den Diener Gottes fände, der ihm in seiner Armut so zu Hilfe käme.

Kurz danach warf Nikolaus Goldes zweimal soviel in das Haus als zuvor; da erwachte der Mann von dem Fall des Goldes und eilte dem Heiligen nach und rief: »Steh stille und laß mich dein Antlitz schauen« und holte ihn ein und erkannte, daß es Sankt Nikolaus war. Er fiel vor ihm nieder und wollte ihm die Füße küssen. Das wehrte ihm Nikolaus und gebot ihm, diese Tat nicht offenbar zu machen, solange er lebe.

Nikolaus, der Patron der Schiffsleute

Nach der Legenda aurea des Jacobus de Voragine

Es geschah, daß Leute auf dem Meer fuhren, die kamen in große Not. Da riefen sie Sankt Nikolaus an und sprachen: »Nikolaus, du Knecht Gottes, wenn das wahr ist, was wir von dir gehört haben, so steh uns jetzt bei.« Zur Stund erschien ihnen einer, der sah ihm gleich und sprach: »Ihr ruft mich, hier bin ich.« Und fing an und half ihnen an den Segeln und Tauen und anderem Schiffsgerät; alsbald war das Meer gestillt.

Als sie nun an Land kamen, gingen sie zu seiner Kirche. Und ob sie ihn gleich nie zuvor gesehen hatten, so brauchte ihn doch niemand ihnen zeigen, sie erkannten ihn alsbald. Sie dankten Gott und ihm für ihre Rettung. Er aber sprach: »Nicht ich, sondern euer Glaube und Gottes Gnade haben euch geholfen.«

Danach war ein großer Hunger in dem Land, in dem Sankt Nikolaus Bischof war (Lykien in Kleinasien), und es gab keine Nahrung mehr weit und breit. Um diese

Zeit ward Sankt Nikolaus gesagt, daß Schiffe mit Weizen voll beladen in den Hafen eingelaufen wären. Da ging er hin und bat die Schiffsleute, aus jedem Schiff nur hundert Maß Weizen herauszugeben, um die Hungernden zu retten. Die Schiffsleute antworteten: »Vater, das trauen wir uns nicht zu tun, denn das Korn ist in Alexandria genau gemessen und wir müssen die volle Ladung in die Scheuern des Kaisers bringen.« Da sprach Sankt Nikolaus: »Tut, was ich euch sage, und ich schwöre euch bei der Kraft Gottes, daß ihr keine Minderung haben werdet an eurem Korn, wenn es der kaiserliche Kornmesser prüft.« Die Schiffsleute taten nach seinem Geheiß. Und als sie vor die Diener des Kaisers kamen, hatten sie genau so viel Maß Korn, wie sie in Alexandria geladen hatten.

Da taten sie das Wunder kund und priesen den Herrn in seinem Knecht. Unterdes teilte Nikolaus das Korn unter das Volk aus, einem jeden nach seinem Bedürfnis, und von diesem wenigen Korn ward das ganze Land zwei Jahre gespeist, und es blieb noch genug zur Aussaat übrig.

Nikolaus, der Wundertäter
Ein russisches Märchen

Es waren einmal zwei Brüder, der eine war reich und der andere arm. Der Arme hatte eine große Familie, und zu essen gab es nichts mehr. Da ging er zum Bruder und bat ihn um Mehl; doch der schlug es ihm ab. Der Arme nahm ein Bild von Nikolaus, dem Wundertäter, und brachte es dem Reichen als Pfand. Der Bruder traute ihm nicht und fragte: »Wer wird für dich bürgen?« Da antwortete das Heiligenbild: »Ich bürge für ihn.« Der Reiche verwunderte sich darüber, aber nahm das Bild an und gab dafür einen Sack Mehl.

Ein Jahr verging, ein zweites und ein drittes, aber der Arme zahlte dem Bruder die Schuld nicht zurück. »Welch ein Betrüger ist doch der Heilige!« dachte der Bruder, »und dabei hat er noch gesagt, er verbürge sich.« Er nahm das Heiligenbild, brach sich Ruten ab und trug das Bild hinaus auf das Feld, um es dort zu prügeln. Unterwegs begegnete ihm ein Kaufmannssohn und fragte, wohin er das Bild trage. Der Reiche erklärte es ihm. Da bat jener, er möge ihm den wundertätigen Nikolaus verkaufen, gab zwei Sack Mehl für ihn und trug ihn heim. Seine Mutter lobte ihn für die gute Tat, und sie hängte das Bild auf.

Zu dieser Zeit mußte der Kaufmann mit seinen Schiffen in ein anderes Zarenreich fahren; drei seiner Onkel hatten sich schon mit ihren Waren auf die Reise gemacht und nicht auf ihn gewartet. Da wollte er einen Aufseher in seinen Dienst nehmen und fand auch einen. Die Mutter schenkte dem Aufseher ein Ei und sagte, er solle es zusammen mit ihrem Sohn verspeisen. Jener schnitt das Ei in die Hälfte, aber die größere nahm er für sich, die kleinere gab er dem Hausherrn. Da befahl die Mutter, diesen Mann laufen zu lassen, und sagte: »Er sorgt mehr für sich als für seinen Herrn.« Der Kaufmann suchte nun so lange einen Aufseher, bis er einen solchen fand, der die größere Hälfte vom Ei seinem Herrn gab und die kleinere für sich selber nahm.

Sie machten sich dann auf und fuhren ab. Auf dem Meere kamen sie an einer Insel vorbei, und auf der Insel erblickten sie einen alten Mann, der bat sie, ihn auf ihr Schiff hinüberzuholen, und das taten sie auch. Dann fuhren sie in das fremde Zarenreich und handelten so glücklich, daß sie das Geld nicht mehr zu zählen vermochten.

Der Zar in jenem Land hatte eine Tochter, die war einmal in ihrer Kindheit von ihm verflucht worden; sie starb darauf und lag schon lange in der Kirche im Sarg. Jede Nacht gingen die Leute einer nach dem andern zu ihr, den Psalter zu lesen, und alle fraß sie auf. So kam auch die Reihe an einen der Onkel des Kaufmannssohnes. Was sollte er tun? Sterben wollte er nicht, aber fortbleiben durfte er nicht. Da bat er den Neffen, für ihn zu wachen. Der ging aber vorher zum Alten und holte sich von ihm Rat, und der Alte sagte ihm, er solle dafür von dem Onkel zwei Schiffe mit Waren verlangen, gab ihm auch ein Buch und ein Stück Kohle und befahl ihm, sich in der Kirche nicht umzuschauen. Der Neffe tat, wie der Alte ihm geraten hatte, las in der Nacht den Psalter am Lesepult in der Kirche und zeichnete um sich herum mit der Kohle einen Kreis. Um Mitternacht aber, da stieg die Zarentochter aus dem Grabe und fing an, mit den Zähnen zu knirschen. »Hah! jetzt bist du mir verfallen!« Doch sie konnte auf keine Art in den aufgezeichneten Kreis hineingelangen. Sie wand sich und mühte sich, bis ihre Zeit herum war und sie dort am Kreis niederfiel. Der Neffe aber las immerzu; am Morgen hob er die Zarentochter auf, legte sie zurück in den Sarg und ging selber nach Hause. Sie alle, das Volk und der Zar, erstaunten, daß er am Leben geblieben war. Der Onkel jedoch mußte ihm zwei Schiffe geben; die Waren gingen rasch ab, und Geld hatte er nun scheffelweis.

In der nächsten Nacht kam die Reihe an den zweiten Onkel, in der übernächsten an den dritten; der Neffe nahm von ihnen je zwei Schiffe und wachte unbeschadet. Endlich, in der vierten Nacht, mußte er für sich selber Wache halten. Da gab ihm der Alte drei eiserne, drei kupferne und drei stählerne Ruten und sprach zu ihm: »Zwing sie, ein Vaterunser zu beten, und sobald sie ins Stocken gerät, prügle sie mit den Ruten.«

Der Kaufmannssohn ging auf die Nacht in die Kirche, zeichnete den Kreis um sich herum und las. Die Zarentochter sprang um Mitternacht aus dem Grab und fing an zu wüten, noch ärger als in den ersten drei Nächten. Sie hatte mit einemmal Ofenkrücken in den Händen und zerrte ihn damit fast aus dem Kreis heraus; rund herum aber tobten zahllose Teufel und machten fürchterlichen Lärm. Endlich blieb die Zarentochter ganz ermattet stehn, aber fiel nicht hin. Da zwang sie der Kaufmannssohn, das Vaterunser zu beten. Und wie sie nun anfing und dann stecken blieb, schlug er mit den eisernen Ruten auf sie ein. Danach mußte sie aber weiterlesen, kam bis zur Hälfte und stockte abermals; da prügelte er sie aufs neue mit den kupfernen Ruten. Und wieder zwang er sie, weiterzulesen, und sie war noch nicht zu Ende gelangt, als sie nochmals ins Stocken geriet: da schlug er sie mit den stählernen Ruten. Dann las sie jedoch richtig bis zum Schluß.

Der Morgen war schon angebrochen, und hinter den Türen fragten die Leute einander: »Lebt er wohl noch?« Und als sie zwei Stimmen hörten, wunderten sie sich: »Was soll das bedeuten?« Sie öffneten die Tür und sahen den Kaufmannssohn und die Zarentochter beieinander. Gleich meldeten sie's dem Zaren. Der freute sich darüber sehr und gab dem Kaufmannssohn seine Tochter zur Frau.

Die Waren hatten sie inzwischen verkauft, und es war Zeit, heimzukehren. Der Alte aber sagte dem Kaufmannssohn, daß er seiner Frau des Nachts nicht eher beiwohnen solle, bis er es ihm erlauben würde.

Sie fuhren nun auf ihren Schiffen und kamen zu jener Insel. Da sprach der Alte: »Jetzt wollen wir unsern Verdienst teilen.« Sie legten ihre Millionen auf zwei Hälften, und dann sollte auch die Frau geteilt werden. Der Jüngling betrübte sich gar sehr, aber es war nichts zu machen, so hatten sie es vorher verabredet, und er willigte schließlich ein. Der Alte nahm einen Säbel und hieb die Zarentochter in zwei Hälften: da krochen aus ihrem Leib allerhand Ungeziefer und Schlangen; das waren aber alles

Teufel. Der Alte reinigte den Leib und besprengte ihn mit Wasser – da wuchs er zusammen, und die Zarentochter ward wieder lebendig. »Hier hast du deine wahre Frau«, sprach der Alte, »leb du mit ihr und nimm alles Geld, ich bedarf seiner nicht.« Nur drei Kopeken nahm er mit sich, und dann verschwand er plötzlich, keine Spur war mehr von ihm zu sehn. Dem Kaufmannssohn war es leid um den Alten, er hatte ihn liebgewonnen, wie einen Vater, aber da ließ sich nichts tun, und er reiste heim. Zu Hause erzählte er der Mutter von ihm, berichtete, was ihm begegnet war, und bedauerte den Alten. Die Mutter aber sprach zu ihm: »Warum dachtest du nicht an den wundertätigen Nikolaus? Hättest du ihm doch vorher eine Kerze geweiht.«

Da besann er sich darauf und ging zu dem Heiligenbild, dort brannte aber schon eine Kerze für drei Kopeken. Sie fragten herum, wer sie wohl gestiftet habe – denn der Heilige hätte eine für einen Rubel haben sollen –, doch niemand bekannte sich dazu. Da erriet er, daß der Alte der heilige Nikolaus, der Wundertäter, gewesen war und für jene drei Kopeken sich selbst eine Kerze aufgestellt habe. Sie ließen die Kerze brennen, und mit all dem Gut, das sie erworben hatten, lebten sie glücklich und zufrieden.

Väterchen Nikolaj
Ein russisches Märchen

In einer Stadt lebte einmal ein Langfinger, dem schon manches Gaunerstück geglückt war. Eines Tages wollte er einen reichen Mann bestehlen; dabei wurde er überrascht und dann verfolgt. Lange lief er durch den Wald, aber der Wald hörte auf, und vor ihm lagen gute zehn

Werst offenes Feld. Als er am Waldrand ankam, hielt er an und wußte nicht, wohin er sich retten sollte. Wenn er über die Steppe liefe, würde man ihn sogleich entdecken, denn man konnte auf zwei Werst alles sehen, seine Verfolger aber waren schon ganz nahe. Da begann er zu beten. »Mein Herr und mein Gott, erbarme dich meiner sündigen Seele! Väterchen Nikolaj, verbirg mich – ich will dir eine Zwanzig-Kopeken-Kerze weihen.«

Plötzlich stand – woher auch immer – ein älterer Mann vor ihm und fragte: »Was hast du gesagt?« Der Dieb antwortete: »Ich habe gesagt: ›Väterchen Nikolaj, verbirg mich‹, und ich versprach ihm eine Kerze.« Er beichtete dem alten Mann seine Sünden. Der Alte sprach: »Wenn du willst, kannst du in diesen Kadaver kriechen.« Einige Schritte weiter lag nämlich ein Kadaver. Was sollte der Langfinger tun? Er mußte in den Kadaver kriechen, denn es wäre ihm gar nicht recht gewesen, wenn seine Verfolger ihn eingeholt hätten. Er kroch in den Kadaver, und sogleich war der alte Mann verschwunden. Denn dieser alte Mann war der heilige Nikolaj.

Die Verfolger sprengten heran; sie ritten eine halbe Werst in die Steppe hinaus, aber weit und breit war niemand zu sehen, da kehrten sie unverrichteter Dinge um. Der Dieb lag in dem Kadaver und hielt den Atem an, so gräßlich war der Gestank! Als die Gefahr vorüber war, kroch er heraus und sah abermals den Alten – er stand in der Nähe und sammelte Wachs. Der Dieb trat auf ihn zu und dankte ihm für seine Errettung; da fragte der Alte wieder: »Was hast du Väterchen Nikolaj für deine Errettung versprochen?« Der Dieb antwortete: »Ich wollte eine Zwanzig-Kopeken-Kerze vor seiner Ikone anzünden.« – »Das ist es ja! So, wie du in dem Kadaver beinahe erstickt wärest, so würde deine Kerze Vater Nikolaj stinken.« Und er belehrte ihn: »Niemals darfst du den Herrn, unsern Gott, und seine Heiligen um Segen für böse Taten bitten, weil unser Herr böse Taten nicht segnet. Behalte meine Worte, und ermahne die anderen, daß sie niemals bei argem Tun zu Gott um Beistand beten!« Er sprach es und verschwand.

Der heilige Nikolaus und der heilige Kassian
Eine finnische Legende

Gott hat Heilige vom Himmel zur Erde gesandt: »Gehet hin und sehet nach, was die Menschen tun.« Es ist Winterszeit gewesen, einem Mann ist der Schlitten mit einem Holzfuder umgekippt, und der Mann hat geseufzt: »Heiliger Nikolaus, komm und hilf mir!« Da ist der heilige Nikolaus herbeigeeilt und hat dem armen Mann eifrigst geholfen, das Fuder aufzurichten.

Einige Zeit danach ist das Fuder wieder umgefallen, und der Mann hat diesmal gerufen: »Guter Kassian, hilf mir!« Kassian aber erwiderte: »Ich kann nicht, ich habe das weiße Paradiesgewand an.« Da blieb dem Mann nichts übrig, als allein das Fuder aufzurichten.

Die Heiligen sind dann zum Himmel zurückgekehrt, und Gott fragte sie: »Was habt ihr auf Erden gesehen?« Da erzählte Nikolaus ihm seine Abenteuer, und Gott fragte weiter: »Was hast denn du, Kassian, gesehen?« – »Ich sah denselben Mann, aber ich konnte ihm nicht helfen, da ich mein Paradiesgewand nicht besudeln mochte.«

Dann hat Gott sein Urteil gefällt: »Du, Nikolaus, hast den Menschen geholfen, deiner mögen die Menschen dreimal jährlich* gedenken. Du, Kassian, hast die Menschen vernachlässigt, deiner mögen die Menschen einmal in drei Jahren gedenken.«

* Tatsächlich wird das Gedächtnis des heiligen Nikolaus in Karelien dreimal gefeiert, am 9. Mai, 29. August und 6. Dezember.

Der Schmutzli
Eine Schweizer Sage

S'isch einisch es böses Chind gsi, das het der Mueter nie welle folge. Keis Warne het battet und keis Strofe, bis d'Mueter emol gseit het, wenn's jetz nid besseri mit dem Setzchopf, so gäb si's bim Tünel z'nächsti Wiehnachte dem Schmutzli, dä wärd em de scho der Meister zeige. Guet; d'Wiehnecht isch cho, do seit sie heimligerwis dem Chnächt: »Los, Hans, mach du jetz der Schmutzli und gang use vor's Fenster, und wen i der de s'Chind use reiche, so nimm mer's ab und schmeiz es und gib em e Denkzedel, das es der Schmutzli siner Lebtig nümme vergißt und mer einisch wüße, gäb das wüest Chind nid einisch well brav werde.« – »Nume gredt!« seit der Hans und goht starregangs i d'Chuchi, wil er no gschwind het welle si Pfiffen azünde. Unterdesse het aber d'Mueter das Chind scho gno und zum Fenster use gstreckt und rüeft: »Bist do, Schmutzli?« – »Jo!« macht's dusse; d'Mueter lot ihres Chind los, und wo der Chnecht mit der brönnige Pfiffe voruse chunnt, so isch das Chind furt gsi und kei Mönsch uf der Welt het meh chönne säge wer's gholt het.

Der Pelzmärte
Eine schwäbische Angelegenheit

Am Abend des Martinitags, wenn die Sonne hinunter und die Lichtlein angezündet sind, verwandelt sich in jedem schwäbischen Dorfe Einer in den heiligen Martin, d. h. er vermummt sich in einen alten Schafpelz, dessen Wolle nach außen gekehrt ist, setzt eine hohe schwarze Pelzmütze auf, die ihm bis über die Ohren geht, schwärzt sich Gesicht und Hände mit Kohlen oder verbranntem Kork und staffiert sich mit einem Wort so aus, daß er ein recht grausliches und bärenmäßig-schreckhaftes Aussehen bekommt. Ist er damit fertig, so hängt er einen alten mit Nüssen, Äpfeln, Birnenschnitzen u. s. w. gefüllten Sack um, bewaffnet sich mit einer langen »Gerte«, d. h. einem dünnen Stab, wie sie die Schulmonarchen zum Züchtigen ihrer Eleven zu führen gewohnt sind, ergreift dann eine Kuhschelle oder ein ähnliches Instrument und geht damit auf die Straße, um seine Ankunft durch lautes und heftiges Klingeln anzukündigen.

»Der Pelzmärte, der Pelzmärte!« rufen nun die Mütter in den Häusern, sobald sie das scharfe Geklingel hören, und sie tun dies mit so angstvollen Gesichtern, daß ihre Kinder schon hierüber schreckensbleich werden. Wie nun aber erst, wenn die furchtbare Gestalt mit gräßlichem Gepolter ins Zimmer tritt! »Sind böse Kinder da?« ruft der Pelzmärte im tiefsten Baßton und nebenbei mit seiner Schelle klingelnd. »Sind böse Kinder da«, wiederholt er in noch grimmigerer Weise, »so gebt sie her, daß ich sie abstrafe!« Zu gleicher Zeit schwingt er seine Gerte über den Häuptern der zitternden Jungen und Mädchen und tut, als ob er sie sämtlich verschlingen wolle. Gewöhnlich jedoch nimmt der Auftritt ein alle Teile befriedigendes Ende, denn, wenn der arge Geselle die Kinder genugsam geängstigt (vor älteren und beherzten Buben hat er sich übrigens sehr in acht zu nehmen, daß sie ihm nicht hinter die Schliche kommen und ihn an der Stimme oder an sonstigen Indizien für einen verkleideten Butzenmann erkennen), so beschenkt er sofort diejenigen, welche die Mutter als brav schildert, freigebigst mit Nüssen und Äpfeln; bei den andern aber, deren Zeugnis nicht ganz so gut lautet, welche jedoch natürlich laut heulend und an allen Gliedern bebend versprechen, Buße zu tun und sich zu ändern, begnügt er sich vorerst mit einer tüchtigen Strafrede und verweist sie auf den Vorabend des Christtags, wo er wieder kommen und Abrechnung halten werde. »Wer brav ist«, erklärt er mit tiefbrummender Stimme, »und was Tüchtiges erlernt, dem wird das Christkindlein was Ordentliches bescheren; wer aber faul bleibt und den Eltern keine Freude macht, bekommt auch keinen Christtag zu sehen, sondern statt dessen werde ich ihm aufspielen, daß ihm Hören und Sehen vergehen soll.« Mit diesen Worten verschwindet er, um im nächstgelegenen Hause dieselbe Rolle zu wiederholen; den Kindern aber ist der Schrecken über seine Erscheinung meist so heilsam in die Glieder gefahren, daß sie sich wirklich bestreben, ihre Unarten abzulegen und einen ganz andern Menschen anzuziehen, denn »es wäre doch gar zu schrecklich, wenn das Christkindlein bei ihnen allein nicht einkehrte!«

Das ist das erste Auftreten des »Pelzmärte«, aber damit hat seine Mission ihr Ende noch nicht erreicht. Im Gegenteil kommen nun »die drei Klöpflinsnächte«, bei welchen er wieder eine hervorragende Rolle zu spielen hat. »Die drei Klöpflinsnächte?« fragt der Leser verwundert. »Welcher tolle Unsinn wird uns denn da wieder aufgetischt?« Nur gemach, lieber Leser, und nicht allzu vorschnell abgeurteilt; denn in den drei Klöpflinsnächten liegt ein gar tiefer Sinn und zugleich auch eine echt christliche Erinnerung. In den ersten Zeiten des Christentums nämlich, wo die neue Lehre noch streng verpönt war und ihre Anhänger in steter Todesgefahr schwebten, konnte man natürlich noch nicht mit den Glocken zusammenläuten, wenn ein Gottesdienst stattfinden oder ein heiliger Tag gefeiert werden sollte, sondern man gab sich gegenseitig in tief dunkler Nacht durch leises Anklopfen an die Fenster ein Zeichen und kam dann heimlich im heimlichen Lokal zusammen. Das »Fensterklopfen« galt also fürs »Zusammenläuten«, denn dahinter, daß ein Nachbar bei dem andern anklopfte, konnte die Polizei unmöglich etwas Schlimmes vermuten, und so wurde es denn nach und nach üblich, daß man sich durch dieses Zeichen besonders auf kommende große Festtage aufmerksam machte. Freilich später, als das Christentum im römischen Reiche Staatsreligion wurde, legte man in den meisten Ländern die besagte Sitte wieder ab, aber im Schwabenland, wo gute christliche Bräuche von jeher viel Anerkennung fanden, hat man sie bis auf die neueste Zeit beibehalten, und darum ziehen in den letzten drei Donnerstagsnächten vor Weihnachten (Donnerstage müssen es sein, weil die Ankunft Christi der Maria an einem Donnerstag verkündet wurde) die halberwachsenen Buben in unsern Dörfern herum, um dadurch, daß sie mit Erbsen, Wicken, Linsen oder Gerstenkörnern nach den Fenstern der Häuser werfen, um deren Bewohner auf den herannahenden Christtag aufmerksam zu machen.

Eben dieses Erbsenwerfens wegen nun erhielten die bewußten Nächte den Namen der drei Klöpflinsnächte, oder man sagte auch nicht minder bezeichnend »die heilige Anklopfet«; und daß diese Namen wie auch der darin verborgene Sinn sehr schön und lobenswert seien, wird kein Mensch in Abrede ziehen. Leider jedoch treiben es die Buben hie und da ein wenig zu arg und werfen so heftig mit ihren Erbsen, daß die Fenster erzittern oder gar da oder dort eine Scheibe zerspringt. Ja, nicht zufrieden damit, verlangen sie noch extra ein Präsent von Äpfel- oder Birnenschnitzen und singen Spottlieder dazu, wie z. B.

»Anklopfet, Hämmerle,
's Brod liegt im Kämmerle,
Äpfel raus, Bira raus,
Sonst ist's mit der Freundschaft aus!«

Das darf nun natürlich nicht geduldet werden, denn alle Extravaganzen sind von Übel. Aber wie soll man den wilden Bengeln und ihrem Tun steuern, da sie mit ihren flinken Füßen jeder auflauernden Polizei schnell entrinnen? Ei nun, da ist gleich geholfen und zwar einfach durch den »Pelzmärte«, der deswegen auch in keiner der drei Knöpflinsnächte ausbleibt. Er kündigt sich aber diesmal nicht mit der Schelle an und geht auch in kein Haus hinein. Ebensowenig trägt er eine bloße Gerte oder Rute, sondern er hat vielmehr eine furchtbare Peitsche in der Hand, mit welcher er einen, der zehn Schritte von ihm entfernt ist, treffen kann. Da bekommen dann die mutwilligen Burschen Respekt, und sobald es heißt »der Pelzmärte, der Pelzmärte«, da rennt alles über Hals und Kopf davon; er aber – nun wie der Pelzmärte springen kann, das ist unbegreiflich! Mit zehn Sätzen hat er die Schlingel erreicht und nun läßt er seine Peitsche über sie hinsausen, daß sie alsbald das *Pater peccavi* anstimmen. Von selbst versteht es sich übrigens, daß diejenigen Knaben, welche in der Ordnung bleiben und die heilige »Anklopfet« mit Dezenz ausüben, von ihm in ihrem Treiben keineswegs belästigt werden, sondern daß er an ihnen vorbeischleicht, als ob er sie nicht sähe; wehe aber denen, die sich, um sich vielleicht wegen irgendeiner früher erfahrenen Unbill zu rächen, statt der Erbsen oder Wicken großer Bohnen oder gar kleiner Steinchen bedienen und nun ein förmliches Fenstereinwerfen beginnen, denn mit ihnen springt er nun, daß ihnen buchstäblich Hören und Sehen vergeht.

Dies ist das zweite Auftreten des Pelzmärte, und daß durch solches sein Name noch weit gefürchteter wird als durch das erste, kann man sich wohl denken. Merkwürdigerweise übrigens heißen ihn die Buben jetzt nicht mehr bloß »Pelzmärte«, sondern ebenso häufig auch »Schante Klaas«, was wohl nichts anderes ist als eine Schwäbisierung des Wortes »Sankt Nikolaus«. Das Fest dieses Heiligen nämlich fällt ebenfalls in diese Jahreszeit (auf den sechsten Dezember) und da er, solange er lebte, so ziemlich die nämlichen Funktionen versah wie der heilige Martin, d. h. da er ebenfalls für die bösen Kinder als Schreckbild diente, so läßt es sich wohl denken, wie man diese beiden »Butzenmänner« mit der Zeit mitein-

ander verwechselte. Dachte man sich ja doch von jeher den »Schante Klaas« ebenfalls als einen in Pelz vermummten Kameraden mit schwarz-rußigem Gesicht und einer Rute oder Peitsche in den Händen, gerade wie den Pelzmärte! Ja, waren sie doch beide beim rechten Licht betrachtet nichts anderes als eine Verkörperung des »Knechts Ruprecht«, der eigentlich nicht Ruprecht, sondern »Hruodperaht« heißt und mit dem altdeutschen Gott Wodan oder Odin in naher Verwandtschaft steht!

Doch wir wollen uns nicht in gelehrte Abhandlungen einlassen, sondern es genügt uns zu konstatieren, daß der »Schante Klaas«, der in den drei Klöpflinsnächten auftritt, in den Augen meiner Landsleute mit dem »Pelzmärte« an Martini eine und dieselbe Persönlichkeit ist; nur wird in den katholischen Gegenden der Name »Schante Klaas« mehr vorgezogen, während unter den Protestanten der »Pelzmärte« einen größeren Kredit hat. Allein – lassen wir alles dies und sehen wir lieber nach dem dritten und letzten Actus, in welchem der besagte Heilige im Schwabenland seine Aufwartung macht. Dies geschieht regelmäßig am Vorabend der Christfestbescherung oder auch am letzten Donnerstagabend vor Weihnachten, und seine Ausstaffierung ist ganz dieselbe wie früher an Martini. Allein – merkwürdig, diesmal kommt er nicht allein, sondern er hat eine Begleiterin bei sich, und zwar eine Begleiterin, die so wenig einem irdischen Wesen gleicht, daß sie vielmehr direkt aus dem Himmel herabgekommen scheint. Sie trägt nämlich ein schneeweißes Gewand, das ihr bis über die Knöchel reicht, und auf ihrem Haupte sitzt eine Goldkrone, vom feinsten Goldpapier geschnitzelt; ihr Gesicht aber, in welchem Milch und Blut sich den Rang streitig machen, ist von hellen Locken umrahmt, gerade wie man die heilige Maria zu malen pflegt. Natürlich übrigens; denn die himmlische Gestalt soll wirklich die Mutter Christi vorstellen oder wenigstens einen Engel von ähnlicher Huld und Güte! Doch warum ist der schreckliche Pelzmärte diesmal von einer solch lieblichen Erscheinung begleitet? Ei nun, er kommt ja seiner Martini-Ankündigung gemäß, um die Kinder zu prüfen, ob sie Fortschritte gemacht haben und würdig seien, vom Christkindlein eine Bescherung zu erhalten; würden aber, wenn er diese Prüfung »selbst« vornähme, des großen Schreckens wegen, der von ihm ausgeht, nur Zehn unter Hunderten ihm eine Antwort zu geben vermögen? Der zarte Engel dagegen flößt den Kindern ungemeines Zutrauen ein, und wenn er sie an seine Seite ruft, um sie im Lesen, im Beten und im Sprüchehersagen abzuhören, so sind sie keineswegs konfus im Kopf, sondern lösen ihre Aufgabe zur allgemeinen Zufriedenheit. Ja, selbst der »Schante Klaas« oder »Pelzmärte« kann jetzt nichts mehr an ihnen aussetzen, sondern wirft vielmehr aufs freigebigste mit seinen Nüssen um sich und verspricht jedwedem aus freien Stücken, daß das Christkindlein den andern Tag nicht ausbleiben werde! Nun aber natürlich überwindet der Jubel sogar die Angst vor dem schrecklichen Butzenmann und wenig fehlte, die Kinder würden ihn umarmen oder gar küssen trotz seines rußigen Antlitzes.

Das sind die drei Actus, in denen der Pelzmärte im Schwabenland aufzutreten pflegt; sowie jedoch Weihnachten herangekommen, verschwindet er auf volle zehn Monate lang, denn vor dem elften November sieht man ihn nicht wieder. Aber wer ists denn, der den Pelzmärte vorstellt? Je nun, gewöhnlich einer der ledigen Burschen und zwar derjenige, welcher als der beste Possenreißer und zugleich als der flinkste Geselle im Dorfe bekannt ist. Ob er aber reich oder arm, darauf kommt's nicht im geringsten an, da ihn die Bauernweiber, welchen an der Zähmung ihrer Kinder etwas gelegen ist, von Herzen gerne mit allem Nötigen, besonders mit Nüssen, Äpfeln, dürren Zwetschgen u.s.w. versehen. Zu arg übrigens darf er's nicht treiben, denn man hat Beispiele, daß schwachnervige Kinder vor Schrecken über seine Erscheinung Krämpfe bekamen und dann nachher die fallende Sucht nicht mehr loswurden. Dagegen aber, ob eine andere Geschichte, die man sich erzählt, nämlich die, daß ein Bauernweib ihren Buben, um ihn einzuschüchtern, vor die Türe hinausgehalten habe mit den Worten: »Da Pelzmärte, nimm ihn, den bösen Schlingel«, und daß dann auf einmal der Bube ihren Händen von einer überirdischen Macht entrissen und in die Lüfte entführt worden sei, woselbst sie ihn noch lange habe schreien hören, bis ihn der Böse endlich zerrissen – ob diese Geschichte wahr ist, kann ich mit gutem Gewissen nicht behaupten.

DRITTES KAPITEL

VON MARIA UND JOSEPH UND VON DEN ENGELN

»Bei Ochsen und bei Schafen
Kann man nicht schlafen,
Da tut es sich eröffnen,
Das himmlische Tor,
Da kugeln die Engel
Ganz haufenweis hervor.«

Weihnachtslied aus
›Des Knaben Wunderhorn‹
(1808)

Maria und der Engel
Eine rumänische Legende

Die Mutter des Herrn war während ihrer Kindheit und Jugend von ihren Eltern gut gehalten und behütet, so daß ihr nicht einmal eine Fliege hätte etwas zuleide tun können. Aber trotz ihrer jungfräulichen Lebensweise, von der die Nachricht sich überall ausbreitete, geschah es später – als sie bereits erwachsen war – doch, daß sie (ich weiß nicht wie) sich immer schwerer werden fühlte, so daß sie nach einiger Zeit erkennen mußte, daß sie schwanger war.

Und da sie von früher wußte und ihr bei anderen Mädchen bewußt geworden war, was es bedeute, wenn ein Mädchen ein Kind bekommt, hat sie den Mut verloren und ist dunklen Gedanken verfallen. Und in ihrer riesigen Entmutigung hat sie beschlossen, von daheim wegzugehen und sich in irgendein Wasser zu stürzen, um der Schande zu entrinnen, die sie erwartete.

Da hat der Herrgott, der alle Gedanken der Menschen schon im Werden weiß, auch die Absicht der gepriesenen Jungfrau Maria durchschaut und ohne viel zu urteilen, was zu tun sei, hat er einen Engel zu sich befohlen und hat zu ihm gesagt: »Geh, Engel, unauffällig zu Maria, der Tochter des Joachim und der Ana! Und treibe ihr die bösen Gedanken aus, die sie im Kopf hat! Sie will sich ertränken, obgleich sie ohne Schuld ist; denn sie ist durch die Überschattung des Heiligen Geistes schwanger.«

»Sofort gehe ich«, sagte der Engel. »Aber auf welche Weise kann ich sie hindern, wenn sie so fest entschlossen ist, auf jeden Fall umzukommen?« – »Geh du nur! Ich sage dir später, was zu geschehen hat.«

Und der Engel ging und er begegnete der gepriesenen Jungfrau Maria, als sie gerade ihr Haus verließ, um sich dorthin aufzumachen, wo sie hingehen wollte.

»Eine gute Begegnung!« sagte der Engel, indem er sich näherte.

»Ich danke dir!« antwortete die gepriesene Jungfrau Maria.

»Wohin gehst du?« fragte der Engel.

»Ich gehe dorthin, wohin meine Augen und Füße führen«, antwortete die gepriesene Jungfrau Maria verärgert.

»Wenn ich wüßte, daß ich dir damit keinen Verdruß bereite, so ginge auch ich mit dir, denn wie ich sehe, haben wir beide einen und denselben Weg«, sagte der Engel darauf.

Die gepriesene Jungfrau Maria maß ihn mit einem Blick vom Kopf bis zu den Füßen und antwortete ihm dann: »Von mir aus! ... Du kannst gehen, denn ich halte dich nicht zurück.«

Und sie sind gegangen – einen ganzen Tag lang –, ohne daß der Engel, der sie geleitete, sich auch nur einen Gedanken darüber gemacht hätte, wie er sie von ihren dunklen Absichten abbringen könnte.

Und sie wanderten durch Wälder und durch Dörfer, bis die Dämmerung sich auf die Augen senkte und es Nacht um sie wurde.

Da sagte Maria zu dem Engel, von dem sie meinte, daß er ein Bursche am Ende seiner Weisheit sei wie sie selber, der eben in die Welt hinausflüchte: »Was sollen wir jetzt tun, denn es ist Nacht geworden.« – »Was wir tun sollen? ... Wir wollen zu irgendeinem Menschen gehen und fragen, ob er uns für diese Nacht in seinem Hause aufnimmt. Was bleibt uns anderes übrig?«

Und daraufhin gingen sie zu einem Mann, der durch Zufall ganz in der Nähe wohnte, und als sie dort ankamen, baten sie ihn, ob er sie bis zum Morgen in seinem Hause aufnähme.

Dieser Mann, der von Natur aus ein gutes Herz hatte, machte keine Umstände, sie wie andere Reisende aufzu-

nehmen; und sie legten sich dort zur Ruhe. Und sie schliefen bis zum Morgen, denn sie waren sehr müde von dem weiten Weg, den sie zurückgelegt hatten.

Zeitig am Tag erhob sich der Engel, wusch sich das Gesicht, sprach sein Gebet, dann nahm er ein Töpfchen und sagte zum Hausherrn: »Väterchen, hast du nicht ein wenig Brotsamen, mit dem ich dieses Töpfchen füllen könnte?« – »Aber ja, mein Junge, und ich will dir gern geben; warum sollte ich es auch nicht tun?«

Und sogleich ging der Mann weg und brachte eine gute Handvoll verschiedenen Samens an. Der Engel nahm ihn und schüttete ihn in das vorbereitete Töpfchen. Dann goß er Wasser dazu und stellte es aufs Feuer, damit es gut koche.

Als er wußte, daß es genug gekocht habe, nahm er es und trug es an einen Ort, wo es abkühlen konnte; dann nahm er einen Becher, goß ein wenig von dem Trank hinein, um ihn zu trinken. Dann trank er einen ganzen Becher und bot auch dem Mann einen Becher mit diesem

Trank an. Und als der Mann getrunken hatte, da konnte er sich gar nicht genug wundern über das Getränk und über die Süßigkeit jenes Brotsamens.

Während der Engel den Trank gekocht und während er dem Hausvater einen Becher voll zum Trinken gebracht hatte, war die gepriesene Jungfrau Maria noch in tiefem Schlaf gelegen. Aber danach war sie aufgewacht, hatte sich gewaschen und ihr Gebet gesprochen; nun fragte sie: »Was macht ihr dort und sagt mir nichts? Oder was gebt ihr mir nichts von dem, was ihr gekocht habt?«

»Schau, was ich gemacht habe!« sagte der Engel. »Einen Lebenstrunk. Und da du danach verlangst, werde ich auch dir zu trinken bringen.«

Und sogleich auf dieses Wort hin gab er auch ihr einen Becher des Lebenstrunkes zu kosten. Und die gepriesene Jungfrau Maria trank einen Becher und sie trank noch einen Becher und einen dritten Becher, und sie konnte sich gar nicht genug wundern über dieses Getränk, das so voll Süße und Güte war, mehr als von Zucker oder Honig.

Und nach allem dankten sie dem Mann für die Aufnahme und gingen mit der Absicht aus dem Hause, ihren Weg wieder aufzunehmen. Aber als sie auf die Straße hinausgegangen waren, stand die Jungfrau Maria still und stand auch der Engel da; und sie standen beide und wußten nicht, wohin sie sich wenden sollten.

Und nach einer Weile sagte Maria zum jungen Mann, oder genauer zu dem Engel: »Was stehst du fest auf der Stelle und wendest dich nicht irgendwohin?« – »Ich richte mich nach dir wie schon vorher«, sagte der Engel. »Wie ich früher gegangen bin, so werde ich auch weiter gehen.«

»Ach, ich werde nicht weitergehen, ich kehre um und gehe wieder heim.« – »Wenn du umkehrst, dann werde auch ich umkehren, denn man sieht, daß es der Herrgott so gewollt hat.« Und sie sind beide umgekehrt und heimgegangen.

Und auf diese Weise wurde die gepriesene Jungfrau Maria von ihrem düsteren Vorhaben befreit, das sie gepackt hatte.

Der brennende Himmel
Eine armenische Legende

Maria, die hochheilige, stand bereits im achten Monat ihrer Schwangerschaft, als sie mit Joseph aufbrechen mußte, um sich nach Bethlehem zu begeben.

Joseph setzte sie auf ein Maultier, ergriff es am Zügel und wanderte weit übers Gebirge.

Eines Abends, als es schon zu dunkeln begonnen hat, kamen sie in die Nähe von Bethlehem. Sie wollten gerade noch einen Hügel überqueren und sie wären schon dort gewesen, da: auf dem Weg stand der Engel, den sie schon kannten, der Engel Gabriel.

Er sagte zu Joseph: »Hier ist es. Nimm Maria vom Lasttier!«

Joseph hielt an und hob vorsichtig Maria vom Maultier. Er wollte etwas sagen, aber er konnte nicht.

Und während es schnell finster wurde, erkannte Joseph etwas wie ein Lager am Rande des Weges. Er führte Maria dorthin und bettete sie. Dann wandte er sich um, damit ihm das Maultier nicht davonlaufe.

Er ging also hin, nahm es am Zügel und führte es zu einem überdachten Schafpferch, der in der Nähe war. Dort band er das Tier an, dann ging er, um nach Maria zu sehen. Aber er konnte sie nicht erblicken, denn der Engel hatte seine Flügel weit, weit über sie ausgeschlagen wie ein Zelt.

Während Joseph noch stand und dachte, was er machen solle, war es, als fing der Himmel zu brennen an. Ein großes Leuchten wie von Raketen zog sich über den Himmel, und die Sterne begannen so hell zu leuchten, daß man sie kaum mehr anschauen konnte.

Und es war, als ob die Sterne zu tanzen anfingen, alle um einen Stern herum, der sich mit einem anderen Stern so eng berührte, als wären beide zusammen ein einziges Gestirn.

Die Bewegung des Himmels machte Joseph ganz schwindlig. Er mußte sich hinsetzen und die Augen schließen.

Dann berührte ihn jemand sanft an der Schulter: Es war der Engel. Er hatte ein Kind in den Armen und sagte zu Joseph: »Hole die Mutter und bring Maria unter das Dach!«

Der Himmel aber schien Joseph wie vorher.

Da holte er Maria und trug sie unter das Dach. Der Engel aber leuchtete wie eine Fackel, und die Flamme schlug bis zum Dach empor, ohne es jedoch in Brand zu setzen. Und er leuchtete die ganze Nacht hindurch.

Joseph und der Engel
Aus einem deutschen Volksbuch

Joseph kam von Judäa nach Galiläa und dachte darauf, die ihm verlobte Jungfrau zum Weibe heimzuführen; denn es waren bereits drei Monate verflossen, und der vierte stand bevor, seit der Zeit, wo sie ihm verlobt worden war. Da unterdessen der Leib der schwangeren Jungfrau allmählich an Stärke zugenommen hatte, so fing sie an, sich als eine Schwangere kund zu geben, und dieses konnte denn auch dem Joseph nicht verborgen bleiben.

Denn als er nach der Sitte eines Bräutigams mit mehr Freiheit zu der Jungfrau hineinging und vertraulicher mit ihr redete, entdeckte er, daß sie schwanger war. Es fing daher in seinem Herzen an zu wallen und zu wogen, weil er nicht wußte, was er doch hauptsächlich und vor allen Dingen tun sollte. Denn dem Gespött der Leute wollte er sie nicht aussetzen, weil er zu gerecht war; und durch den Verdacht der Hurerei wollte er sie auch nicht übel beleumunden, weil er zu fromm war. Daher gedachte er, ohne ihr Wissen das Verlöbnis aufzulösen und sie heimlich zu verlassen. Während er aber darüber nachdachte, siehe, da erschien ihm ein Engel des Herrn im Schlafe, der sprach zu ihm: »Joseph, du Sohn Davids, fürchte dich nicht, das heißt, hege nicht den Argwohn der Hurerei gegen die Jungfrau, noch denke etwas Arges von ihr, und fürchte dich auch nicht, sie als dein Weib zu dir zu nehmen. Denn was in ihr geboren ist und jetzt dein Herz ängstiget, das ist nicht das Werk eines Menschen, sondern des heiligen Geistes. Denn sie wird unter allen allein als Jungfrau den Sohn Gottes gebären, und dessen Namen sollst du Jesus heißen, das ist: Erlöser; denn er wird sein Volk erlösen und selig machen von seinen Sünden.« Also tat Joseph, wie ihm der Engel befohlen hatte, und nahm die Jungfrau als sein Weib zu sich; jedoch erkannte er sie nicht, sondern pflegte und überwachte sie in aller Keuschheit. Und schon stand der neunte Monat nach der Empfängnis bevor, als Joseph sein Weib nebst anderem, was notwendig war, zu sich nahm und sich aufmachte nach der Stadt Bethlehem, woher er selbst war. Es begab sich aber, als sie dort waren, da wurden die Tage erfüllt, daß sie gebären sollte, und sie gebar ihren erstgebornen Sohn, wie die heiligen Evangelisten gelehrt und erzählt haben, unsern Herrn Jesum Christum, der mit dem Vater und dem Sohne und dem heiligen Geiste lebt und als Gott regiert von Ewigkeit zu Ewigkeit.

Maria und Frau Weihnachten
Eine rumänische Legende

Man sagt, daß die Juden, die die Jungfrau Maria nicht leiden konnten, sie, als sie nahe vor der Geburt unseres Herrn Jesus Christus stand, auf jede Art zu verspotten begannen. Als die Jungfrau Maria das sah und den Spott nicht mehr ertragen konnte, verließ sie die Stadt, in der sie bis dahin gelebt hatte, und ging nach Bethlehem.

Sie hoffte, es so vermeiden zu können, daß ihr irgendein Unglück zustoße. Es war in der Dämmerung, als sie in Bethlehem ankam. Sie trat in ein Haus am Rande der Stadt und bat den Hausherrn, der Kretschún, das heißt »Weihnachten«, hieß, sie zu beherbergen. Da Kretschún aber nicht genug Platz in seinem Hause hatte, um sie aufzunehmen und über Nacht zu beherbergen, sagte er ihr, sie möchte in den Stall gehen und dort in der Krippe schlafen.

Was sollte die arme Jungfrau Maria tun? Sie war gezwungen, in den Stall des Kretschún zu gehen, in dem sich ein paar Pferde und ein paar Ochsen befanden. Dort legte sie sich in die Pferdekrippe.

Die Pferde aber, wie Pferde eben sind, scharrten die ganze Nacht hindurch im Heu, traten von einem Fuß auf den andern und bliesen ihren kalten Atem aus den Nüstern auf sie, so daß sie kein Auge zutun und nicht gebären konnte.

Als dies die Jungfrau Maria merkte, wurde sie unwillig und verwünschte die Pferde: »Seid verwünscht, ihr Pferde! Das ganze Jahr hindurch sollt ihr nicht satt werden, nur an einem Tag im Jahr und dann auch nur für eine Stunde, wenn ihr einen Weg gemacht und wenn ihr Wasser getrunken habt.«

Als sie diese Worte gesagt hatte, stand sie von der Pferdekrippe auf und legte sich in die Krippe der Ochsen.

Die Ochsen fraßen noch ein wenig, nachdem sich die Jungfrau Maria in ihre Krippe gelegt hatte, dann machten sie das Kreuz und schliefen ein. Ihr warmer Atem ging über die Jungfrau hinweg. Darüber freute sie sich und segnete die Ochsen: »Seid gesegnet, Ochsen! Das ganze Jahr hindurch sollt ihr so viel fressen, bis ihr satt seid. Dann sollt ihr euch hinlegen, wiederkäuen und einen warmen Atem haben!«

Und als sie diese Worte gesagt hatte, wurden die Tiere noch stiller.

Bald darauf überfielen Maria die Geburtsschmerzen. Sie erwachte aus dem Schlaf und sah sich um. Da sah sie eine Menge Kerzen auf den Balken stehen, an welche die Ochsen gebunden waren, eine leuchtete schöner als die andere. Der Stall stand in festlichem Licht, schöner noch als eine Kirche. An den Rändern der Krippe aber brannten Weihrauch und Myrrhe, die ihren angenehmen Duft in alle Teile des Stalles ausströmten. Es war dies ein Zeichen dafür, daß bald darauf der Erlöser der Welt geboren werden sollte, unser Herr Jesus Christus.

Gerade zu dieser Zeit trat die Hauswirtin, Kretschuneasa genannt, aus dem Hause und entsetzte sich, als sie den Stall in einem Lichtermeer sah. Sie dachte, er brenne und wollte rasch in das Haus zurück, um ihren Mann zu Hilfe zu rufen. Maria aber, die gehört hatte, wie sich jemand dem Stall näherte, ließ sie nicht weggehen, sondern rief Kretschuneasa und bat sie, ihr bei der Geburt behilflich zu sein. Die Frau des Kretschún antwortete ihr aber, sie dürfe nicht kommen, denn ihr Mann habe es ihr streng verboten, noch einmal bei einer Geburt zu helfen und ihr gedroht, ihr beide Hände abzuschneiden, wenn sie sein Verbot überschreite.

»Komm, komm, er wird dir die Hände nicht abschneiden!« bat Maria wieder. Da merkte Kretschuneasa, daß nicht mehr viel Zeit zu Gesprächen sei, trat in den Stall und half ihr bei der Geburt.

Dann hoben sie den Herrn Jesus Christus auf, wickelten ihn in Windeln aus feinem Linnen und gaben ihn in ein Steckkissen aus Seide, das mit goldenen Bändern zusammengehalten war. Auf das Haupt setzten sie ihm eine Mütze aus Samt.

Dann legte ihn die Kretschuneasa neben seine Mutter und bedeckte ihn mit etwas Heu, damit er sich nicht erkälte.

Anschließend kehrte sie in ihr Haus zurück und sagte zu ihrem Mann: »Ich habe ein Enkelchen zur Welt gebracht!«

Kretschún aber, der ein sehr bösartiger und leidenschaftlicher Mensch war, wurde aus Wut über sie rot wie ein Krebs, als er hörte, daß sie sein Verbot übertreten hatte. In seinem schrecklichen Zorn schlug er ihr mit der Axt beide Hände ab und schrie: »Habe ich dir nicht ein für allemal verboten, noch einmal bei einer Geburt behilflich zu sein? Du aber hast nicht gehorcht! Jetzt verrichte noch einmal Hebammendienste!«

Die Kretschuneasa lief in ihrem Schrecken zur Muttergottes und klagte ihr, daß ihr Mann ihr die Hände abgeschnitten habe, weil sie nicht gehorsam gewesen sei und ihr behilflich war.

Die Muttergottes hatte Mitleid mit ihr, als sie die Armstümpfe sah und sagte: »Geh rasch und bring mir die Hände her!«

Die Wirtin kehrte rasch um, hob mit den Armen die auf dem Boden liegenden Hände auf und trug sie zur Muttergottes. Maria nahm sie, legte sie an die Armstümpfe und forderte die Wirtin auf, sie unter ihr Kind zu legen, das heißt unter unseren Herrn Jesus Christus.

Das tat Frau Kretschuneasa und siehe da: Ihre Hände wuchsen wieder an und wurden viel gesünder und schöner, als sie vorher gewesen waren; denn kraft der göttlichen Gewalt unseres Herrn Jesus Christus wurden sie bis an die Ellenbogen aus Gold.

Die Wirtin schlug vor Freude in ihre Hände, die sie nun wieder hatte. Sie lief in das Haus, klatschte in ihre Hände und sagte zu ihrem Mann: »Sieh, was für Hände mir mein Enkel anstelle derer gegeben hat, die du mir abgeschlagen hast!«

Als Kretschún sie mit den goldenen Händen sah, sagte er voll Staunen: »Sehr gut! Sage mir aber auch, wer dieser Enkel ist und wie seine Mutter heißt, damit ich es auch weiß!«

Frau Kretschuneasa aber wußte nichts anderes zu sagen, als daß sie, nachdem er ihr die Hände abgeschlagen habe, zu der Frau, der sie bei der Geburt behilflich gewesen war, zurückgekehrt sei und daß sie und ihr Sohn ihr die Hände geheilt hätten. Sie erzählte weiter, daß in dem Stall, in dem jene Frau geboren habe, Lichter, Weihrauch und Myrrhe brannten und daß es dort wunderbar schön sei. Man sehe, daß diese Frau niemand anders sein könne als die Jungfrau Maria und ihr Kind unser Herr Jesus Christus.

Als Kretschún auch das noch hörte, entsetzte er sich

sehr. Er war voll Furcht, daß ihn die Strafe Gottes für seine unmenschliche und blutige Tat treffen werde. Ohne Aufenthalt ging er in den Stall, fiel vor der Muttergottes in die Knie und bat sie um Verzeihung. Er sagte ihr, daß er nicht gewußt habe, wer sie sei, und daß er seiner Frau deshalb die Hände abgeschlagen habe; aber was er getan habe, würde er nie mehr tun.

Die Muttergottes lag in der Krippe und hielt ihren Sohn Jesus in den Armen. Als Kretschún so inständig um Verzeihung bat, erhörte sie ihn.

Vom Esel, der Maria und das Kind trug
Eine wallonische Legende

Als in der Nacht ein Engel dem Joseph erschienen war mit den Worten »Nimm die Mutter und das Kind und fliehe ins Ägyptenland und bleibe dort, bis ich dir's sa-

ge«, da beratschlagten Maria und Joseph, wie sie dorthin kämen. Sie wußten, der Weg würde weit und gefährlich sein, und so suchten sie nach einem ausdauernden Tragtier. Zuerst wandten sie sich an das Pferd. Das aber tat, als höre es die Bitte nicht, hieb mit dem Schweif um sich, als wolle es eine lästige Sache abwehren, und steckte sein Maul tief in den Futtertrog. Zur Strafe ist es seitdem von unstillbarem Hunger geplagt, muß den Menschen tragen, der sein Herr ist, und schwere Wagen ziehen.

Betrübt wandten sich Maria und Joseph daraufhin an den Esel. Der sagte bereitwillig j-iah und ließ seine schmale Kost im Stich, obwohl er gar nicht gut genährt war. Und auf seinem geduldigen Rücken ging die Flucht vonstatten.

Das Weizenwunder
Eine französische Legende

Die gütige Heilige Jungfrau begegnete, als sie auf der Flucht war und ihr kleines Kind auf dem Arm trug, einem alten Mann, der gerade seinen Weizen bestellte. Sie sprach zu ihm: »Guter alter Mann, wollt Ihr mir beistehen?« – »Aber ja, meine tapfere Frau, ich werde tun, was ich vermag.« – »Ah! Mein guter Alter, dann nehmt Eure Sichel und schneidet Euren Weizen.«

Als er zwei oder drei Büschel geschnitten hatte, legte sich die Heilige Jungfrau darunter. Gerade als sie sich gebettet hatte, kamen die Juden(-häscher) vorbei. Sie fragten ihn: »Guter alter Mann, habt Ihr nicht eine alte Pilgersfrau vorübergehn gesehen, eine mit einem Kind auf dem Arm?« – »Oh ja! Ich hab sie gesehen, als ich meinen Weizen bestellte.«

Die Juden beredeten sich untereinander: »Das muß

letztes Jahr gewesen sein. Wir sind heute auf Trab, wir sind morgen auf Trab. Wenn man durchhält, legt man eine große Strecke Wegs zurück, und wir werden sie kriegen.«

Als die Juden weitergezogen waren, kam die Heilige Jungfrau aus ihrem Versteck hervor. »Ich danke Euch, mein guter Alter. Ihr habt mir sehr gut beigestanden. Im Paradies wird ein Platz sein, der auf Euch wartet.«

Von dieser Legende, die ebenso auch im Irischen, im Burgenländischen wie im Serbischen überliefert ist, leitet sich der Brauch des Luciaweizens ab. Diese Tellersaat kommt am heiligen Abend unter den Christbaum; mitten in den sprießenden Weizen wird eine brennende Kerze hineingestellt.

Der Brotteigsegen
Eine italienische Legende

In den Abruzzen erzählen die Leute, Joseph und Maria seien auf ihrer Flucht vor den Verfolgern eines Tages mit ihrem Kind an einer Hütte vorbeigekommen, in der eine Frau gerade Brot zu backen begann. Sie hatte den Teig in der Backmulde angerührt, den Tisch mit Mehl bestäubt und eben angefangen, Fladen und Brote zu formen, die für den Sonntag und die kommende Woche ihre Nahrung sein sollten. Zögernd öffnete Maria die Tür; die Frau aber hieß die drei freundlich willkommen. Da traten sie ein und sprachen von ihrer Not: »Liebe Frau, siehst du keine Möglichkeit, uns und vor allem das Kind zu verstecken? Die Häscher des Herodes sind hinter uns her, und unser Kind muß sterben, wenn sie es finden.« Die Frau überlegte nur einen Augenblick. »Ja gewiß«, sagte sie dann, »ich will euch gern helfen. Gebt mir das Kind. Dort im Brotteig wird es kein Mensch suchen.« Und sie nahm das Kind Jesus und legte es in die Mulde mitten in den Teig, so daß es in die weiche Masse einsank wie in die Federn eines Bettchens. Da waren auch schon die Häscher vor der Tür. Mit lautem Geschrei drangen sie ein und fuchtelten mit ihren Waffen: »Ist hier eine Frau mit einem kleinen Kind? Hast du sie gesehen? Hast du sie versteckt?« Die Frau aber antwortete ganz ruhig: »Schaut nur herein. Ihr könnt überall nachsehen. Ihr seht, wir sind zwei Frauen und ein Greis. Niemand sonst wohnt hier. Woher soll da ein Kind kommen?«

Die Häscher blieben mißtrauisch. Sie durchstöberten die Hütte von oben bis unten. Da war kein Raum und kein Winkel und kein Schrank, den sie nicht durchsuchten. Aber sie fanden nichts. Einer hatte wohl auch einen Blick in den Backtrog geworfen. Da war aber nichts weiter zu sehen, als daß der Teig merkwürdig hoch aufgegangen war und eben über die Ränder quoll. Mißvergnügt zogen die Verfolger ab.

Maria aber holte das Kind Jesus aus dem Brotteig, in dem es keinerlei Schaden genommen hatte, sprach leise ein paar Worte über den Teig, bedankte sich herzlich bei der hilfreichen Frau und zog mit Joseph weiter auf ihrem gefahrvollen Weg in fremdes Land.

Die freundliche Frau ging wieder an ihre Arbeit, knetete in ihren Händen die Brote flach und stach sich neuen Teig aus der Mulde. Sooft sie aber in den Backtrog griff, fand sie diesen immer gleich voll, und bald lagen alle Tische, die Kästen, die Fenstersimse, selbst die Schemel voll von Broten, und noch immer war des Segens kein Ende. Das sah eine Nachbarin, die zum Fenster hereinschaute. Natürlich kam sie herein, um das Wunder zu bestaunen. Natürlich hatte sie dann auch nichts eiligeres zu tun als überall in den nahegelegenen Häusern zu erzählen, was sie erblickt hatte. Immer mehr Frauen kamen zum teiggesegneten Haus, ließen sich erzählen, was geschehen war, und baten schließlich um ein bißchen von dem wunderbaren Sauerteig für den eigenen Hausgebrauch, damit auch dort der Teig so schön aufginge. Und tatsächlich, überall wuchs und quoll der Brotteig in einer Weise, wie man es bisher noch nie gesehen hatte. Und so gewöhnte man sich bald daran, jedesmal, wenn man gebacken hatte, ein klein wenig von dem alten Teig in den Keller beiseite zu stellen. Auf diese Weise und seitdem geht der Brot spendende Sauerteig nicht mehr aus.

Der Erzengel
Ein siebenbürgisches Märchen

Es war einmal in einem Dorf ein Mädchen, fleißiger als alle anderen aus seiner Gesellschaft. Die anderen Mädchen spannen an einem Abend zwei bis drei Spindeln voll

Garn. Sie aber nahm sich immer ein Viertel mit und füllte sie alle. Die Sache aber verhielt sich so: Alle Mädchen hatten einen Geliebten. Der sitzt neben seinem Mädchen und plaudert und macht Späße, das Mädchen hört ihm zu und lacht und vergißt über dem Spiel auch manchmal die Spindel.

Dieses Mädchen hatte keinen Geliebten, also auch keine andere Sorge als ihre Spindel.

An einem Abend traf es sich, daß ein fremder Bursch in die Gesellschaft kam, so schön, viel schöner als die anderen alle, aber niemand kannte ihn; die Mädchen aber sahen ihm alle nach und jede hätte gewollt, daß er neben ihr gesessen. Dieser aber sah sich nach keiner um, außer nach der einen, die allein saß und nicht um sich blickte, außer immer nur auf ihren Rocken und ihre Spindel. Er ging in einem auf sie zu und setzte sich neben sie und fing an, mit ihr zu reden. An diesem Abend konnte sie ihr Viertel nicht füllen.

Als sie nach Hause kam, fragte die Mutter: »Was ist mit dir, daß du die Spindeln nicht gefüllt? Das Viertel ist fast nur halb.« – »Weiß ich, Mutter, was mit mir ist, es ist, als ob mir die Hände gefroren wären.«

Am anderen Abend kam der fremde Bursche wieder und setzte sich neben dieses Mädchen und plauderte und plauderte und sagte, er wolle sie zur Frau nehmen. Nun, an diesem Abend spann sie nicht mehr als zwei Spindeln. Als sie nach Hause kam, fing ihre Muter mit ihr an: »Mein Kind, sage mir, was ist mit dir, daß du diesen Abend gerade nur zwei Spindeln gesponnen?« – »Ach, meine Mutter, es ist ein so schöner fremder Bursch gekommen und hat sich immer neben mich gesetzt und geplaudert und gesagt, er wolle mich zur Frau nehmen.« – »Mein Mädchen, sage ihm, wenn er solche Gedanken hat, solle er zu uns kommen.«

Am nächsten Abend war es wieder so. Als er aber von der Liebe anfing zu reden, sagte sie ihm, er solle zu ihrer

Mutter kommen. »Ich werde einmal kommen, aber jetzt nicht.«

Als sie diese Worte ihrer Mutter mitteilte, lehrte sie ihre Mutter, sie solle ein Knäul mit Faden nehmen und wenn er wieder neben ihr säße,' ihm den Faden an den Fuß binden, sie solle machen, als sei ihr die Spindel entfallen und dies beim Bücken tun. Gut.

Am nächsten Abend machte sie es, wie ihre Mutter sie gelehrt. Sie band ihm den Faden an den Fuß und behielt das Knäul in der Hand, als er fortging. Dann ging sie ihm nach. Aber wie erschrak sie, als sie sah, wohin er ging! Er ging auf den Friedhof und stieg in ein Grab, nahm einen Totenkopf und fing an, daran zu nagen. Unser Mädchen erschrak furchtbar und floh nach Hause. Als am nächsten Abend der Bursch wieder kam und sich neben sie setzte, wollte sie nicht mit ihm reden. »Nun, was ist mit dir, warum bist du so zornig?« fragte er. Sie antwortete nichts. »Du, sage, warum bist du so zornig? Wenn du es mir nicht sagst, stirbt deine Mutter.« Sie schwieg.

Als sie nach Hause kam, fand sie ihre Mutter tot. Nachdem sie nun gestorben war, begruben sie die Leute, was sollten sie auch anderes tun?

Und als eine Zeit vergangen war, ging das Mädchen wieder in die Spinnstube. Siehe, dieser Fremde kam auch wieder und setzte sich neben sie und fing wieder an: »Warum bist du so zornig über mich?« Sie wollte es ihm nicht sagen. »Du, sag mir die Wahrheit, wenn du sie mir nicht sagst, so stirbt dein Vater.« Sie sagte nichts.

Als sie nach Hause kam, fand sie ihren Vater tot. Nachdem nun auch ihr Vater gestorben war, wurde auch er begraben.

Als sie wieder in die Spinnstube kam, war auch jener wieder da, setzte sich neben sie und fragte sie wieder, warum sie über ihn zornig sei. Sie wollte auch jetzt es ihm nicht sagen. »Du, sag es mir! Deine Mutter ist gestorben, dein Vater ist gestorben, jetzt stirbst auch du.« Sie sagte es ihm nicht.

Als sie nach Hause kam, bereitete sie sich vor zum Sterben, zog ihre schönsten Kleider an, und als sie fertig war, starb sie. Nun, dieses erregte Aufsehen. Die Leute begruben sie neben der Straße.

Als der Frühling kam, sproßte aus dem Grab ein Rosenstrauch hervor. Dieser blühte. Seine Rosen waren so schön, wie noch niemand gesehen. Alle Leute, welche die Straße daherkamen, blieben stehen und besahen sie, aber nehmen konnte sie niemand. Einmal kam ein Königssohn vorbeigefahren. Als er die schönen Rosen sah, befahl er dem Kutscher, sie zu brechen und ihm in den Wagen zu geben. Wie sich der Kutscher auch bemühte, er war nicht imstande, einen Ast zu brechen. Als der Königssohn sah, daß der Kutscher nicht konnte, stieg er hinunter und riß den Stock samt den Wurzeln aus und warf ihn über seinen Rücken in den Wagen.

Wie er ihn über den Rücken geworfen, wurde aus dem Rosenstock wieder das schöne Mädchen, nur noch schöner, als sie früher war. So schön, daß sie dem Königssohn gleich so gut gefiel, daß er sich mit ihr trauen ließ.

Nun lebten sie beide gut und ohne Sorgen. Aber sie wollte nie in die Kirche gehen. Oft sprachen die Leute davon und fragten sich: Was sollte doch sein mit unserer Königin, daß wir sie nie in der Kirche sehen?

Der junge König hörte solche Worte, ließ ihr aber den Willen ein ganzes Jahr. Dann kam die Zeit, daß sie ein kleines Knäblein bekamen. Nun wünschten die Leute sehr, die junge Königin und das Kind zu sehen.

An einem Sonntag befahl der König, seine junge Frau möchte sich schön anziehen für die Kirche. Die Königin jammerte zuerst und sagte, er werde sehen, sie käme nicht mehr aus der Kirche zurück, wenn sie einmal hineingehe. Ihr Mann sagte aber, sie solle nicht so dumme Gedanken haben.

Gut. Sie richtete sich her mit schönen Kleidern, nahm den Knaben auf den Arm und ging hinter dem König zur Kirche. Er trat ein, als aber auch sie eintreten wollte, da stand der schöne fremde Jüngling aus der Spinnstube neben ihr und fragte: »Warum bist du zornig über mich?« Sie antwortete nicht. »Du, sag mir die Wahrheit, sonst stirbt auch dein Kind.« Hierüber erschrak sie sehr und sagte die Wahrheit. »Siehst du, du Alberne. Du hättest es mir damals sagen sollen, so wären deine Mutter und dein Vater nicht gestorben und du würdest doch hierhergekommen sein. Jetzt will ich dir sagen, wer ich bin: Ich bin der Erzengel, der Tod.«

Sie ging in die Kirche. Und als sie eintrat, konnte sie nicht an ihrer Stelle bleiben, es zog sie etwas immer mehr nach vorne, immer mehr hinauf, immer mehr hinauf, bis zum Altar, noch einmal schien sie etwas hinaufzuziehen. Da plötzlich wurde sie das Altarbild. Seit dieser Zeit steht das Bild der heiligen Mutter mit dem Kind im Arm in allen Kirchen.

Die heilige Maria von Rosenthal
Eine Lausitzer Sage

Als Kaiser Karl der Große mit seinen Mannen die Lausitz durchstreifte, um den Götzendienst der Wenden zu zerstören und die Heiden zu Jesus Christus zu führen, da kam er auch in die Gegend an den Quellen der Elster. Da, wo jetzt Rosenthal liegt, schlug er ein großes Lager auf und verweilte dort etliche Monden. Die Mauern, mit denen er den Ort befestigte, sind noch heutigen Tages zu sehen. Er hatte aber sein Heer unter den besonderen Schutz der heiligen Jungfrau Maria gestellt, und die heilige Jungfrau war allzeit bei dem Heer und umwandelte täglich das Lager, angetan mit einem langen, weißen Gewand. Und wenn die Krieger sie erblickten, warfen sie sich zur Erde und beteten sie an. Sie hatten aber auch ein heiliges Bild der Mutter Gottes bei sich, und als sie fortzogen aus dieser Gegend, da ließen sie das Bild da und verbargen es in dem Wald, den die heilige Jungfrau durch ihre Gegenwart geheiligt hatte. Seitdem sah man oft eine weiße Jungfrau den alten Lagerplatz umwandeln.

Viele Jahre vergingen, da kam ein frommer Ritter namens Lucianus von Sernan in diese Gegend, der sah einst auf der Jagd die weiße Frau von fern, und ihre himmlische Schönheit bezauberte sein Herz. Er spornte sein Roß, um sie zu erreichen; aber sobald er sie erreicht zu haben vermeinte, so war die Erscheinung wieder in weite Ferne gerückt, bis sie endlich an einer Linde urplötzlich verschwand. Aber aus einer Höhlung des Baumes, umrahmt von grünen Blättern und duftenden Blüten, leuchtete dem Ritter das Bild der Gottesmutter entgegen.

Als dieses Wunder bekannt wurde, wallfahrteten die Leute in großer Menge zu dem Bild und das Bild tat unzählige Wunder, und ihm zu Ehren ward dicht neben der heiligen Linde die Kirche zu Rosenthal erbaut, die bis auf den heutigen Tag zum Kloster Marienstern gehört. Das Bild selbst aber hat eine dunkelbraune Gesichtsfarbe und ein Gewand mit eingewebten Lilien.

Nachbemerkung: Maria, die weißgekleidet das Lager umwandelt, trägt Züge der heidnischen Mara. Die Namensähnlichkeit hat die Verlagerung des Marakults hin zur Marienverehrung sicher begünstigt. Die Linde – Symbol der Feuchtigkeit, des Gebärens, wie auch nach altem Glauben der Totenbaum – ist ebenso der Todesgöttin Mara zuzuordnen wie der Maria, der Beschützerin der Linden. Die Doppelnatur der Mara–Maria ist in dem dunkelbraunen Gesicht ausgedrückt. Gerade slawische Völker verehren solche dunklen, ja schwarze Marienbilder.

Die Muttergottes hat's geheissen
Ein jiddischer Schwank

Hat einmal ein armer Jud gefaßt einen Entschluß, wird er in die Kirche hineingehn, wird er von der Matke Bosske (Muttergottes) die Burlanten (Edelsteine) herunternehmen – Ihr wißt doch, wie die Matke Bosske behangen ist mit Burlanten und mit Gold. Ist er nachts in die Kirche hinein, wie es keiner gesehn hat, hat er von der Matke Bosske heruntergenommen die Burlanten. Na was meint Ihr, kann ein ehrlicher Jud haben Massel (Glück)? Hat ein Goj (Christ) ihn gesehn, wie er gestiegen ist aus dem Fenster, hat er Anzeige gemacht, ist der Jud vor Gericht gekommen.

Fragt der Richter den Juden: »Ist das wahr, daß du hast geganwet (gestohlen) die Burlanten von der Matke Bosske?« Antwortet der Jud: »Ich hab nicht geganwet, ich hab genommen.« – »Was heißt genommen? Du solltest wissen, das ist Heiligenschändung, und dafür steht eine große Strafe.« Sagt der Jud: »Was hab ich tun können, und was hab ich tun dürfen, und was hab ich tun sollen? Ist es mir bitter gewesen auf dem Herzen, bin ich in die Kirche gegangen, und hab ich ausgeweint mein Herz vor der Matke Bosske. Hat die Matke Bosske aus Mitleid angefangen zu weinen und hat mir gesagt: ›Berele, nimm herab von mir die Burlanten!‹ Nun, die Mutter hat's geheißen, hab ich sie herabgenommen.« Erwidert der Richter: »Was heißt das? Wie kann die Matke Bosske reden?« Sagt der Jud: »Weiß ich? Das seht Ihr doch!« Hat der Richter ganz und gar nicht gewußt, was er sollte tun. Kann er doch nicht ableugnen ein Wunder von der Matke Bosske. Hat er nach dem Papst geschickt, den Heiligen Vater zu hören. Man kommt zu ihm, erzählt ihm die Geschichte, runzelt er die Stirn und sagt, es kann sein, es kann nicht sein, daß die Matke Bosske soll reden, und genau so eine Geschichte ist eingetroffen vor 600 Jahrn. Der Richter hat gehört die Antwort vom Papst, hat gerufen den Jiden und hat ihm gesagt: »Für diesmal bist du frei, magst du machen mit den Burlanten, was du willst; aber du sollst wissen, noch einmal kann das nicht sein, weil die Matke Bosske redet nur ein einziges Mal in 600 Jahrn.«

Wie Joseph dem Jesus ein Müslein kochte und sie einander in der Kirche schlugen

Ein deutscher Schwank

Im Bistum Köln geschah es einmal zu den Weihnachtszeiten in der Christnacht, daß man in dieser Nacht das Kindlein wiegen* wollte und einen großen Chorschüler nahm, der sollte das Kindlein sein. Und sie legten das Kindlein Jesus in eine Wiege und Maria wiegte es, und das Kindlein fing gar heftig an zu schreien. Als es aber nicht schweigen wollte, lief der Joseph geschwind hin und wollte dem Kindlein Jesus ein Müslein oder einen Brei kochen und ihm zu essen geben, damit es schweige. Je länger er aber kochte, um so stärker schrie das Kind. Als es aber gar nicht schweigen wollte, nahm der gute Joseph einen Löffel mit heißem Mus, lief damit zu der Wiege und steckte dem Kind den Löffel mit dem heißen Mus in den Hals und verbrannte dem Kind das Maul so übel, daß ihm das Schreien und Weinen verging. Das Kind stand geschwind aus der Wiege auf, fiel dem Joseph ins Haar, und sie schlugen einander. Aber das Kind war dem guten Joseph zu stark, denn es warf ihn zu Boden

* D. h. ein Spiel von Jesu Geburt aufführen.

und ging dermaßen mit ihm um, daß die Leute, die in der Kirche waren, dem Joseph zu Hilfe kommen mußten.

Der Rabbi und der Engel
Eine ostjüdische Legende

In alten Zeiten warfen die Christen das Los über die Juden. Auf welchen das Los fiel, den verbrannten sie. Eines Tages fiel das Los auf den Rabbiner. Der Rabbi wurde sehr bekümmert, denn donnerstags hatte man das Los geworfen und sonntags darauf um zwölf Uhr sollte derjenige verbrannt werden.

Am Freitag gegen Abend ging er zum Beten. Als er wieder heimkehrte, trat ihm an der Tür ein fremder Jude entgegen und bat, ihn über den Sabbat bei sich aufzunehmen. Der Rabbi dachte bei sich: Es ist alles einerlei, wenn ich am Sonntag ohnehin den Tod erleiden muß, dann nehme ich diesen Juden zum Sabbat auf. Also ging der Jude mit dem Rabbiner zum Sabbat in sein Haus. Am nächsten Tag, vor dem Abendessen, als sie das Abendgebet sprachen, begann der Rabbi zu weinen.

Dieser Jude aber war ein Engel, doch der Rabbiner wußte das nicht. Als sie mit dem Abendessen fertig waren, sagte der Jude zum Rabbiner: »Laßt uns ein wenig in der Heiligen Schrift lesen!« Er schlug aufs Geratewohl ein Kapitel auf, und darin war eine ähnliche Geschichte geschildert, wie sie dem Rabbi geschehen war. Nach dem Lesen begann der Rabbi bitterlich zu weinen. Der Jude fragte ihn, warum er weine. Der Rabbi antwortete: »Laß mich in Ruhe! Was kannst du mir schon helfen?« – »Wer weiß?! Vielleicht vermag ich Euch doch irgendwie zu helfen!« Der Rabbi sagte noch einmal zu ihm: »Geh nur! Geh! ... Wie könntest du mir hier behilflich sein!« Doch der Jude drängte ihn wieder: »Vielleicht kann gerade ich Euch irgendwie helfen! Ihr müßt es mir nur sagen, dann werdet Ihr schon sehen.« Der Rabbi sagte: »Es ist jetzt Gesetz geworden, daß ein Los ausgeworfen wird, und auf wen das Los fällt, den verbrennt man.« Da sagte der Jude zu ihm: »Nu, und warum habt Ihr Euch gescheut, es mir zu sagen? Ich will gehen und mich für Euch verbrennen lassen.«

Es kam der nächste Tag, und die ganze Judengemeinde versammelte sich. Der Rabbiner mit dem fremden Juden machte sich auch auf dorthin, und alle gingen zum Kloster. Die Juden mit dem Rabbiner blieben vor dem Tor zurück, nur der Fremde ging hinein. Der Bischof und der Weihbischof kamen ihm entgegen, nahmen ihn am Arm und begannen, ihn im Kloster rundum zu führen. Da sah er einen Hahn stehen und fragte den Bischof: »Was ist das?« Der Bischof sagte zu ihm: »Das ist unser Gott.« – »Und wie heißt er?« Der Bischof antwortete: »Der heilige Michael.« Da rief der Engel: »Michael, so viele Federn du auf dir hast, so viele Christen sollen sterben!« Und einige Tausend Christen fielen tot um.

Sie gingen weiter. Da sah er einen Stein stehen, ganz nach menschlicher Gestalt gemeißelt. Der Engel fragte den Bischof: »Was ist das?« – »Das ist auch unser Gott.« – »Und wie heißt er?« – »Jesus.« Der Engel rief wiederum: »Hebe dich von der Stelle und erschlage so viele Christen, wie du vermagst!« Der erhob sich und erschlug einige Tausend. Der Bischof sah, daß die Sache übel stehe, und wollte ihn schon freilassen, doch der Engel sagte: »Nein, ich will noch nicht freigelassen werden! Auf mich fiel das Los, und ihr müßt mich verbrennen.«

Sie gingen weiter. Der Engel sah, wie Holz zusammengetragen wurde, und das Feuer loderte schon. Er hörte überall von den Fenstern und Dächern das Gelächter und Geschrei: »Da, der Jude wird abgeführt!« Darauf rief er: »Diese beiden Mauern, in denen die Christen aus den Fenstern und Dächern gaffen, mögen zusammenrücken!« Und die Wände rückten zusammen und erdrückten alle. Da sah der Bischof, daß die Not groß sei, und bat ihn fortzugehen. Der Engel sagte: »Ich gehe nicht fort, es sei denn, du unterschreibst mir, daß niemals mehr ein Jude verbrannt wird.« Der Bischof antwortete ihm, daß er kein Papier und keine Tinte bei sich habe. Da zog der Engel aus der Tasche Pergament und Tinte und Feder hervor und gab es ihm. Der Bischof unterschrieb, daß er niemals mehr einen Juden verbrennen lassen werde. Nun kehrte dieser Jude mit dem Rabbiner in dessen Haus zurück. Als die Judengemeinde ihn lebendig erblickte, begannen alle, ihm laut zuzurufen: »Meister!«

Da veranstaltete der Rabbiner einen großen Schmaus und schenkte dem Fremden 200 Silbertaler. Doch plötzlich verschwand dieser Jude, so schnell, daß es keiner merkte wie, nur die Börse mit den 200 Silbertalern war auf dem Tisch liegengeblieben.

VIERTES KAPITEL

DIE WEIHNACHTSGESCHICHTE – EINMAL ANDERS

»Nun komm, der Heiden Heiland,
Der Jungfrauen Kind erkannt,
Daß sich wunder alle Welt,
Gott solch Geburt ihm bestellt.«

Kirchenlied nach einem Hymnus
des Ambrosius (um 340–397)
Text von Martin Luther, 1524

Die Weihnachtsgeschichte
Nach dem Evangelium des Jakobus

Es begab sich aber zu der Zeit, daß ein Gebot von dem Kaiser Augustus ausging, daß alle Einwohner Bethlehems sich einschreiben lassen sollten. Und Joseph sprach: »Ich werde meine Söhne einschreiben lassen, doch was soll ich mit diesem Mägdlein tun? Wie soll ich sie einschreiben lassen? Als mein Weib? So muß ich mich schämen. Als meine Tochter? Das ganze Volk Israel weiß, daß sie nicht meine Tochter ist. Der Tag des Herrn wird es machen, wie es der Herr will.«

Und so sattelte er seinen Esel und sein Sohn zog das Tier und Joseph folgte. Und sie näherten sich Bethlehem bis auf drei Meilen. Da wandte Joseph sich um und sah, daß Maria traurig war, und sprach zu sich: »Vielleicht bedrängt sie, was in ihr ist.« Und zum anderen Mal wandte Joseph sich um und sah, daß Maria fröhlich war, und sprach zu ihr: »Maria, was ist mit dir, daß ich dein Gesicht das eine Mal lachen sehe, das andere Mal traurig?« Und Maria sprach zu Joseph: »Zwei Völker sehe ich mit meinen Augen, das eine weint und klagt, das andere freut sich und jubelt.«

Und als sie den halben Weg zurückgelegt hatten, sprach Maria zu ihm: »Hilf mir vom Esel herab! Denn was in mir ist, drückt mich und will hervorkommen.« Und Joseph nahm sie vom Esel herab und sprach zu ihr: »Wohin soll ich dich führen und dich in deinem unschicklichen Zustand verbergen? Denn wahrlich, einsam ist die Stätte.«

Und er fand eine Höhle und führte sie hinein und ließ seine Söhne bei ihr und zog aus, um eine hebräische Hebamme zu suchen.

»Ich, Joseph, aber ging umher und ging nicht umher, und ich blickte auf zum Gewölbe des Himmels und sah es stille stehen, und ich blickte auf die Luft und sah sie erstarrt, und ich sah die Vögel des Himmels unbeweglich. Und ich sah auf die Erde und sah Arbeiter um eine Schüssel und ihre Hände in der Schüssel, und die Kauenden kauten nicht und die aufhoben, hoben nicht auf, und die zum Munde führten, führten nicht zum Munde, und ihre Angesichter waren nach oben gerichtet. Und siehe, es wurden Schafe getrieben und blieben regungslos, und der Hirt hob die Hand, sie zu schlagen, und die Hand verhielt in der Luft. Und ich sah ein fließend Wasser, und die Böcke hatten ihre Mäuler darauf und tranken nicht. Und alsbald nahm alles wieder seinen Lauf.

Und siehe, ein Weib stieg herab vom Gebirge, und sie sprach zu mir: ›Mensch, wohin gehst du?‹ Und ich sprach zu ihr: ›Ich suche eine hebräische Hebamme.‹ Und sie antwortete und sprach: ›Bist du aus Israel?‹ Und ich sprach zu ihr: ›Ja.‹ Sie aber sprach zu mir: ›Wer ist die, die in der Höhle gebiert?‹ Und ich sprach zu ihr: ›Meine Verlobte.‹ Und sie sprach zu mir: ›So ist sie nicht dein Weib?‹ Und ich sprach zu ihr: ›Es ist Maria, die auferzogen ward im Tempel des Herrn, und durchs Los ward sie mir gegeben zum Weib und ist doch nicht mein Weib, sondern sie empfing vom Heiligen Geist.‹«

Und die Hebamme sprach: »Ist das wahr?« Und Joseph sprach zu ihr: »Komm und sieh!« Und sie ging mit ihm. Und sie kamen an die Stätte, da die Höhle lag. Und siehe, eine lichte Wolke überschattete die Höhle. Und die Hebamme sprach: »Heute ist ein großer Tag für meine Seele, denn meine Augen haben Wunderbares gesehen. Wahrlich, Gott sei gepriesen, denn Israel ist das Heil erstanden.« Und sogleich verschwand die Wolke aus der Höhle und ein gewaltiges Licht erschien, daß es die Augen nicht ertragen konnten. Und als das Licht verschwand, da war das Kind zu sehen und es kam und nahm die Brust seiner Mutter Maria. Da schrie die Hebamme auf und sprach: »Was für ein großer Tag ist heute für mich, daß ich dieses Schauspiel habe sehen dürfen!«

Von den Wundern, die in der Heiligen Nacht geschahen
Ein französischer Legendenkranz

Ihr alle, werte Herren, werdet an der Geschichte von der allerheiligsten Geburt unseres Herrn Gefallen finden. Macht darum Eure Ohren und Euer Herz geneigter, als wenn ich von Roland oder Olivier*, von König Artus oder seiner Tafelrunde vortragen würde, alles Geschichten, an denen nichts Wahres dran ist. Ich werde Euch alles ohne Lügen und Fabulierererei erzählen, denn ich habe eine gute Schule besucht und in einem hebräischen Buch gelesen. Und wenn Ihr fürchtet, daß Euch der Kopf schläfrig wird, so sage ich nur soviel: Ich weiß wohl, daß die Menschen heutzutage wenig von Andacht halten und die Kürze zu schätzen wissen, wenn man die heiligen Worte auslegt.

Doch nun ist es an mir zu reden, und an Euch, mir zuzuhören.

Von der Ankunft der gebenedeiten Jungfrau Maria in Bethlehem

In der vornehmen Stadt Rom lebte einst ein Kaiser mit Namen Augustus. In seinem hochfahrenden Stolz, daß er alles beherrschte, von Nord bis Süd, wollte er wissen, wie viele Städte ihm Tribut schuldeten, wie viele Herzöge und Erzbischöfe ihm die Füße zu küssen hatten, wie viele Vasallen bei seinem bloßen Namen erzitterten. Er ließ also mit großem Trompetenschall im ganzen Reich und an jeder Straßenecke verkünden, jedermann habe sich an den Ort seiner Vorfahren zu begeben – nicht etwa, um die heiligen Toten zu ehren, sondern um seinen prallgefüllten Beutel in die königlichen Schatzkästen zu entleeren.

Dieses wohlgemute Ansinnen des Augustus brachte nun die beiden Eheleute, an denen unser Herrgott die meiste Freude hatte, in arge Bedrängnis, ich meine die Jungfrau Maria, die schlichte, holde, gelehrsame, schön

* Der brüderliche Freund des Helden Roland, siehe ›La Chanson de Roland‹, um 1100.

ohnegleichen, blutjung mit ihren fünfzehn Jahren; und den keuschen Joseph, alt und weiß das Haupt, aber der schönste unter den Männern mit schlohweißem Bart, so weiß wie die Lilie oder das Fell des Hermelins.

Gutwillig belud dieser den Ochsen Langsamkauer mit dem Gepäck und hob Unsere Liebe Frau auf den Esel Trippelschritt. Es war früher Morgen. Die beiden heiligen Leute lebten in Nazareth, der blühenden Stadt: Sie machten sich nun auf den Weg zum königlichen Bethlehem. Wenn sie auch wenig Geld und Gut besaßen, so waren sie doch von edlem Geblüt, aus dem Stamme Davids.

Dreißig Tage und dreißig Nächte irrten sie durch Ebenen und Gebirge, durchlitten sie Gefahren und allerlei Qual; doch will ich dies hier nicht vor Euch ausbreiten wie ein unnützer Jongleur, der seine Bälle nicht wert ist.

An einem Samstag schließlich waren sie nur noch einen Pfeilwurf von Bethlehem entfernt, am schwarzen Himmel leuchteten schon die Hörner des zunehmenden Mondes. Da geschah es, daß ein geflügelter Engel vor der lieblichen Jungfrau kniete und zu ihr sprach: »Holde Frau, göttliche Rose, du, auf welcher der Heilige Geist ruht, ich bin der Bote deines Herrn. Sieh diese Grotte: Die Hirten und Waldleute versammeln darin ihre Tiere bei Regen und Frost. Gott, dein Sohn, der, in dein weißes Fleisch gekleidet, von dir geboren wird, hat diese Felsenhöhle als seine erste Wohnstatt auf Erden auserkoren. Er sendet dir seinen Segen und will dir sagen, daß es ihm wohlgefällt, dort einzutreten.«

Und der Engel, ich weiß wohl, es war der heilige Gabriel, verstummte und erhob sich bald darauf in die Lüfte, doch erwies er Unserer Lieben Frau zuvor noch einen Dienst. Er streckte seine Hände aus, um sie zu stützen, und sie stieg ab von ihrem Reittier und neigte sich dabei anmutig wie ein Rohr im Wind.

In der Höhle war es finster, Spinnweben waren die Vorhänge, von denen Strohhalme wie Fransen herabhingen. Joseph stieß gegen einen Haufen verfaultes Holz. Er rieb einen Stein und entzündete eine Lampe. Dann zog er Ochs und Esel bei den Zügeln: »Los«, sagte er, »hierher, meine beiden Aufpasser!« Der gute Mann hatte eine freundliche Art zu reden.

Langsamkauer, gutmütig wie er war, gehorchte ohne Murren. Trippelschritt aber, ein lautes und störrisches Tier, stieß ein so durchdringendes Iii-aa aus, daß die ganze Höhle erzitterte: Ratten, Mäuse und Maulwürfe machten sich eiligst davon, und manche starben auf der Stelle vor Schreck. Trippelschritt aber schrie wie ein Esel, verzweifelt über die schwarze Nacht, die ihn umgab, und über die Feuchtigkeit, die ihm unter das Fell kroch. Aber so schweige doch, wehleidige Kreatur, hör auf zu schreien, deinen Stolz herauszukehren, und nimm dir ein Beispiel an der Sanftmut deiner Meister, die auch nichts anderes zur Ruhestatt haben als die feuchte, geklopfte Erde.

Inzwischen ist die Jungfrau Maria in die felsige Höhle eingetreten. Von ihrer vollkommenen Gestalt, ihrem lieblichen Antlitz geht ein solches Strahlen aus, ein solch starkes Leuchten, daß das armselige Harzlicht dagegen völlig verblaßt.

Unsere Liebe Frau breitete nun die Windeln und Bänder aus, die Leintüchlein und das weiche Kissen, das sie in Nazareth, der blühenden Stadt, gewebt und bestickt hatte. Zum Abendbrot nahm sie ein wenig Brot, Wein und Fisch. Joseph aber, erschöpft von der Anstrengung und den durchlittenen Ängsten, war unterdessen in einen tiefen Schlaf gefallen. Allein die Heilige Jungfrau wachte, betete und sang, wie sie es gewohnt war, mit gebeugten Knien und geneigtem Haupt.

Zwei Stunden vor Mitternacht weckte sie den Schlafenden und sagte: »Mein holder Freund, steht auf. Der Heiland gibt mir ein Zeichen, daß er vor Tagesanbruch geboren wird. Holdester Bruder, wollt Ihr nach Bethlehem gehen und Feuer holen, daß wir seine Windeln wärmen können?«

»Liebste, anmutige Freundin, Ihr habt recht gesprochen«, erwiderte der Greis. »Bleibt hier in Frieden. Gott, dessen Gefäß Ihr seid, wird Euch Gesellschaft leisten, während ich glühende Kohlen für Euch suche. Meine ganze Kraft will ich daransetzen und so schnell wie möglich zurück sein.« Und eilends machte sich der treue Gatte auf den Weg. Unsere Liebe Frau zog das wollene Gewand aus und kleidete sich in ein feines, sauber gefälteltes Hemd: Die Engel im Tempel hatten es ihr zum Geschenk gemacht.

Joseph war inzwischen raschen Schrittes unterwegs, er hatte nicht einmal etwas zum Trinken nötig, so bitterkalt war die Nacht. Nicht weit von Bethlehem erblickte er eine Flamme, die zu den Sternen emporloderte. Er ging auf das Licht zu und sah einen Bäcker, der gerade seinen Backofen schürte, um Brot zu backen. Dieser Mann, ein Riese von gut sechs Fuß, so rot wie seine Glut, rief wutentbrannt: »Du mieser Geselle, man sollte dich an den Schwanz eines Gauls anbinden und schleifen! Nie bist du zur Stelle, wenn man dich braucht, und es schert dich wenig, wenn mir der Teig anbrennt!« Und er fluchte über die Maßen.

Er war ein Mann ohne Glauben, der sich mit Lüsternen und Vielfraßen umgab und den das Wohl der Armen einen Dreck scherte. Er war zwar reich, aber sein Reichtum war nicht rechtmäßig erworben: Stets kaufte er schlechtes, graues Mehl, und bei Gott, ich hätte keine einzige Krume von unserem guten weißen, wohlschmeckenden französischen Brot hergegeben für einen vollen Korb von diesem gebackenen Gips! Der Name des Bäckers war Ruben, aus dem Dorf Scarios; sein Sohn aber, den der Vater sämtlichen Teufelszinken geweiht hatte, war Judas, der Verräter.

Der fromme Joseph fürchtete sich vor diesem wüsten Kerl. Aber er dachte an den schutzlosen Körper Unserer Lieben Frau und wie er dem kalten Wind ausgesetzt war. Also trat er näher und sprach ihn an: »Bäcker, Freund, Gott schenke dir viele gesegnete Tage!« Ruben der Jude drehte sich um und rief voller Zorn: »Weißhaariger Schwachkopf, was willst du von mir?«

»Freund«, sagte Joseph, »ich suche Feuer für mein Weib, sie leidet Not und ist dir dankbar, wenn du mir ein wenig abgeben möchtest.«

Ruben brummte wie ein Bär: »Was redest du da? Schau

sich einer diesen Bettler an, er hat das Talent zum Moralprediger! Zu diesem Beruf würde dein Spitzbubengesicht gerade passen! Ah, du willst wohl in Bethlehem Feuer legen ... Mach daß du fortkommst, oder ich heize dir mit frischen Reisern und reichlich Schlägen ein!« – »Darauf kann ich nicht zwei Monate warten«, erwiderte Joseph, »ich gehe eher freiwillig, bevor ich mir das antun lasse.«

»Warte«, rief der Ischariot, »ich hab's mir anders überlegt. Meine Prügel bekommst du ein andermal; diesmal will ich dir so viel rote Glut geben, wie du in deinem Schoß tragen willst.« – »Einverstanden«, sagte Joseph, »möge dir der Herr dieses Feuer vergelten, aber nicht in der Hölle, sondern im Paradies!«

Da warf ihm Ruben eine Schaufel voll glühender Scheite zu, und Joseph fing sie auf, als wäre es ein Korb Birnen, ohne sein Gewand zu beschmutzen. Wenn das kein seltenes Wunder ist, werte Herren! Erinnert es nicht an den Busch Moses', wo die Flammen um jeden Zweig herumzüngelten, und der am Ende grüner und frischer war als zuvor? Doch hört ein weiteres Wunder. Ein Wunder, das selbst Joseph noch mehr zum Staunen brachte: Aus jedem glimmenden Scheit begannen Blumen zu sprießen, Ihr hättet es sehen sollen: purpurfarbene, weiße, dunkelviolette, wilde Rosen, Lilien und Gladiolen, wie im Monat Mai, wenn die Natur wieder jung wird. In dieser eiskalten Nacht erblühte zum ersten Mal die edelste unter den Blumen: Der Schnee bedeckte die rote Glut, und so bekam die Rose ihre rosa Farbe. Einzelne Funken wurden lebendig, Flügel wuchsen ihnen und ein Federkleid, und man konnte sie fröhlich singend zur Grotte hinüberfliegen sehen.

Ruben aber hatte ein Herz aus Stein, das selbst die Wunder am Himmel und auf Erden nicht zu erweichen vermochten. Für ihn war das Wunder der glühenden Zweige Hexerei und böser Zauber. Er stürzte sich auf

Joseph, um ihm die Knochen zu brechen: da quoll ihm der Mund auf, und es quoll ihm hoch bis zu den Ohren, es war eine so giftige, so schrecklich anzusehende Geschwulst, daß man glaubte, die Augen würden ihm aus dem Kopf springen. Mit einem fürchterlichen Fluch rief er dem heiligen Mann nach, der sich auf den Rückweg begeben hatte: »Der Henker soll dich holen, du stinkender Alchimist, und der Rabe soll laut krächzen, wenn sich dir die Schlinge um den Hals legt!«

Von der heiligen Anastasia, der Jungfrau ohne Hände

Joseph eilte unterdessen, so schnell ihn seine Füße trugen, zurück. Beim Näherkommen strahlte ihm aus der Grotte ein solches Licht, ein so großes Leuchten entgegen, daß man glauben konnte, es wäre heller Tag und nicht mitten in der Nacht. Er verwunderte sich. Doch wie sollte er wissen, daß inzwischen die drei Erzengel Michael, Gabriel und Raphael der Maria erschienen waren und ihr drei Kerzen zum Geschenk gemacht hatten. Sie brannten in drei Kandelabern aus feinstem Gold und strahlten wie die aufgehende Sonne. Als Joseph eintrat, mußte er sich die geschlossenen Fäuste vor die Augen halten, ein solcher Glanz ging von den Kerzen aus. Unsere Liebe Frau erzählte ihm von dem Wunder der Kerzen, und Joseph erzählte ihr seine wunderbare Geschichte von der Glut.

»Joseph, mein Bruder und gütiger Freund«, sagte darauf die heilige Maria, »nun ist die Zeit gekommen, da Gott in menschlichem Gewand auf Erden erscheinen wird. Wollt Ihr ein Weib oder ein Mädchen holen gehen, das mir in meiner beschwerlichen Lage helfen kann?«

»Liebe Frau«, erwiderte Joseph, »ich will gern alles nach Eurem Wunsch und Euch zu Gefallen tun.«

Schon wandte er sich zum Gehen, und vor Kälte verbarg er den Hals tief in seinem Umhang aus Ziegenfell. Es dauerte nicht lange, da kam er zum Haus eines Erzpriesters, genannt Issachar. Dieser war ein reicher Mann. Er hatte eine Tochter, die war überaus liebreich anzuschauen und von freundlichem Wesen, hatte verschiedenfarbene Augen und ein feines Lächeln um den Mund; sie war fromm wie ein Lamm und gab die meisten Almosen in ganz Bethlehem. Ihr Vater aber war hart und geizig. Ach! Gier und Härte lieben es zuweilen, sich zu paaren, unter dem Büßerhemd wie unter der Kutte. War es nun wegen der Sünden ihres Vaters oder war es die Schuld der Mutter – Anastasia, so hieß die Jungfrau, hatte weder Finger noch Hände.

Joseph klopfte mehrmals an die Tür. Niemand hörte ihn, denn die großen Räume waren erfüllt vom Lärmen der geistlichen Herren, die der Bischof von Jerusalem eingesetzt hatte. Joseph klopfte stärker und rief: »Im Namen Gottes, öffnet einem armen Mann die Tür, Gott wird es Euch danken!«

Ein übelgelaunter Levit, vom Wein berauscht, hörte ihn von einem Fenster aus und rief:

»He! Großvater Methusalem, mach dich mit deiner Jammermusik davon, sonst wirst du bald meine Faust im Gesicht spüren. Geh doch mal nachsehen, ob mein Huhn ein Ei gelegt hat. Ich warte!«

Der gütigen Anastasia griffen diese Worte ans Herz. Sie eilte die Stufen hinab und fragte Joseph, der schon ganz niedergeschlagen war: »Guter Herr, was ist, wonach verlangt Euch?«

»Gutes Fräulein, ich suche Hilfe für meine Frau, die das göttliche Kind erwartet. Sie braucht dringend ein Weib, das ihr in schwerer Stunde beisteht; denn ich bin nur ein alter Mann, der dazu nicht taugt.« – »Herr«, antwortete das Mädchen, »ich würde gern zu ihr gehen und ihr helfen, so gut ich kann; doch seht, ich bin ein schwaches Ding ohne Finger und ohne Hände.« – »Holde Jungfrau«, sagte Joseph, »das Kind, das geboren werden soll, wird die Macht haben, dir deinen Dienst zu lohnen. Komm, eine große Freude wird dein Herz trösten.«

Anastasia füllte zwei Eimer, den einen mit sahniger Milch, den anderen mit klarem, frischem Wasser, und trug sie an einem eisernen Haken. So folgte sie Joseph zur Grotte.

Als sie in die Höhle eintraten, fanden sie dort die Jungfrau Maria umringt von himmlischen Heerscharen, die sangen: »Ewiger Gott, schenke uns Freude und unseren Menschenbrüdern Frieden!« Auf dem weißen Stroh aber lag, gesegnet sei er, der himmlische König, der es regnen und donnern läßt, der die Erde zum Beben bringt und die Winde und Stürme in seiner Hand versammelt. Die Jungfrau Maria, die Reine, hatte Den geboren, der Sohn ihr und Vater in einem war.

Der Ochse Langsamkauer und der Esel Trippelschritt hatten ihre Mäuler über die Krippe geschoben und hauchten dem Kind ihre Wärme ein, gerade als wüßten sie, daß Neugeborene zu schreien beginnen, wenn ihnen kalt wird. So erfüllten sich die Worte des Propheten Jesaja: »Der Ochse hat seinen Schöpfer erkannt und der Esel die Krippe seines Herrn.«

Das anmutige Kindlein, seine Haut war so zart wie die Morgenröte, hatte sich Joseph zugewandt. Sein holder Mund lächelte, als es seinen Nährvater erblickte, und es streckte ihm seine blonden Locken und seine niedlichen Füßchen zum Küssen hin. Dann segnete es, zwei seiner Finger aufrichtend, die arme Anastasia, die sich in süßem Erstaunen niedergekniet hatte. Wie gern hätte sie das Kind mit ihren verstümmelten Armen umschlungen! Im sehnlichen Wunsch, es an sich zu drücken, nahm sie es aus der Krippe. Und wie sehr war ihre Liebe willkommen! Kaum hatten ihre Armstumpfen den kleinen Körper berührt, da wuchsen ihr zwei Hände, zwei wunderschöne, elfengleiche Hände mit zarten, schlanken Fingern, wie man sie sich schöner nicht wünschen könnte. Weinend vor Glück faltete die Jungfrau ihre beiden neuen Hände und dankte dem Allmächtigen, der da in Windeln gewickelt lag.

Dann half sie Unserer Lieben Frau, ihn in Milch zu baden, in saubere Windeln zu wickeln und in die Krippe zurückzulegen, und sie erwies dem göttlichen Kind noch manch anderen Dienst.

Im Augenblick der Heiligen Geburt war überall Friede auf Erden, und alle Unkeuschen und Ehebrecher ereilte zu jener Stunde der Tod. Durch dieses Wunder an Gerechtigkeit wird deutlich, daß Gott an den tugendhaften Männern und Frauen, die in Keuschheit leben, seinen Wohlgefallen hat, und daß er die verdirbt, die sich zügel- und gewissenlos der Sünde hingeben.

Die Hirten, angelockt von der Musik der Engel, antworteten auf ihren Flöten und Schalmeien und bliesen fröhliche Tänze, während ihnen die Engel den Weg zur Grotte wiesen. Auch hatten sie verschiedene Geschenke dabei, und stellt Euch nur vor, daß die Kapaune fett und getrüffelt und die Käse in den Weidenkörben reif und wohlriechend waren. Und Hirtinnen und Schäferinnen waren dabei, die trugen Tauben und Turteltäubchen in Käfigen; ich weiß, Gott hat es so gewollt, denn die weiße Taube ist Zeichen für die Reinheit seiner Geburt und das graue Turteltäubchen ein Zeichen seiner Demut. Außerdem müßt Ihr wissen, daß das Turteltäubchen ein treuer Vogel ist: Verliert das Männchen sein Weibchen, so begehrt es nie wieder ein zweites, und nie wieder stimmt es seinen Gesang an.

Anastasia hatte indes Abschied genommen von Unserer Lieben Frau und eilte zurück zu ihrem Vater. Vor Freude drehte sie ihm mit ihren neugewachsenen Händen kleine Locken in den Bart. Issachar aber begann mit ihr zu streiten: »Mein Kind«, sagte er, »woher hast du diese zarten Finger und diese schönen weißen Hände?« – »Vater«, sagte sie, »ich habe den Messias in meine Arme genommen. Er ist in dieser Nacht von einer Mutter in einem nahen Stall geboren worden. Er ist das Wunder, er ist der Wunderheiler, nie wird man seinesgleichen wiedersehen, nicht in Salerne und nicht in Montpellier.«

Der Jude geriet in Zorn und schrie sie an: »Kind, was du gemacht hast, ist eine Schande! Du hast gegen das Gesetz verstoßen, dessen Diener ich bin, und hast es verachtet. Ich werde dich wieder zur Vernunft bringen. Du sollst deine frühere Natur, die dir ein Hexer oder Zauberer genommen hat, zurückhaben!«

Und schäumend vor Wut zog der Erzpriester sein Schwert. Kaum hatte er die Hand zum Streich erhoben, da begannen seine Zähne vor Furcht zu klappern, seine Hand erstarrte in der Luft wie gelähmt, und das Tageslicht erlosch in seinen Augen. Wie er sich nun so gefesselt sah, rief er: »Gute Anastasia, mein liebes Kind, wo bist du? Meine Sünde hat mich gestraft! O mein Kind, nie mehr werde ich dein freundliches Gesicht sehen, nie mehr den Schnee, den Sommer, den blauen Himmel, nie mehr das smaragdgrüne Wasser des Flusses. Ach, wenn du bereit wärest, mit den Händen, die Gott dir geschenkt hat, meine erloschenen Augen zu berühren! Sie würden gewiß bald wieder leuchten.«

»Armer Vater«, sagte Anastasia, »Gott der Allmächtige und Gütige erweckt die tote Seele zum Leben, wenn sie bereut und an ihn glaubt. Er wird Euch erlösen, wenn Ihr sagt: Credo, ich glaube, daß Jesus Christus von der heiligen Maria jungfräulich geboren wurde und daß er der wahre Messias ist, der Retter unseres jüdischen Volkes.« – »Kind«, sagte der Vater, »credo: das glaube ich!«

Augenblicklich konnte er das Tageslicht wieder sehen, und sein Blick war klarer und durchdringender als das Auge eines Falken.

Es wird Euch gefallen, werte Herren, die Ihr lange Geschichten und kurze Predigten liebt, zu hören, wie es mit der heiligen Anastasia nach dieser Begebenheit weiterging. Sie verließ Bethlehem und das Königreich Syrien und reiste nach Rom, um die Frohbotschaft des Evangeliums dort zu verkünden. Da sie vermögend war, wurde sie von drei Kammerfrauen begleitet, drei liebreizenden Schwestern mit Namen Agapete, Theonia und Irene. Auf der Stelle verliebte sich ein römischer Seneschall in die drei christlichen Jungfrauen, und da er in seiner Begierde fürchtete, sie könnten ihm entfliehen, sperrte er sie in die Küche des Hauses ihrer Herrin ein. Zu später Stunde öffnete er die Tür, um die heilige Jungfräulichkeit zu beflecken. Gott aber, der unbefleckt von Maria geboren war, schlug ihn auf der Stelle mit Verwirrung und Wahn. Dieser Gottlose glaubte die jungen Mädchen zu greifen und umklammerte statt dessen Töpfe, Pfannen und Kessel: er drückte sie an sich und küßte sie wie ein Verliebter, der völlig den Kopf verloren hat. Ah, der schlimme Mohr! Wie er so von Asche und Ruß geschwärzt hervorkam, erkannten ihn seine Waffenträger nicht und traktierten ihn heftig mit ihren Schwertknäufen, dann ließen sie ihn allein und halbtot in der Nacht liegen.

Die holde Anastasia aber sollte mit ihren keuschen Kammerfrauen bald den Märtyrertod erleiden. Die Kirche gedenkt ihrer am Fest der heiligen Geburt, dem Tag, an dem ihr neue Hände wuchsen.

Hier, werte Herren, endet meine Erzählung, die das Fremde aller fremdländischen Geschichten und das Wunderbare der Wunder bezeugt, die sich in der heiligen Dezembernacht zugetragen haben.

FÜNFTES KAPITEL

DER WEIHNACHTSSCHMAUS

»Für Weihnachten sich zu schlagen, bedeutete ihm, eine Lanze zu brechen für das alte europäische Fest: für diese Dreieinigkeit von Essen, Trinken und Lobpreisen, die dem modernen Menschen respektlos erscheint; für diesen wahrhaft Heiligen Tag, der heute leider nur Feiertag ist.«

G. K. Chesterton, ›Charles Dickens‹ (1912)

Der Würzkessel
Eine schwedische Sage

Ein Bauer aus Jursagard in der Gemeinde Hanger war an einem der Tage vor Weihnachten im Wald gewesen und machte sich spät am Abend auf den Heimweg. Als er gerade an den Klintaberg kam, hörte er jemand rufen: »Sag der Würzsau, daß sie heimkommt, ihr Kind ist ins Feuer gefallen.« Als der Bauer heimkam, stand seine Frau da und braute Julbier und klagte, daß, wie sie auch braute und braute, es doch keine richtige Würze geben wolle. Da berichtete er, was ihm vom Berge zugerufen worden war, aber in dem Augenblick fuhr eine Trollhexe, die sie zuvor nicht gesehen hatten, vom Ofen herunter und eiligst hinaus. Und als sie nachsahen, merkten sie, daß sie einen großen Kessel zurückgelassen hatte, voll mit vortrefflicher Würze, die sie beim Brauen gesammelt hatte. Deswegen war auch der Frau zuvor beim Brauen die Würze nicht geglückt. Der Kessel war ein großer Erzkessel mit Ornamenten und wurde lang in Hanger aufbewahrt. Aber schließlich wurde er 1838 versteigert und eingeschmolzen.

Das Weihnachtsschwein
Serbischer Volksbrauch

In den alten serbischen Landen ist ein Weihnachtsfest ohne gebratenes Schwein gar nicht denkbar. Schon einige Wochen vorher wird es ausgesucht und besonders gefüttert. Am 23. oder 24. Dezember wird es vom Hausvater oft unter zeremoniellen Vorkehrungen geschlachtet. Das hervorquellende Blut gibt man dem Vieh, um dessen Wachstum und Gesundheit zu fördern, den Kehlkopf wirft man ins Feuer oder steckt ihn auf ein Röhrchen auf und läßt ihn trocknen, um bei Halsweh Wasser hindurchzutrinken. Dann werden die Borsten beseitigt, wobei man sich heißen Wassers und eines Schabers bedient, oft auch der glühenden Kohlenschaufel oder brennenden Strohs. Die Eingeweide werden gereinigt und zerhackt eingelegt, dann wird das Weihnachtsschwein auf den Spieß, meist aus Weiden- oder Lindenholz, gesteckt und bis zum Beginn des Bratens aufbewahrt.

Das Braten erfolgt gewöhnlich in der Christnacht, je-

denfalls vor Sonnenaufgang, seltener am Badnji-dan (24. Dezember). Beginn und Vollendung werden durch je einen Schuß kundgetan. Das herabrinnende Fett wird als heilkräftig aufbewahrt, hie und da schmiert man damit den Badnjak (Weihnachtsblock, Glück- und Segensbaum bei Serben und Bulgaren).

Vor der festlichen Mahlzeit am 25. Dezember trägt der Hausvater das Weihnachtsschwein mit dem Kopf voran in die Stube und ruft: »Christ ist geboren!« – Antwort: »Gebe dir Gott Gutes, in Wahrheit er ist geboren.« Dann wird der Bratspieß herausgezogen und der Braten geteilt. Den Kopf läßt man übrig für den Neujahrstag. Der Hausvater muß die Zungenspitze und etwas Hirn essen, damit er eine scharfe Zunge und einen scharfen Verstand habe.

Wie es zum christlichen Schweinsbraten kam
Eine Betrachtung

Eine mittelalterliche Verordnung bestimmte – wie wir durch Jacob Grimm wissen –, daß derjenige, der seine Schweine in fremdem Wald in die Eichelmast treibt, bis zur *bruma* (Wintersonnenwende) das zehnte Haupt als Ersatz bezahlt, nach der *bruma* aber das zwanzigste Haupt. Daraus geht hervor, daß die Hauptzeit für die Eichelmast gerade bis Weihnachten berechnet wurde, die gewöhnliche Schlachtzeit also eben auf diese Zeit fallen mußte.

Wer aber für den Schweinsbraten am Christfest partout nach einer historischen Anknüpfung sucht, der halte sich an einen Bericht aus dem fünften Jahrhundert, mithin aus der ältesten Zeit des christlichen Weihnachtsfestes: »Schon am Vorabend des 25. Dezembers hatte der

Papst in der Basilica Liberii die Messe zu zelebrieren. Ihm und der ganzen Kurie wurde ein des Festes würdiges Mahl durch den Bischof von Albano hergerichtet, bei dem saftige Schweinebraten den Juden zum Hohne nicht fehlen durften.«

Dieser Schweinsbraten, obgleich durch den Vorgang der römischen Kurie selbst geheiligt, mußte im Lauf der Zeit durch kirchliche Verordnung wenigstens aus dem Bestand des Speisezettels am Heiligabend verdrängt werden. Diese Verordnung hat so tief auf die Weihnachtssitte eingewirkt, daß sie auch in protestantischen Ländern noch heutzutage den Speisezettel des 25. Dezembers und ebenso den des 5. Januars (Vorabend des Epiphanienfestes) bestimmt.

Das heilige Mahl
Volksbrauch im Pustertal

Am Weihnachtsabend wird das Haus geräuchert. Der Bauer geht mit der Glutpfanne voran; auf den Kohlen rauchen die geweihten Palmkätzchen und die am hohen Frauentage gesegneten Blumen. Der Großknecht geht mit einem großen Weihbrunnglas hinterdrein. In jeden Winkel wird hineingeräuchert und -gesprengt, um die Einflüsse des Bösen zu vertreiben. So geht es durch Haus und Hof. Derweil betet der Bauer mit dem Großknecht die gebräuchlichen zwölf Vaterunser. Die Haustüren müssen fest verriegelt sein; wenn beim Räuchern jemand Fremder zuwege käme, müßte eines aus dem Hause fortsterben.

Dann geht es zum heiligen Mahl. Zuerst kommt eine große Pfanne Schmalzmus, dann eine Pfanne voll Weihnachtsbrei. Dieser ist schneeweiß; darin liegen Äpfelstücke und Weinbeerlen. Darauf rückt allerlei Süßes und Saures an und zuletzt das eigentliche Weihnachtsgericht, die süßen Krapfen. Diese sind viel größer als die gewöhnlichen und werden auf einem großen Teller nach Art der Dachschindeln übereinandergelegt. Ein Teig aus Mohn, Klotzenmehl und geriebenem Zucker wird darüber gestrichen; über jede Lage wird Schmalz und Honig gegossen. Das Ganze sieht aus wie ein riesiger Tannenzapfen; außen herum ziehen sich die Silberfäden und Silbertropfen von Honig und Schmalz. Bei einem richtigen Krapfenstock müssen die honigsüßen Eiszäpfchen außen herunterhängen.

Zuletzt bringt die Großmagd einen Korb voll Äpfel, Birnen und gebratener Kastanien, die Bäurin aber erscheint mit einem großen irdenen Krug voll süßen Mostes.

Warum es zum Heiligen Abend süssen Brei gibt
Ein bosnisches Märchen

Ein Mann hatte zwei Töchter. Und er war schwerreich. Die eine Tochter heiratete einen ebenfalls sehr Reichen, und die andere wollte einen Armen heiraten, allein der Vater wollte es ihr nicht erlauben. Aber gerade den hatte sie liebgewonnen und heiratete ihn doch. Sie lebten sehr dürftig. Die anderen dagegen lebten üppig, nur das Zusammenleben war nicht gut. Sie schlugen sich, stritten, und was noch alles sich bei ihnen zutrug!

Als der Heilige Abend kam, wurde der Vater sehr neugierig, wie sie das Nachtmahl halten würden: wie die einen und wie die anderen. Zuerst ging er zu der Tochter, die mit dem Reichen verheiratet war. Dort wurde so viel aufgetragen, daß nicht alle Speisen auf dem Tisch Platz fanden. Aber was hatten sie davon! Sie begannen zu streiten. Sie waren mit dem Mahl noch nicht fertig, da begannen sie zu raufen. Der Vater sagt: »Jetzt gehe ich zu der armen Tochter und schaue, was die Armen machen, wie es bei denen zugeht.«

Er ging hin. Die Armen setzten sich hin. Sie hatten ein wenig Kutja gekocht, die aßen sie nun. Sie hatten noch ein wenig Borschtsch, auch den aßen sie. Dann sagt sie: »Weißt du, Mann! Einst hat meine Mutter am Heiligen Abend immer einen süßen Brei gekocht. Es gab viele Speisen, und zum Schluß gab's den süßen Brei. Aber den können wir nicht beibringen, statt dessen laß uns küssen!«

Dem Vater gefiel es sehr, daß bei dieser Tochter das Leben so einträchtig verläuft, und er nahm die beiden bei sich auf.

Seit der Zeit kocht man am Heiligen Abend den süßen Brei. So hat mein Vater noch in Lišnja immer erzählt. Er sagte, das geschehe, damit man einander liebe. Den Brei gab's als letzte Speise. Manchmal war er aus Buchweizen, doch meistens aus Hirse oder Reis, denn die lassen sich süßen. Der Buchweizenbrei läßt sich nicht süßen.

Das Kätzchen auf Dovre
Eine norwegische Sage

Es war einmal ein Mann oben in Finmarken, der hatte einen großen weißen Bären gefangen, den wollte er dem König von Dänemark bringen. Nun traf es sich so, daß er grade am Weihnachtsabend zum Dovrefjeld kam, und da ging er in ein Haus, wo ein Mann wohnte, der Halvor hieß; den bat er um Nachtquartier für sich und seinen Bären.

»Ach, Gott helf mir!« sagte der Mann, »wie sollt' ich wohl jemandem Nachtquartier geben können! Jeden Weihnachtsabend kommen hier so viele Trolle, daß ich mit den Meinigen ausziehen muß und selber nicht einmal ein Dach über dem Kopf habe.«

»O, Ihr könnt mich deswegen immer beherbergen«, sagte der Mann, »denn mein Bär kann hier hinter dem Ofen liegen, und ich lege mich in den Bettverschlag.«

Halvor hatte nichts dagegen, zog aber selbst mit seinen Leuten aus, nachdem er zuvor gehörig für die Trolle hatte zurichten lassen: die Tische waren besetzt mit Reisbrei, Stockfischen, Wurst und was sonst zu einem herrlichen Gastschmaus gehört.

Bald darauf kamen die Trolle an; einige waren groß, andre klein; einige langgeschwänzt, andre ohne Schwanz; und einige hatten ungeheuer lange Nasen, und alle aßen und tranken und waren guter Dinge. Da erblickte einer von den jungen Trollen den Bären, der unter dem Ofen lag, steckte ein Stückchen Wurst an die

Gabel und hielt es dem Bären vor die Nase. »Kätzchen, magst auch Wurst?« sagte er. Da fuhr der Bär auf, fing fürchterlich an zu brummen und jagte sie alle, groß und klein, aus dem Hause.

Das Jahr darauf war Halvor eines Nachmittags so gegen Weihnachten hin im Wald und haute Holz für den Heiligen; denn er erwartete wieder die Trolle. Da hörte er es plötzlich im Wald rufen: »Halvor! Halvor!« – »Ja!« sagte Halvor. »Hast du noch die große Katz?« rief's. »Ja«, sagte Halvor, »jetzt hat sie sieben Junge bekommen, die sind noch weit größer und böser als sie.« – »So kommen wir niemals wieder zu dir!« rief der Troll im Walde. Und von der Zeit an haben die Trolle nie wieder den Weihnachtsbrei bei Halvor auf Dovre gegessen.

Das widerhaarige Weib
Ein finnischer Schwank

Ein Bauer nahm sich ein Weib, das zeigte sich aber so widerhaarig, daß es alles tat, was er verboten hatte; was er aber verlangte, das tat es erst recht nicht. Einst war das Weihnachtsfest wieder nahe, und der Mann, der wohlgesinnt und allem Streite abhold war, hätte gern in den Feiertagen etwas flotter gelebt als gewöhnlich; da sann er denn über ein Mittel nach, wie er es wohl erreichen könnte, daß zum Feste mit Essen und Trinken etwas mehr Aufwand getrieben würde. Endlich meinte er, einen Ausweg gefunden zu haben, und sagte zu seinem Weib: »Weihnachten ist ja nahe; aber nimm dir nur nicht vor, Weißbrot zum Fest zu backen; bei unsern geringen Mitteln würde es uns zu teuer sein.« Kaum hörte die Hauswirtin diese Rede ihres Mannes, als sie schnell erwiderte: »Dir zum Trotz backe ich Weißbrot!« Der Mann stellte sich an, als gerate er in Eifer, und sagte: »Nun, wenn du auch Weißbrot bäckst, Fischkuchen wirst du doch nicht bereiten?«

Die Frau antwortete sofort auf des Mannes Warnung: »Ich tue es nun zum Trotz!«

»Nun, wenn du auch Kuchen bereitest«, sagte der Mann, »Wein brauchst du doch nicht zu holen?« – »Zum Trotz hole ich welchen!« versicherte die Frau.

Der Mann ließ sich's nicht anfechten, sondern sagte: »Nun gut, wenn du auch Wein holst, Kaffee kaufst du doch nicht ein?« – »Ich kaufe ihn dir zum Trotz!« sagte die Alte.

»Nun, wenn du auch ein wenig Kaffee kaufst, Gäste laden wir doch wohl nicht ein?« – »Zum Trotz lade ich sie ein!« entgegnete die Frau.

»Nun, ladest du sie ein, so setze mich wenigstens nicht oben an die Tafel«, sagte der Mann. »Ich tue es doch, zum Trotz!« erwiderte die Frau und warf sich ordentlich in die Brust.

»Gut, wenn du mir befiehlst, am obern Ende der Tafel zu sitzen, so gib mir doch beileibe nicht die Weinflasche in die Hand!« – »Ich gebe sie dir zum Trotz!« keifte die Frau. »Nun, wenn du's auch tust, so fordere mich wenigstens nicht auf zu trinken!« – »Ich tue es doch, zum Trotz!« antwortete das Weib wie zuvor.

Auf diese Weise brachte der Mann seine Alte dazu, das Weihnachtsfest fröhlich zu begehen. Da gab es Weißbrot, Fischkuchen, Kaffee und Wein, solange die Feiertage währten, und eingeladene Gäste gab's noch obendrein. Aber, wie lange dauerte der Jubel? Als die Festzeit vorüber war, zeigte sich die Frau noch widerspenstiger als zuvor. Der Mann, der vor ihr keinen Augenblick Ruhe mehr hatte, dachte zuletzt in seinem Sinn: »Ich muß mich auf irgend eine Art von diesem verrückten Weib frei machen!«

Im Sommer, zur Zeit der Heuernte, ging der Mann auf

die Wiese, durch die sich ein Fluß zog, über welchen ein kleiner Brückensteg führte. Diesen hieb er mit seinem Beil halb durch, so daß die Brücke kaum noch zur Not einen Menschen tragen konnte. Dann ging der Mann nach Hause und sagte zu seinem Weib: »Jetzt haben wir gutes und trockenes Wetter, laß uns die Heuernte auf der Wiese besorgen.« Die Frau folgte ihm, und als sie an den Fluß kamen, schritt der Mann vorsichtig über den Steg voraus, damit die Balken nicht nachgäben. Wie nun die Frau hinterdrein kam, warnte er sie und sagte: »Frauchen, geh recht langsam und vorsichtig über diese Brükke; spring und tanze nicht drüber, mir kamen doch die Balken recht schwach und faul vor.« – »Zum Trotz springe ich!« rief das Weib und hüpfte und tanzte im Gehen; aber plötzlich gaben die Brückenbalken nach, und die Frau fiel in den Fluß, der sie mit sich fortriß. Nun lief der Mann stromaufwärts, um sein Weib zu suchen. Einige Heumäher, die zufällig am Ufer des Flusses arbeiteten, fragten den Mann: »Was suchst du?« – »Mein Weib, mein einziges, meine süße Lebensgefährtin!« antwortete der Mann, »die böse Brücke brach durch und meine Frau verschwand im Wasser.« – »Dummkopf, was suchst du sie hier?« sagten die anderen; »da dein Weib in den Fluß gefallen ist, wird sie doch wahrhaftig mit dem Strom den Fluß abwärts treiben.« – »Das würde ich auch annehmen«, meinte der Mann, »aber mein Weib ist im Leben stets so widerhaarig gewesen, daß sie gewiß auch noch im Tode gegen den Strom schwimmen wird.« Als die Männer solches hörten, sagten sie nichts mehr, sondern dachten in ihrem Sinn: »Dann ist es dir wohl besser, wenn du dein Weib nicht wiederfindest.«

Dem Christfest entronnen
Ein schottisches Märchen

Vor Zeiten war einmal ein Bauer, der hatte ein weißes Lamm, und als das Christfest herankam, dachte er, er wolle das weiße Lamm schlachten. Das weiße Lamm hörte das, und es beschloß fortzulaufen, und das tat es auch.

Es war noch nicht weit gekommen, als es einem Stier begegnete. Sagte der Stier zu ihm: »Heil und Segen dir! Weißes Lamm, wo gehst du hin?« – »Ich gehe fort«, sagte das weiße Lamm, »um mein Glück zu versuchen, sie wollten mich schlachten zum Christfest, und da beschloß ich, lieber fortzulaufen.« – »Es ist wohl besser für mich«, sagte der Stier, »wenn ich mit dir gehe, denn das gleiche wollten sie auch mit mir machen.« – »Mir soll es recht sein«, sagte das weiße Lamm, »je mehr Gesellschaft, desto mehr Vergnügen.«

Sie gingen also weiter, bis sie auf einen Hund stießen. »Heil und Segen dir, weißes Lamm!« sagte der Hund. – »Heil und Segen auch dir, Hund!« – »Wohin gehst du?« sagte der Hund. »Ich bin fortgelaufen, denn ich hörte die Leute sagen, sie wollten mich zum Christfest töten.« – »Mit mir wollten sie das gleiche machen«, sagte der Hund, »und so will ich lieber mit dir gehen.« – »Komm nur mit«, sagte das weiße Lamm.

Sie gingen also weiter, bis ihnen eine Katze begegnete. »Heil und Segen dir, weißes Lamm!« sagte die Katze. – »Heil und Segen, o Katze!« – »Wohin gehst du?« sagte die Katze. »Ich bin ausgezogen, mein Glück zu versuchen«, sagte das weiße Lamm, »denn sie wollten mich zum Christfest schlachten.« – »Sie haben auch bei mir davon gesprochen, mich zu töten«, sagte die Katze, »und so ist es wohl besser, wenn ich mit dir gehe.« – »Komm nur mit«, sagte das weiße Lamm.

Darauf gingen sie weiter, bis ein Hahn zu ihnen stieß. »Heil und Segen, weißes Lamm!« sagte der Hahn. »Heil und Segen dir selber, o Hahn!« sagte das weiße Lamm. »Wo gehst du hin?« sagte der Hahn. »Ich will fortgehen«, sagte das weiße Lamm, »denn mir drohte zum Christfest der Tod.« – »Mich wollten sie ebenfalls umbringen«, sagte der Hahn, »und so will ich mit dir gehen.« – »Komm mit uns«, sagte das weiße Lamm.

Sie gingen weiter, bis sie einer Gans begegneten. »Heil und Segen, weißes Lamm!« sagte die Gans. »Heil und Segen dir selber, o Gans!« sagte das weiße Lamm. »Wo gehst du hin?« sagte die Gans. »Ich bin davongelaufen«, sagte das weiße Lamm, »weil sie vorhatten, mich zum Christfest zu schlachten.« – »Das hatten sie mit mir auch vor«, sagte die Gans, »und so will ich denn lieber mit dir gehen.«

Die Gesellschaft zog weiter, bis die Nacht hereinbrach, da sahen sie ein kleines Licht in der Ferne; und wenn es auch in der Ferne war, so brauchten sie doch nicht lange, um hinzugelangen. Als sie zu dem Haus kamen, sagten sie zueinander, sie wollten durchs Fenster hineinschauen und sehen, wer in dem Hause sei, und sie sahen eine Schar Räuber, die zählten Geld. Und das weiße Lamm sagte: »Jeder von uns soll seine Stimme erheben und seinen Ruf ausstoßen. Ich will meine Stimme erheben; und der Stier soll seine Stimme erheben; der Hund soll seine Stimme erheben; und die Katze die ihre; und der Hahn seine Stimme, und die Gans ihre Stimme.« Mit dem stießen sie alle zusammen einen einzigen fürchterlichen Schrei aus!

Als die Räuber das Geschrei draußen hörten, dachten sie, der Leibhaftige wäre vor der Tür. Sie liefen hinaus und flohen in einen Wald, der in der Nähe war. Als das weiße Lamm und seine Gefährten sahen, daß das Haus leer war, gingen sie hinein, und sie bekamen all das Geld, das die Räuber gezählt hatten. Sie teilten es unter sich.

Und dann meinten sie, sie wollten sich zur Ruhe begeben.

Sprach das weiße Lamm: »Wo willst du heute nacht schlafen, o Stier?« – »Ich will«, sagte der Stier, »hinter der Tür schlafen, wie ich es gewohnt bin.« – »Wo willst du schlafen, weißes Lamm?« – »Ich will«, sagte das weiße Lamm, »mitten auf dem Fußboden schlafen, wie ich es gewohnt bin!« – »Wo willst du schlafen, o Hund?« sagte das weiße Lamm. »Ich will neben dem Feuer schlafen, wie ich es gewohnt bin«, sagte der Hund. »Wo willst du schlafen, o Katze?« – »Ich will«, sagte die Katze, »im Kerzenschrank schlafen, wie ich es immer schon gerne tat.« – »Wo willst du schlafen, o Hahn?« sagte das weiße Lamm. »Ich«, sagte der Hahn, »will auf dem Dachgebälk schlafen, wo ich gewöhnlich sitze.« – »Wo willst du schlafen, o Gans?« – »Ich will«, sagte die Gans, »auf dem Misthaufen schlafen, wie ich es gewöhnlich tue.«

Sie hatten sich noch nicht lange zur Ruhe niedergelassen, als einer der Räuber zurückkam, um nachzusehen, ob er irgend jemanden in dem Haus entdecken könne. Es war alles ganz still, er tastete sich an den Kerzenschrank heran und wollte eine Kerze holen, die er anzünden könne, um Licht zu haben. Aber als er seine Hand hineinsteckte, hieb ihm die Katze ihre scharfen Krallen in die Hand. Trotzdem nahm er eine Kerze mit und versuchte, sie anzuzünden. Da stand der Hund auf, und er steckte seinen Schwanz in einen Krug mit Wasser, der neben dem Feuer war. Er wedelte mit dem Schwanz und löschte die Kerze aus. Nun meinte der Räuber tatsächlich, der Leibhaftige wäre im Haus, und floh davon. Als er aber an dem weißen Lamm vorübereilte, gab es ihm einen Stoß, und ehe er an dem Stier vorbei war, hatte ihm der einen Tritt gegeben; und der Hahn fing an zu krähen; und als er ins Freie kam, bearbeitete die Gans seine Schenkel mit ihren Flügeln.

Der Räuber lief in den Wald, wo seine Gefährten waren, so schnell seine Füße ihn trugen. Sie fragten ihn, wie es ihm ergangen sei. »Nun«, sagte er, »nicht besonders gut. Als ich zum Kerzenschrank kam, war ein Mann darin, der zehn Messer in meine Hand stieß; und als ich zur Feuerstelle ging, um die Kerze anzuzünden, lag da ein großer schwarzer Kerl, der sprengte Wasser darauf, um sie wieder auszulöschen; und als ich versuchte hinauszukommen, war ein großer Mann mitten auf dem Fußboden, der gab mir einen tüchtigen Schubs; und ein anderer Mann hinter der Tür stieß mich mit einem Tritt hinaus; und ein kleines, freches Balg saß im Dachboden und schrie: cuir – a – nees – an — shaw – ay – s – foni – mi – hayn – da, das sollte wohl heißen: Schick ihn nur rauf, mit dem werd' ich schon fertig –; und auf dem Misthaufen draußen war ein Schuster, der bearbeitete meine Schenkel fürchterlich mit seiner Schürze.«

Als die Räuber das hörten, wagten sie nicht mehr umzukehren, um den Haufen Geld zu holen, den sie zurückgelassen hatten. Das weiße Lamm und seine Gefährten behielten es für sich. Und sie lebten friedlich und ohne Sorgen zusammen bis an das Ende ihrer Tage.

Dreimal ist genug
Ein mallorquinisches Märchen

In Andraitx lebte ein Patron bei dem Vordach des Platzes. Dieser Patron hatte die Gewohnheit, jedes Jahr am Weihnachtstag, bevor er zu Mittag speiste, vor die Türe seines Hauses zu gehen, und wenn er irgendeinen Freund unter dem Vordach sah, lud er ihn in sein Haus zum Speisen ein.

Eines Jahres am Weihnachtstag sah er einen Mauren unter dem Vordach stehen, und obschon er gegen die

Mauren nicht günstig gesinnt war, weil er sie auf dem Meere sehr nahe gesehen hatte, so lud er ihn nichtsdestoweniger zum Essen ein, um die Gewohnheit nicht zu verlieren.

Nach langer Zeit nahm eines Tages eine Barke mit Mauren die Barke dieses Patrons weg; sie machten ihn zum Gefangenen und führten ihn fort, um ihn auf dem Markt von Algier zu verkaufen.

Hier ging ein Maure von mittlerem Alter vorüber, sah ihn, kaufte ihn und führte ihn nach seinem Hause.

Als sie zu Hause waren, gab ihm der Maure ein gutes Essen, und als sie mit dem Essen fertig waren, sagte er ihm: »Ihr seid Mallorquiner, nicht wahr?« – »Ja, Herr«, antwortete ihm der Patron. – »Ich war schon auf Mallorca. Und von welcher Ortschaft seid ihr? Seid ihr nicht aus Andraitx?« – »Ja, Herr«, sagte wieder der Patron, etwas erstaunt. – »Ich war auch in Andraitx, erinnert ihr euch meiner nicht mehr?« – »Nein, ich erinnere mich nicht, Sie je gesehen zu haben«, sagte der Patron. – »Und ihr erinnert euch nicht an einen Mauren, den ihr am Weihnachtstag zum Essen eingeladen habt und der unter dem Vordache des Platzes von Andraitx stand?« – »Ja, ja, jetzt erinnere ich mich.« – »Und nun, jener Maure bin ich, und um euch die Wohltat, die ihr mir erwiesen habt, zu vergelten, habe ich euch zum Mittagsmahl eingeladen, und ich werde euch die Freiheit geben, damit ihr in eure Heimat zurückkehren könnt.«

Der Patron war sehr dankbar und kehrte nach Mallorca zurück; aber nach vier oder fünf Jahren nahmen ihn die Mauren wieder gefangen, sie verkauften ihn von neuem, und wieder kaufte ihn der gleiche Maure, der ihn wieder zum Essen einlud und ihm wieder die Freiheit schenkte.

Nach vier oder fünf Jahren geschah ihm nochmals das Nämliche, und der Maure, als sie mit dem Mittagsmahl fertig waren, sagte zu ihm: »Dreimal habe ich euch zum Mittagsmahl eingeladen und euch die Freiheit gegeben, aber jetzt bin ich alt und kann von einem Tag auf den anderen sterben. Und wenn ich sterbe, kann ich euch nicht mehr zum Essen einladen und euch nicht mehr die Freiheit geben. Deswegen rate ich euch, schifft euch nicht mehr ein, und so werden sie euch nicht ein viertes Mal fangen. Geht weg von hier und fahrt fort, eure gute Sitte zu befolgen, an Weihnachten denjenigen ein Mittagsmahl zu geben, die sich von ihrem eigenen Haus entfernt finden.«

Weihnachtsalmosen
Eine irische Legende

In alten Zeiten lebte ein Mann mit seiner Frau nahe Cauher-na-Mart in der Grafschaft Mayo. Sie hatten sieben Kinder, aber Gott gab ihnen ein Auskommen, und so bedurften sie nichts außer seiner Liebe.

Der Mann war großherzig und fromm und gut zu den Armen, seine Frau jedoch war hartherzig und voller Geiz. Sie gab keinem, ob sie ihn nun kannte oder nicht, und wenn einer bat und sie ihn abwies, war ihr das nicht genug; sie fuhr ihn auch noch übel an. Kam einer um ein Almosen, der noch zur Arbeit taugte, so sagte sie: »Wärst du nicht ein fauler Strick, so müßtest du nicht Almosen erbitten und mir nicht die Ohren volljammern.« Kam aber ein Mann oder eine Frau, die zu alt schon zur Arbeit waren, so sagte sie ihnen, sie wären besser schon lange tot.

Einst in der Christnacht lagen Eis und Schnee über dem Land. Ein schönes Feuer brannte im Haus von Patrick Kerwan – so hieß der Mann –, und der Tisch war gedeckt. Patrick, seine Frau und die Kinder saßen um den Tisch vor einem festlichen Mahl, da klopfte es an die

Tür. Die Frau erhob sich und öffnete. An der Schwelle stand ein armer Mann, und sie fragte ihn nach seinem Begehr.

»Almosen erbitte ich im Namen Jesu Christi, der geboren ward in dieser feierlichen Nacht und am Kreuze starb aus Liebe zu den Menschen.«

»Weg mit dir, du fauler Strolch«, rief sie, »würdest du dich auf die Arbeit auch nur halb so gut verstehen wie aufs Beten, so müßtest du nicht um Almosen betteln in dieser Nacht und würdest nicht ehrbaren Leuten zur Last fallen.« Und schlug ihm die Tür vor der Nase zu und setzte sich wieder an den Tisch.

Patrick, der nur einen Teil ihrer Worte mitbekommen hatte, wollte wissen, wer da an der Türe war. »Ein fauler Nichtsnutz, der um Almosen bettelte«, sagte sie, »und wäre er nicht ein durch und durch fauler Halunke, so würde er nicht Almosen von Leuten erbetteln, die recht und schlecht zu beißen haben; dieser hier leiert weiß Gott lieber seine Gebete, statt sich sein Essen durch Arbeit zu verdienen.«

Patrick stand auf. »Das war nicht recht von dir«, sagte er, »einem die Tür zu weisen, der um Essen bittet, und das in der Heiligen Nacht. Haben wir nicht alles, was wir haben, von Gott, und trägt dieser Tisch nicht mehr, als wir heute essen können? Weißt du, ob wir morgen noch am Leben sind?«

»Setz dich«, sagte sie, »und mach dich nicht zum Narren; wir brauchen keine Predigt.«

»Möge Gott dein Herz erweichen«, sagte Patrick, nahm zwei Hände voller Brot und Fleisch und war zur Tür hinaus, dem armen Manne nach, so schnell die Spur im Schnee es ihm erlaubte. Als er auf gleicher Höhe mit ihm war, händigte er ihm die Speisen aus und sagte, wie leid es ihm täte, daß seine Frau ihn abgewiesen habe. »Aber ich bin sicher«, sagte er, »ein Ärger machte ihr zu schaffen.«

»Hab Dank für deine Speisen«, sagte der Arme. Er reichte sie ihm zurück mit den Worten: »Hier hast du deine Speisen und den Dank dazu. Ich bin ein Engel, den Gott in Gestalt eines armen Mannes zu deiner Frau gesandt hat, um sie um Almosen zu bitten im Namen Jesu Christi, der geboren ward in dieser Nacht und das Kreuz auf sich nahm um der Menschen willen. Nicht genug, daß sie mich abwies, sie mußte mich auch noch schmähen.

Deine Almosen werden dir reich gelohnt, doch deine Frau wird bald vor dem Herrn stehen und Rechenschaft ablegen müssen über ihre Zeit auf Erden.«

Der Engel entschwand, und Patrick ging nach Hause. Er setzte sich an den Tisch, konnte aber weder essen noch trinken. »Was ist mit dir?« sagte die Frau, »hat dieser Landstreicher dir was getan?« – »Bei Gott, es war kein Landstreicher, es war ein Engel, den Gott zu dir gesandt hat, daß er als armer Mann dich um Almosen bittet zu Ehren Jesu Christi. Und dir war es nicht genug, ihn abzuweisen, du hast ihm noch böse Worte gegeben. Nun wirst du nicht mehr lang auf dieser Erde sein, und ich flehe dich an, nutze deine Zeit.«

»Halts Maul«, sprach sie, »du hast wohl einen Geist gesehen oder bist sonst nicht bei Trost, und möge Gott dir nicht verzeihen und auch sonst keinem, der ein schönes Feuer und ein gutes Mahl stehenläßt, um einem faulen Strick nachzurennen in den Schnee hinaus. Aber du hast ja noch nie für fünf Groschen Verstand gehabt.«

»Wenn du mir nicht glaubst, wirst du es bereuen, und dann ist es zu spät«, sagte Patrick, aber sein Reden war umsonst.

Als die Kleine Christnacht (Neujahrsnacht) kam, war die Frau nicht imstande, das Mahl zu bereiten; sie war blind und taub geworden. In der Zwölften Nacht (der Nacht vor Dreikönig) war sie nicht imstande, ihr Bett zu verlassen. Sie wütete und schrie: »Gebt Almosen, Almosen, Almosen, gebt ihnen alles, was wir haben, im Namen Jesu Christi.«

So ging das eine Weile zwischen Tod und Leben, und sie war nicht bei Sinnen. Der Priester kam wieder und wieder, wußte ihr aber nicht zu helfen. Am siebten Tage kam der Priester abermals und brachte ihr die Letzte Ölung.

Die Kerzen, kaum entzündet, erloschen auf der Stelle. Man versuchte immer von neuem, sie zu zünden, aber alle Kohlen der Grafschaft Mayo konnten sie nicht entfachen. Nun wollte ihr der Priester ohne Kerzenlicht das Öl auftragen, doch auf der Stelle bildete sich dichter Rauch, an dem der Priester fast erstickte. Patrick kam bis an die Schwelle ihres Zimmers, konnte aber keinen Schritt hinein. Er hörte die Frau wimmern: »Gebt mir zu trinken, gebt mir zu trinken, um Christi willen!«

Zwei Tage ging dies so, und sie am Leben, und immer wieder hörte man sie wimmern: »Gebt mir zu trinken«, doch keiner konnte ihr nahekommen.

Man schickte nach Bischof O'Duffy, der schließlich kam, zwei alte Mönche an seiner Seite. Er trug ein Kreuz in seiner Rechten. Als sie sich Patricks Haus näherten, ließ sich eine Schar Falken auf sie herab, und es hätte wenig gefehlt und sie hätten den Dreien die Augen ausgepickt.

Endlich kamen sie an Patricks Tür und entzündeten die Kerzen. Der Bischof schlug ein Buch auf und sprach zu den Brüdern: »Wenn ich die Gebete vorlese, so gebt ihr die Antworten.« Darauf begann er: »Erhebe dich, o christliche Seele ...« – »Sie ist keine christliche Seele«, ließ sich eine Stimme vernehmen, doch kein Mensch war zu sehen.

Der Bischof begann von neuem: »Erhebe dich, o christliche Seele, hinweg von dieser Welt, im Namen des allmächtigen Vaters, der dich erschuf.« Noch ehe er weitersprechen konnte, erhob sich ein gewaltiges Gewitter mit Blitz und Donner. Der Donner machte sie taub, und das Haus war voller Rauch. Der Blitz schlug in den Giebel und riß ihn herab. Eine Regenflut setzte ein, daß die Leute dachten, mit ihr käme das Ende der Welt.

Der Bischof und die beiden Mönche nahmen ihre Gebete wieder auf. »O Herr, in Deiner unendlichen Güte, blicke gnädig auf sie hernieder«, sprach der Bischof. »Amen«, sprachen die Brüder.

Da breitete sich Stille aus, und der Bischof trat an das Bett. Der bedauernswerte Patrick trat an die andere Seite des Bettes, und kaum machte die Frau den Mund auf, da flog ein Schwarm häßlicher schwarzer Käfer heraus. Patrick tat einen Schrei und wollte ihnen mit Feuer zu Leibe rücken. Doch als er mit dem Feuer kam, war die Frau tot, die Käfer verschwunden.

Der Bischof betete für sie, dann entfernte er sich mit seinen Begleitern. Patrick machte sich auf den Weg, die Leichenwäscherin zu holen, doch als er zurückkehrte, war die Leiche nirgends zu finden. Auch der Beutel voll Gold, den sie um den Hals getragen hatte, war verschwunden, und nie hat einer je wieder von beiden gehört.

In der Nachbarschaft machten viele Geschichten die Runde über Patricks Frau. Die einen sagten, der Teufel hätte sie geholt. Andere sagten, gute Mächte hätten sie davongetragen. Jedenfalls hat keiner mehr von ihr gehört.

Nach Monatsfrist brach unter den Kindern die gefleckte Krankheit aus (Blattern), und alle starben. Patrick war zu Tode betrübt. Nun war er ganz allein, ohne Frau, ohne die Kinder, und doch sagte er: »Der Wille des Herrn geschehe.«

Bald darauf verkaufte er sein Hab und Gut und ging in ein Kloster. Er führte ein frommes Leben und starb einen glücklichen Tod. Möge Gott auch uns einen gnädigen Tod bescheren und das ewige Leben.

Die Mühle, die auf dem Meeresgrund mahlt
Ein norwegisches Märchen

Es waren mal in uralter Zeit zwei Brüder, der eine war reich und der andre war arm. Als nun das Weihnachtsfest herankam, hatte der arme keinen Bissen Fleisch noch Brot im Hause, ging darum zu seinem Bruder und bat ihn um eine Kleinigkeit in Gottes Namen. Nun war es aber nicht das erste Mal, daß der reiche Bruder dem armen etwas gegeben hatte, und er war daher nicht sonderlich froh, als er ihn kommen sah. »Willst du tun, was ich dir sage«, sprach er, »so sollst du einen ganzen Schinken haben, so wie er im Rauch hängt.« Ja, das wollte der Arme gern und bedankte sich. »Da hast du ihn«, sagte der Reiche, indem er ihm den Schinken zuwarf, »und geh nun zur Hölle!« – »Hab ich es versprochen, so muß ich es tun«, sagte der andre, nahm den Schinken und ging fort. Er wanderte wohl den ganzen Tag, und als es dunkel wurde, erblickte er vor sich einen hellen Lichtschimmer. ›Hier muß es sein!‹ dachte er. Etwas weiter hin im Walde aber stand ein alter Mann mit einem langen

weißen Bart und haute Holz. »Guten Abend!« sagte der mit dem Rauchschinken. »Guten Abend! Wo willst du hin?« sagte der Mann. »O, ich wollte nur zur Hölle, aber ich weiß nicht, ob ich recht gegangen bin«, versetzte der Arme. »Ja, du bist ganz recht«, sagte der alte Mann, »denn das hier ist die Hölle«, und weiter sagte er: »Wenn du nun hineinkommst, dann werden sie dir wohl alle deinen Schinken abkaufen wollen, denn Schweinefleisch ist ein seltnes Gericht in der Hölle; aber du sollst ihn für kein Geld verkaufen, sondern sollst dafür die alte Handmühle verlangen, die hinter der Tür steht. Wenn du dann wieder herauskommst, will ich dir auch sagen, wie du sie stellen mußt; denn die Mühle ist zu etwas gut, mußt du wissen.« Der Mann mit dem Schinken dankte für guten Bescheid und klopfte beim Teufel an.

Als er hineintrat, geschah es, wie der Alte ihm gesagt hatte: Alle Teufel, groß und klein, kamen um ihn herum, und der eine überbot immer den andern auf den Rauchschinken. »Es war freilich meine Absicht, ihn zum Weihnachts-Heiligen-Abend mit meinem Weib zu verschmausen«, sagte der Mann, »aber weil ihr alle so erpicht darauf seid, will ich ihn euch wohl überlassen; aber ich verkaufe ihn für keinen andern Preis als für die alte Handmühle, die da hinter der Tür steht.« Damit wollte aber der Teufel nicht gern heraus, und er feilschte mit dem Mann hin und her; aber der blieb bei dem, was er gesagt hatte, und da mußte ihm denn der Teufel endlich die Mühle überlassen. Als der Mann nun wieder aus der Hölle herausgekommen war, fragte er den alten Holzhauer, wie er denn die Mühle stellen müsse, und als der es ihm gesagt hatte, bedankte er sich und machte sich wieder auf den Heimweg; aber wie sehr er auch ausholte, so kam er doch nicht eher als nachts um zwölf Uhr zu Hause an.

»Aber wo in aller Welt bist du denn eigentlich gewesen?« sagte seine Frau, als er eintrat. »Ich hab' hier gesessen und gewartet von einer Stunde zur andern und habe nicht einmal zwei Holzsplitter kreuzweis übereinander unter den Grützkessel zu legen, damit ich uns ein Weihnachtsessen koche.« – »O«, sagte der Mann, »ich konnte nicht gut eher kommen, denn ich hatte ein Geschäft zu besorgen und mußte deshalb einen weiten Weg machen; aber nun sollst du mal sehen, was ich uns mitgebracht habe!« Und damit stellte er die Mühle auf den Tisch hin und ließ sie mahlen, erst Lichter, dann ein Tischtuch, und danach Essen und Bier und alles, was zu einem guten Weihnachtsschmaus gehört; und so, wie er es der Mühle befahl, so mahlte sie. Seine Frau stand da und bekreuzigte sich das eine Mal über das andre und wollte durchaus wissen, wo der Mann die Mühle herbekommen hätte, aber damit wollte er nicht heraus. »Es kann ganz einerlei sein, woher ich sie habe, Frau«, sagte er, »du siehst, daß die Mühle gut ist, und daß das Mahlwasser nicht alle wird, und das ist genug«, und er mahlte Essen und Trinken und alles, was gut schmeckt, für das ganze Weihnachtsfest, und am dritten Tag bat er seine Freunde zu sich, denn er wollte ihnen einen Gastschmaus geben. Als der reiche Bruder sah, was da alles zum Schmaus bereit stand, lief es ihm heiß und kalt über die Haut, weil er seinem Bruder durchaus nichts gönnte. »Am Weihnachtsabend«, sagte er zu den andern, »war er noch so bettelarm, daß er zu mir kam und mich um eine Kleinigkeit in Gottes Namen bat, und nun auf einmal läßt er's drauf gehen, als wenn er Graf oder König geworden wäre. – Wo zum ewigen Satan! hast du all den Reichtum herbekommen?« fragte er den Bruder. »Hinter der Tür«, sagte der, denn er hatte keine Lust, ihm zu beichten; aber gegen Abend, als er ein wenig in den Krüsel bekommen hatte, konnte er nicht länger an sich halten, sondern kam mit der Mühle zum Vorschein. »Da siehst du die Gans, die mir all den Reichtum gebracht hat«, sagte er und ließ die Mühle bald dies, bald jenes mahlen. Als der Bruder das sah, wollte er ihm die Mühle durchaus abkaufen, aber der andre wollte sich anfangs gar nicht dazu verstehen; endlich aber, wie der Bruder so sehr darum anhielt, sollte er sie denn für dreihundert Taler haben; aber bis zum Heumonat, das bedung er sich aus, wollte er sie noch behalten; ›denn‹, dachte er, ›hab' ich sie noch so lange, kann ich mir Essen damit mahlen für manches liebe Jahr.‹ In dieser Zeit nun wurde die Mühle, wie man sich wohl denken kann, nicht rostig, und als der Heumonat herankam, erhielt der Bruder sie; aber der andre hatte sich wohl gehütet, ihm zu sagen, wie er sie stellen müßte. Es war am Abend, als der Reiche die Mühle nach Hause brachte, und am Morgen sagte er zu seiner Frau, sie solle mit den Schnittern ins Feld gehen und das Heu hinter ihnen kehren, er wolle derweil das Mittagessen bereiten. Als es nun so gegen Mittag war, stellte er die Mühle auf den Küchentisch hin. »Mahl Hering und Milchsuppe, daß es Art hat!« sprach er. Da fing die Mühle an zu mahlen Hering und Milchsuppe, erst alle Schüsseln und Töpfe voll und nachher so viel, daß die ganze Küche davon schwamm. Der Mann stellte und drehte die Mühle; aber wie er sie auch hantieren mochte, die Mühle hörte nicht auf zu mahlen, und zuletzt stand die Milchsuppe schon so hoch, daß der Mann nahe daran war zu ertrinken. Nun riß er die Stubentür auf; aber es dauerte nicht lange, so hatte die Mühle auch die Stube vollgemahlt, und nur mit knapper Not konnte der Mann noch die Türklinke in der Flut von lauter Milchsuppe erfassen. Wie er nun die Tür aufgemacht hatte, stürzte er hinaus ins Freie, und Hering und Milchsuppe immer hinter ihm drein, so daß der ganze Hof und das Feld davon strömte.

Indessen deuchte es der Frau, die das Heu auf dem Felde kehrte, es daure ziemlich lange, eh' der Mann käme und sie zum Mittag abriefe. »Wir wollen mal eben nach Hause gehen«, sagte sie zu den Schnittern, »denn ich kann es mir wohl denken, er kann mit der Milchsuppe nicht allein fertig werden, und ich muß ihm dabei helfen.« Sie machten sich also auf und gingen nach Hause. Wie sie aber hinter den Berg kamen, schwamm ihnen Hering und Milchsuppe und Brot entgegen, alles durcheinander, und der Mann lief immer voran. »Gott gebe, daß jeder von euch hundert Bäuche hätte, um das zu verschlingen!« rief er, »nehmt euch aber in acht, daß ihr nicht in meinem Mittagessen ersauft!« und damit fuhr er an ihnen vorbei, als wär' der Teufel hinter ihm her, und hinüber zu seinem Bruder; den bat er nun um Gottes willen, er möchte doch sogleich die Mühle wiedernehmen; »denn mahlt sie noch eine Stunde dazu«, sprach er, »so vergeht das ganze Dorf in lauter Hering und Milchsuppe.«

Der Bruder aber wollte die Mühle nicht wiedernehmen, wenn der andre ihm nicht noch dreihundert Taler dazu bezahlte. Weil nun durchaus kein andrer Rat war, so mußte der Reiche mit dem Geld heraus. Nun hatte der Arme sowohl Geld als die Mühle, und da dauerte es denn nicht lange, so hatte er sich ein Haus gebaut, noch weit prächtiger als das, worin der Bruder wohnte. Mit der Mühle mahlte er so viel Gold zusammen, daß er die Wände mit lauter Goldplatten bekleiden konnte, und das Haus lag so nahe am Strand, daß man den Glanz davon schon von weitem auf dem Meer sah. Alle, die da vorbeisegelten, hielten dort an, um den reichen Mann in dem goldnen Haus zu besuchen und die wunderbare Mühle zu sehen; denn es ging davon ein Gerede weit und breit.

Einmal kam auch ein Schiffer dort vorbei, der wollte ebenfalls die Mühle sehen, und als er sie gesehen hatte, fragte er, ob sie wohl auch Salz mahlen könne. »Ja, Salz kann sie auch mahlen«, sagte der Mann. Nun wollte der Schiffer sie ihm durchaus abkaufen, sie möchte kosten, was sie wolle; ›denn habe ich die‹, dachte er, ›dann brauch' ich nicht immer so weit übers wilde Meer zu segeln, um Salz zu holen, sondern kann mir einen guten Tag machen‹. Anfangs wollte der Mann sie durchaus nicht losschlagen; aber der Schiffer bat ihn so lange und so flehend, bis er sie ihm endlich für viele tausend Taler verkaufte.

Als nun der Schiffer die Mühle bekommen hatte, blieb er nicht lange in der Gegend; denn er dachte, dem Mann könne der Handel nachher wieder leid werden; er ließ sich auch nicht einmal so viel Zeit, daß er ihn fragte, wie er die Mühle stellen müßte, sondern ging schnell auf sein Schiff und stieß von Land. Als er ein Ende hinausgekommen war in die große See, nahm er seine Mühle hervor. »Mahl Salz, daß es Art hat!« rief er. Da fing die Mühle an und mahlte Salz, daß es knisterte und sprühte. Als der Schiffer sein Schiff voll hatte, wollte er die Mühle stopfen, aber wie er's auch anfing und sie stellen und drehen mochte, die Mühle mahlte immerfort, und der Salzhaufen wuchs höher und immer höher, und zuletzt versank das ganze Schiff ins Meer. Da steht nun die Mühle auf dem Meeresgrund und mahlt noch den heutigen Tag, und daher kommt es, daß das Meerwasser salzig ist.

SECHSTES KAPITEL

WONNEN UND SCHRECKEN DER CHRISTNACHT

»An den Klepparbergen sah einst ein Mann in der Weihnachtsnacht ein großes und hell erleuchtetes Haus stehen. Er ging hinein und wurde gastfrei aufgenommen und herrlich bewirtet. Des andern Morgens aber erwachte er hoch oben auf dem nackten Felsen, und von dem Haus war jede Spur verschwunden.«

Isländische Überlieferung (1860)

Vom Weihnachtsbrot, das den Teufel verjagte
Ein ukrainisches Märchen

Es lebte einmal ein Mann, der war noch nicht so sehr alt, und er lebte mit seiner Frau. Sie lebten nur zu zweit. Na, und wie es bei denen gewöhnlich am Kratschun-Tag – oder am Heiligen Abend, wie wir ihn auch nennen – sich zutrug, hatte er die Gewohnheit, in den Wald zu fahren und Brennholz zu holen. Frühmorgens zogen sie sich an, und die Frau bereitete für den Abend die Gerichte zu, die dazu eben gehören. Da sagt er: »Frau, ich spanne die Pferde ein und fahre los, ein paar Scheite zu holen.«

Darauf antwortet sie: »Fahr nur, fahr, aber gib ein wenig acht, mein Lieber! Langsam, damit dir im Wald nichts passiert.«

»Ach, was könnte mir schon passieren! Viel Holz werde ich nicht aufladen. Ich lade so viel auf, wie die Pferde ziehen können.«

Nun, er spannte die Pferde ein, fuhr in den Wald, und die Frau blieb zu Hause. Er kam in den Wald, richtete das Holz her, was er den Pferden eben zutraute, lud es auf den Wagen, befestigte es ordentlich und setzte sich auf den Wagen, auf das Holz. Jetzt fährt er los. Und gerade dort im Wald war ein großer Pfuhl, ein Morast. Er kam da hin, zu diesem Pfuhl, und hielt die Pferde an. Nun schaut er sich das an und denkt hin und her, ob er da durchkäme. Schließlich überlegte er's sich so: »Viel Holz ist nicht drauf, die Pferde sind kräftig, sie werden's schon durchziehen.« Also gut, er setzte sich wieder auf den Wagen und – »hü!« trieb er die Pferde an. Die Pferde traten in den Pfuhl und kamen wieder heraus, doch die hinteren Räder blieben darin stecken. Die Pferde blieben auf der Stelle und kamen nicht weiter, es ging und ging nicht weiter. Es war den Pferden einfach unmöglich, den Wagen herauszuziehen. Der Abend naht und er hätte schon zu Hause sein müssen. Es ist ja der Kratschun-Abend, nicht wahr! O weh, was er da alles tut, er weint und jammert. Die Pferde können den Wagen, die hinteren Räder, nicht herausziehen aus diesem Pfuhl, aus diesem Morast. »Da gibt's keine Hilfe von irgendwo«, sagt er, »keine Menschen, niemand ist da. Bald wird's Abend, und mich wird hier die Dunkelheit einholen. Was soll ich tun?«

Auf einmal tauchte ein Mann auf. Er kam einfach auf ihn zu und sagt: »Gott gebe Glück!«

»Gott gebe Gesundheit!«

»Bauer, was machst du hier?« fragt der Mann.

»Ach mein Gott, was ich hier mache! Steckengeblieben bin ich. Ich dachte, die Pferde würden den Wagen durchbringen, aber die hinteren Räder sind steckengeblieben, und die Pferde können den Wagen aus dem Morast, aus diesem Pfuhl, nicht herausziehen.«

Der andere kommt an ihn heran und spricht: »Was würdest du zahlen? Ich helfe dir«, sagt er, »hab nur keine Angst!« Da dachte der Bauer scharf nach, was er ihm versprechen, was er ihm zahlen könnte. Der andere sagt aber zum Bauern: »Na ja, auf klingenden Lohn bin ich nicht so sehr scharf. Versprich mir nur das, wovon du noch nichts weißt!« Und dieser Mann war der Teufel.

Nun versprach der Bauer das, wovon er nichts wußte. Nachdem er es versprochen hatte, schob der Teufel die Holzladung von hinten an, und der Bauer packte die Pferde. Der eine schob die Holzladung an und hob den Wagen hoch, der andere trieb die Pferde an: »Hü!« Und die Pferde zogen. Der Bauer machte sich auf den Heimweg, und der Mann, der ihm im Wald geholfen hatte, verschwand irgendwie.

Der Bauer kam zu Hause an, und die Frau freut sich: »Ach, wo warst du denn, was hast du denn gemacht, hoffentlich ist nichts passiert?«

»Ach, Frau, Frau! Das und das ist mir passiert, und es

gab keine Hilfe. Auf einmal kam einer, irgendein Mann tauchte vor mir auf und sagte, er würde mir aus der Not helfen, ich müßte ihm aber das versprechen, wovon ich nichts weiß.«

»Und du«, fragt die Frau, »hast du es ihm versprochen?«

»Jetzt hör zu, Frau! Ich mußte es ihm doch versprechen. Ich weiß nicht was, aber ich hab's ihm versprochen.«

»O weh«, sagt die Frau zu ihm, »mein Lieber, mein Lieber, das hast du nicht gut gemacht.«

Denn die Frau war schwanger, wißt ihr! Und eben dieses Kind hatte er dem dort versprochen. Nun wurde die Frau traurig. Und er, nachdem sie ihm das gesagt hatte, er versuchte von der Frau zu erfahren: »Was ist los?«

»O weh, ich bin doch schwanger. Und du hast davon nichts gewußt und das Kind versprochen.«

Und er: »Da ist nichts mehr zu machen. Da ist nichts zu machen, da gibt's keine Hilfe, da gibt's keinen Rat mehr.«

So verging das Jahr bis zum nächsten Heiligen Abend. Jener Mann dort – der Teufel – hatte gesagt, er würde kommen und sich seinen Lohn holen. Er würde kommen und sich das holen, was der andere ihm versprochen und wovon der nichts gewußt hatte. Gut, daß der Bauer zu Hause angekommen, daß ihm nichts geschehen war. Aber der Frau ging es immer durch den Kopf, daß er nicht recht getan hatte. Doch da war nichts zu machen.

Die Zeit kam, das Kind wurde geboren, ein Mädchen. Die Frau gebar eine Tochter. Oh, ein schönes Mädchen! Und es wächst und wächst das Jahr über. Am nächsten Heiligen Abend, ein Jahr darauf, setzten sie sich an den Tisch zum Nachtmahl. Und bei uns war es Brauch, daß die Bäuerin das Weihnachtsbrot – das Kratschun-Brot – in den Ofen schob, während man zu

Abend aß. In der Zeit sollte der Kratschun backen. Also schob sie ihren Kratschun, der aus Gerstenmehl war, in den Ofen. Sie schob ihn hinein, bereitete alles vor, alles war schon hergerichtet, und sie setzten sich an den Tisch, zum Nachtmahl. Sie begannen zu essen, da kommt einer ans Fenster, klopft und meldet sich: »Ich bin derjenige«, sagt er, »der dir im Wald geholfen hat. Ich bin da, das zu holen, was du mir versprachst und wovon du nichts wußtest.«

Nun packte den Bauern die Angst. Nun tat es den beiden leid, daß er das Kind, die Tochter, versprochen hatte. Damals wußte er nicht, daß die Frau schwanger war. Ihm ist damals nichts geschehen, aber nun waren beide voller Kummer. Und der Gersten-Kratschun war im Ofen. Er saß im Ofen, wurde gebacken, und er – der Kratschun – spricht: »Halt, Mann, warte!« sagt er. »Ich habe gewartet, warte auch du!«

Der am Fenster wartet: »Na, was ist?«

»Hör zu, ich bin ein Gersten-Kratschun. Der Bauer nahm mich in den Sack, er schüttete mich da hinein, lud mich auf den Wagen, fuhr mich aufs Feld, spannte die Pferde ein und pflügte den Acker. Nachdem er den Akker gepflügt hatte, nahm er mich im Sack auf den Rükken und begann mich über den ganzen Acker auszustreuen. Er streute mich und streute, streute und streute, bis er mich überall auf dem Acker verstreut hatte. Ich habe Geduld gehabt, gedulde du dich auch!« sagt der Kratschun.

Und der Teufel mußte sich gedulden, denn das war auf Gottes Geheiß. Der Kratschun wartete ein wenig, um den Teufel hinzuhalten.

»Na, nachdem er mich ausgesät hatte, nahm er eiserne Zähne, eine Egge, spannte die Pferde vor, dann wurde auf mir herumgetrampelt. Die eisernen Zähne stachen mich: meinen Rücken, meinen Kopf und überall. So schritt er und eggte mich zu. Mit jener eisernen Egge eggte er mich zu. Ich hatte Geduld, gedulde du dich auch!« sagt er.

»Nachdem er mich so zugeeggt hatte, war's wieder gut. Ich verbrachte etliche Tage in der Erde, dann begann ich mich mit Mühe langsam, langsam, schön langsam emporzuheben, aufzugehen. Als ich so sproß, da war ich froh, denn nun war ich von der eisernen Egge genesen. Na, jetzt war ich ein Mann. Ich hatte Geduld, gedulde du dich auch!« sagt er.

»Jawohl, so war es. Dann kam der Bauer, schaute mich an und freute sich. ›Eine schöne Gerste‹, sagte er, ›so üppig, so grün.‹ Und ich wuchs und wuchs. Ich hatte Geduld, gedulde du dich auch!« sagt der Kratschun.

»Als ich so heranwuchs und mein Alter erreichte – so wie auch ein Mensch in einem Jahr heranwächst und älter wird – wuchs ich empor und wurde reif. Als ich reif war, kam der Bauer, schaute mich an und freute sich, weil ich so vollährig war. Er ging auf mich zu, riß eine Ähre ab, brachte sie nach Hause und zeigte sie der Frau: ›Schau, liebe Frau, welch schöne Gerste wir haben!‹ Er ging auf sie zu, zerrieb mich auf der Handfläche, blies die Spreu weg, schaute mich an und sagte: ›Oh, eine schöne Gerste haben wir!‹ Und dann: ›Frau, es ist Zeit zum Mähen, sonst wird sie überreif.‹ Am nächsten Tag machte sich der Bauer mit der Bäuerin auf den Weg und nahm die Sense mit. Sie kamen zu mir und schauten, von wo aus, von welcher Seite man am besten mit dem Mähen beginnen könnte. Im Nu machte er die Sense zurecht und begann mich an den Füßen zu schneiden. So warf er mich zu Boden. Ich hatte Geduld, gedulde du dich auch!« sagt der Kratschun.

»Er mähte mich nieder auf den Boden, und die Frau schritt hinter ihm her, sammelte und legte mich zu Bündeln zusammen, dann preßte sie mich mit den Garbenbändern fest. Sie band und drückte mich so zusammen, sie band mich dermaßen fest, daß ich kaum atmen konnte. Ich hatte Geduld, gedulde du dich auch!« sagt er.

»Na, sie mähten mich ab, die Frau band mich, dann stellten sie mich zu Hocken zusammen. Sie stellten mich zu Hocken zusammen, zu solchen kleinen. Ich hatte Geduld, gedulde du dich auch!« sagt er.

»In den Hocken verbrachte ich einige Tage und wurde ganz trocken. Da kam der Bauer, schaute mich an und sagte: ›Frau, die Gerste ist trocken. Man soll sie einfahren, denn es könnte regnen, und sie würde naß.‹ Ich hatte Geduld, gedulde du dich auch!« sagt er.

Und der am Fenster, der Teufel, mußte warten.

»Der Bauer spannte die Pferde ein, die beiden setzten sich auf den Wagen, er nahm auch Ketten, Stricke und einen Wiesbaum mit. Sie kamen zu mir, die Bäuerin hob mich mit der Heugabel hoch, immer wieder mit der Heugabel hoch und warf mich dem Bauern zu. Der Bauer stand auf dem Wagen. Er trampelte auf mir herum, immer wieder und immer wieder trampelte er auf dem Wagen herum, um viel aufzuladen. Und die Frau – mit der Heugabel auf mich los, immer wieder mit der Heugabel auf mich los. So luden sie mich auf den Wagen. Ich hatte Geduld, gedulde du dich auch!« sagt er.

»Nachdem sie mich auf den Wagen geladen hatten, nahmen sie so eine Stange, jenen Wiesbaum, und machten mich mit den Stricken daran so fest, daß ich mich gar nicht mehr rühren konnte. Ich hatte Geduld, gedulde du dich auch!« sagt er.

»Sie brachten mich nach Hause, und die Frau ging mit der Heugabel wieder auf mich los. Der Bauer war oben auf dem Tennenboden, und dort luden sie mich ab. Die Frau nahm mich auf die Heugabel und reichte mich dem Bauern hinauf. Er stapelte mich bis unterm Dach auf und drückte mich mit den Knien fest, damit der Platz für mich reiche. So fuhren sie mich ein, luden mich ab, schichteten mich auf dem Tennenboden, und dort blieb ich liegen. Ich hatte Geduld, gedulde du dich auch!« sagt der Kratschun.

»Das dauerte einige Zeit. Der Winter brach an, der Bauer hatte weniger Arbeit, da sagt er: ›Ich fange an, die Gerste zu dreschen, denn wir brauchen was zu essen.‹ Und die Frau sagt: ›Das kannst du, das kannst du tun. Es ist nicht zu kalt, also geh auf die Tenne und drisch langsam so nach und nach!‹ Er zog sich an und frühstückte. Nach dem Frühstück ging er auf den Tennenboden und warf mich hinunter, er warf mich von oben auf den Dreschplatz. Dann ging er auf mich zu und legte eine Garbe neben die andere. Plötzlich packte er einen Dreschflegel und begann mich zu schlagen, auf meinen Kopf drauf. Auweh, nur mit Mühe hielt ich das aus. Jawohl, ich hatte Geduld, gedulde du dich auch!« sagt er.

»Nun, nachdem er mich gedroschen hatte, nahm er die Heugabel, schüttelte und schüttelte das Stroh, und ich fiel heraus. Das Stroh schob er beiseite, mich aber ließ er auf dem Dreschplatz liegen. Ich wartete halt, was er mit mir machen würde. Das Stroh räumte er weg, dann nahm er einen Rechen, einen Besen und kehrte mich zusammen. Ich rechnete damit, daß er mich wegräumen würde. Doch er nahm wieder den Dreschflegel und schlug auf mich – den Entblößten – ein, immer wieder drauf und drauf. Ich sprang nach allen Seiten, ein Körnchen dahin, eins dorthin, und man konnte nichts dagegen tun. Nachdem er mich so zusammengeschlagen hatte – ich hab' Geduld gehabt, gedulde du dich auch! –, kehrte er mich wieder zusammen. Er kehrte mich zusammen, nahm den Rechen und schob mich an die Wand. Er schob mich an die Wand auf einen Haufen. So drosch und drosch er bis zur letzten Garbe, kehrte mich immer wieder zusammen und schob mich an die Wand. Dort lag und lag ich. Ich hatte Geduld, gedulde du dich auch!« sagt der Kratschun.

»Na, was geschah dann? Ich mußte gereinigt, ich mußte geputzt werden. Einmal ging der Bauer mit der Bäuerin weg und schleppte von irgendwo eine Putzmühle herbei. Die Putzmühle stellten sie auf die Tenne und begannen mich zu reinigen. Der Bauer schüttete mich oben in den Trichter dieser Putzmühle – sie nannten sie ›Kornschwinge‹ –, die Frau drehte in einem fort die Kurbel, und auf mich blies der Wind ein. Ich fiel hinunter, der Staub aber wurde weggeblasen. Mich schüttelte es auf den Rosten durch und durch, ich wurde hin- und hergeschwungen. Aber ich hatte Geduld, gedulde du dich auch!« sagt er.

»Nachdem sie mich gereinigt hatten, taten sie mich in Säcke. Sie taten mich in Säcke, trugen mich auf den Speicher hinauf und schütteten mich in einen Verschlag, in einen Kornkasten. Jetzt war ich froh, daß ich dorthin gelangt war. Ich hatte Geduld, gedulde du dich auch! Dort blieb und blieb ich. Eines Tages sagt die Frau zum Bauern: ›Mein Lieber! Wir sollten die Gerste in die Mühle fahren, denn wir haben nichts mehr zum Brotbacken.‹ Darauf sagt er: ›Dann richte die Säcke her, Frau! Richte sie her, wir werden sie füllen, ich spanne die Pferde ein, danach fahren wir zur Mühle.‹ Und bald gingen sie auf den Speicher hinauf und taten mich in einen Sack. Sie schütteten und preßten mich in einen Sack, ließen mich auf einer Leiter in die Diele hinunter, nahmen mich auf die Arme und legten mich auf den Wagen. Ich hatte Geduld, gedulde du dich auch!« sagt er.

»Sie legten mich auf den Wagen, und ich dachte bei mir: ›Wo werden sie mich jetzt noch hinbringen?‹ Der Bauer und seine Frau setzten sich auf mich drauf und fuhren zur Mühle. Sie kamen mit mir zur Mühle. ›Mein Gott‹ – sagte ich – ›wie lange werdet ihr mich noch herumhetzen und herumfahren!‹ Der Bauer nahm den Sack, trug mich in die Mühle und schüttete mich in den Trichter. Ich fiel hinein, und man setzte die Mühle in Bewegung. Ich fiel unter den Mühlstein, er zerrieb mich, auch meine kleinsten Knochen wurden zerrieben, so daß ich ganz zu Staub wurde. Ich hatte Geduld, gedulde du dich auch!« sagt er.

»Nachdem ich ganz zu Mehl geworden war, schütteten sie mich wieder in einen Sack, legten mich auf den Wagen, setzten sich drauf, und wir fuhren nach Hause. Wir kamen zu Hause an, da sagt die Bäuerin: ›Na, mein lieber Bauer, ich mache mich ans Backen.‹ Und das war am Heiligen Abend, am Kratschun-Tag. Darauf sagt er: ›Ja, ja, mach dich nur daran! Nur los, wir wollen probieren, ob das Brot gut ist, wie das Mehl ist, wie es gemahlen worden ist.‹ Die Frau tat mich in einen Trog, nahm ein Sieb, schüttelte und schüttelte mich durch. Sie siebte mich in einen kleineren Trog. Ich hatte Geduld, gedulde du dich auch!« sagt er.

»Nachdem sie mich durchgesiebt hatte, machte sie ein wenig Wasser warm und goß es auf mich. Dann begann sie mich zu kneten, mit den Fäusten zu bearbeiten und mit den Händen zu würgen. Sie würgte und würgte und würgte mich. Doch ich hatte Geduld, gedulde du dich auch!« sagt er.

»Nachdem sie mich genug gewürgt hatte, ließ sie mich stehen. Ich begann zu gären. Ich ging auf, und die Frau fing wieder an, mich zu würgen, zu quetschen, zu kneten und zu drücken. Doch ich ertrug es, ich überstand alles. Dann würgte sie mich zum zweiten Mal. Aber ich hatte Geduld, gedulde du dich auch!« sagt der Kratschun.

»Dann sagte sie, ich sei schon aufgegangen, es sei schon an der Zeit, mich in den Ofen zu schieben. Sie ging, nahm eine Teigschüssel, warf mich dahinein und begann mich hineinzupressen und mich anzudrücken. Ich hatte Geduld, gedulde du dich auch!« sagt er.

»Dann stürzte sie mich aus der Teigschüssel auf die Backschaufel, bestrich mich oben leicht mit Wasser, versetzte mir Kerben und sogar Stiche mit einer Spindel. O weh, was sollte ich tun? Ich hatte Geduld, gedulde du dich auch!« sagt er.

»Dann schubste sie mich, sie schob mich in den heißen Ofen hinein. O weh, was sollte ich denn jetzt tun! Ich wurde gebacken und gebacken, gebacken und gebacken, bis ich durchgebacken war. Ich hatte Geduld, gedulde du dich auch!«

»Nachdem man mich herausgenommen hatte, beschaute und beklopfte sie mich, ob ich auch gut durchgebacken sei, und legte mich umgekehrt auf einen Schemel. So lag ich umgekehrt da. Als ich eine Weile so gelegen war, kam die Frau wieder und drehte mich um, weil ich schon ausgekühlt war. Da ich schon ausgekühlt war, nahm sie ein Messer, schlug einen Hieb in mich und durchschnitt mich. Ich hatte Geduld, gedulde du dich auch!« sagt der Kratschun.

»Dann nahm sich jeder eine Scheibe von mir und begann zu essen, Bissen für Bissen. Jeder kaute und kaute, bis ich aufgegessen war.«

Da krähte um Mitternacht, um zwölf Uhr, der Hahn. Nun lief der Teufel vom Haus weg, und das Mädchen blieb heil. Es lebt noch heute, wenn es nicht gestorben ist.

Weihnachten in der Mühle
Ein lothringisches Märchen

Es war einmal eine Mühle. Die war weit vom Dorfe weg. Weihnachten kam. (Un do sin de Wihnachte kumm.) Der Mann und die Frau gingen in die Mette. Als die Frau fortging, sagte sie zu ihrer jungen Tochter: »Es kann kommen, wer will! Du darfst die Tür nicht aufmachen, damit niemand hereinkommen kann!«

Auf einmal, während der Mette, kamen vier Männer an das Haus und sagten: »Macht uns doch auf! Es ist so kalt draußen! Uns ist so kalt!« Da antwortete das Mädchen: »Meine Mutter hat es mir verboten, ich darf niemandem aufmachen. Es kann kommen, wer will.«

Dann gingen die vier Männer um das Haus, um zu schauen, ob sie nicht eine kleine Schluff (Öffnung) fänden, um hineinzukommen. Das Mädchen schaute schnell, ob alle Türen gut verschlossen wären, dann ging es hin, nahm das Beil in die Hand und ging ans Mühlenloch. Und als die Männer heraufgeklettert kamen, schlug es einem nach dem andern den Kopf ab. Und wenn ein anderer unten fragte: »Bist du oben?«, dann sagte es langsam: »Jaaa!« Dreien hatte es den Kopf abgehauen, den vierten hatte es aber nur am Kopf gestreift. Während der Zeit ging ihr Bruder hinaus; der andere war schon um das Haus herumgegangen und hatte sehen wollen, ob der Bruder draußen wäre. Dann rief er: »Wenn du mir jetzt nicht aufmachst, dann nagele ich deinen Bruder an der Tür an.« Darauf sagte das Mädchen: »Mein Leben ist mir lieber als seines!«, und es machte nicht auf. Der Einbrecher nagelte den Bruder des Mädchens an die Tür an.

Als die Wandlung in der Mette vorbei war, drehte sich der Pastor am Altar herum und sagte: »Mir sind drei Tropfen Blut auf das Buch gefallen! Die Leute, die weit vom Dorfe weg wohnen, sollen gleich heimgehen.« Da gingen alle Leute gleich nach Hause.

Als die Leute von der Mühle heimkamen, sahen sie, daß der Bub an der Tür angenagelt war. Das Mädchen erzählte ihnen alles, was passiert war.

Das Mädchen wurde größer und kam ans Freien. Da kam ein feiner Kerl zum Freien! Der hatte eine Kutsche mit zwei Pferden vorgespannt. Der Kerl war immer anständig und brav, wenn er kam. Einmal fragte er, ob das Mädchen nicht mit ihm gehen dürfe, um einen Spaziergang zu machen. Und weil der Fremde immer so anständig und so brav war, ließen die Eltern das Mädchen mitgehn.

Sie gingen fort und kamen in einen Wald. Plötzlich zog der Herr den Hut ab und sagte: »Schau einmal, was ich da am Kopf habe!« Da erschrak das Mädchen, als es die Narbe sah, die er am Kopf hatte. Und er sagte zu ihr: »Weißt du noch, am Mühlenloch? So, jetzt haben wir dich!« Dann riefen drei Männer: »Hast du es jetzt?« Er gab zur Antwort: »Ja, jetzt habe ich es! Jetzt geht es uns nicht mehr fort!« – »Dann wollen wir noch gut essen, dann muß es servieren«, sagten die andern. Darauf bekam es eine weiße Schürze vorgebunden.

In der Räuberhöhle war noch eine alte Frau, die hatten sie auch einmal umbringen wollen. Da fragte das Mädchen die Frau, wo das Kabinett wäre. Die Frau antwortete: »Geh hinauf, da oben ist es!« Und es ging hinauf, zog seine weiße Schürze aus und lief los. Während des Laufens hörte es, daß die Räuber hinter ihm herkamen mit Hunden. Es versteckte sich rasch in einem Strauch und betete und sagte der Mutter Gottes, wenn es noch einmal nach Hause käme, würde es alles wieder gut machen.

Dann liefen die Hunde um den Strauch herum und bellten und fanden es doch nicht. Die Räuber gingen mit den Hunden wieder heim. Als sie fort waren, machte sich das Mädchen auf den Heimweg.

Als es nach Hause kam, erzählte es alles, wie es ihm ergangen war. Da machten sie aus, wenn einer der Räuber am Sonntag wiederkäme, sollten sie ihn fragen, wie es ihm gehe. Dann sollte ein Bote den Gendarm holen, der sollte sich im Zimmer versteckt halten, vorher sollten die andern den Fremden so lange aufhalten, bis der Bote mit dem Gendarm käme. Sonntags kam er wieder, und sie machten es so, wie sie miteinander abgeredet hatten. Als die Gendarmen kamen, kam das Mädchen aus dem Zimmer heraus und erzählte ihnen alles. Dann ging es mit den Gendarmen in die Räuberhöhle, und sie steckten alle Räuber ein.

Die Christmesse in der Wildemänner Kirche
Eine Sage aus dem Harz

Am ersten Weihnachtsmorgen früh vier Uhr wurde sonst hier auf dem Harz in allen Kirchen heilige Christmesse gehalten, und scharenweise strömten dann in der Dunkelheit die frommen Christen zum Gotteshaus, das heilige Christfest damit anzufangen. So war auch der Gebrauch in Wildemann. Eine Frau daselbst, eine fromme und gute Christin, hatte sich am heiligen Abend vorgenommen, am andern Morgen auch in die Christmesse zu gehen. Früh war sie schon zu Bett gegangen, um früh genug wieder aufzustehen und nicht zu spät zu kommen. Da wacht sie denn mitten in der Nacht auf, meint, es sei schon gegen drei, denn eine Uhr hat sie noch nicht gehabt, und Uhren hat's überhaupt damals noch wenig gegeben. Sie steht also auf, zieht sich an und geht zur Kirche; doch wundert sie sich so vor sich hin, daß noch nicht mehr Leute auf den Beinen sind, die auch nach der Kirche gehn. In ihrem Sinne denkt sie, ist gut, bist du die erste. Als sie auf den Kirchhof kommt, sieht sie die Kirche hell erleuchtet; es ist aber noch alles totenstill darin und davor. Sie geht hinein: die Kirche ist leer, kein Mensch darin zu hören noch zu sehen. Da schlägt es elf, und als es ausgeschlagen hat, beginnt das Festgeläute so feierlich, so schön in die Nacht hinein zu tönen, daß der Frau dabei schon die Augen übergehen. Dann strömen die Leute herein, aber nicht die, welche damals noch gelebt haben, sondern alle solche, die schon lange tot gewesen sind und im Grabe geruht haben, die aber alle die Frau gekannt hat; also Leute aus den Gräbern füllen die Priechen (Empore), die Stühle, und die Anverwandten der Frau setzen sich rechts und links neben sie. Nachdem ausgeläutet ist, beginnt der Gesang, ein ernster, feierlicher Totengesang mit Orgelbegleitung, so herzergreifend, daß die Frau fast in Tränen zerfließt. Hierauf tritt der Prediger, der erst vor zwei Jahren gestorben und auf dem Wildemänner Kirchhof beerdigt war, auf die Kanzel und predigt so klar und so wahr, wie die Frau noch nie gehört hat; erteilt dann den Segen, und bei dem Wort »Amen« schlägt es zwölf. Da ist alles verschwunden, die Kirche ist finster und leer, und die Frau muß im Dunkeln hinaustappen und nach Haus gehen. Zu Haus angekommen, sinkt sie zu Tode erschöpft auf einen Stuhl nieder und kann kaum noch ihre Leute rufen, die ihr gleich ein Lager auf der Ofenbank zurecht machen müssen. Hier liegt sie fast zwei Stunden in totenähnlichem Schlaf, rührt und regt sich nicht; dann tut sie die Augen auf, sieht um sich, erblickt alle die Ihrigen um ihr Lager versammelt, die da denken, daß sie nicht wieder erwacht und deshalb herzlich weinen. Denen erzählt sie dann mit schwacher Stimme, was sie in der verflossenen Nacht erlebt hat, und als sie eben mit der Erzählung fertig ist, da läutet es zur wirklichen Christmesse; jetzt gehen die Lebendigen dahin, aber die Frau stirbt in dem Augenblick und geht zum lieben Gott in den Himmel.

Julspuk
Eine schwedische Sage

Auf einem Gut, das Vaderas hieß, wohnten früher zwei Bauern, und das ist jetzt noch so. Zu jener Zeit waren die Wege schön, und die Frauen pflegten zu reiten, wenn sie zur Kirche wollten.

Einmal, an Weihnachten, machten die beiden Frauen miteinander aus, daß sie zur Weihnachtsmette reiten wollten, und die, welche zur rechten Zeit aufwachte, sollte es der anderen sagen, denn Uhren gab es damals noch nicht. Ungefähr um Mitternacht meinte die eine Frau, sie höre vom Fenster her den Ruf: »Nun breche ich auf.« Da stand sie eiligst auf und kleidete sich an, um mit der anderen Frau zusammen reiten zu können, aber sie hatte keine Zeit mehr, etwas zu essen und nahm nur ein Stück Brot vom Tisch. In jenen Zeiten war es Brauch, daß man das Brot in Form eines Kreuzes brach. Ein solches Stück nahm die Frau und steckte es in die Tasche, um es unterwegs zu essen. Sie ritt, so rasch sie konnte, um die andere einzuholen, aber sie konnte sie nicht mehr erreichen.

Der Weg führte über ein Flüßchen, das in den Vidösternsee fließt. Da ist eine Brücke, die heißt Erdbrücke, und da standen zwei Trollhexen und wuschen Wäsche und hatten so große Brüste, daß sie sie über die Achseln hängen konnten. Als die Frau auf die Brücke geritten kam, rief die eine Trollhexe der anderen zu: »Eil dich und reiß ihr schnell den Kopf herunter!« – »Das kann ich nicht«, gab die andere zur Antwort, »denn sie hat ein Stück Brot in Kreuzform in der Tasche.«

Sie konnte inzwischen die Nachbarin nicht einholen, sondern kam allein in die Kirche von Hanger. Die war voller Lichter wie immer bei der Weihnachtsmette. Sie band in größter Eile ihr Pferd fest und ging rasch in die

Kirche. Sie war gesteckt voller Menschen, wie es ihr vorkam, aber alle waren ohne Kopf, und der Pfarrer stand vor dem Altar im vollen Ornat, aber auch ohne Kopf. In der Eile merkte sie nicht, wie es sich verhielt, sondern setzte sich in ihren gewöhnlichen Kirchenstuhl. Als sie sich setzte, kam ihr vor, als ob jemand zu ihr sagte: »Wäre ich nicht bei deiner Taufe zu Gevatter gestanden, so hätte ich dich umgebracht, wo du sitzest, aber nun mach, daß du hinauskommst, sonst geht es dir schlecht!« Da merkte sie, wie die Sache stand und lief eiligst hinaus.

Als sie auf den Kirchhof kam, schien es ihr, als hätte sie eine ganze Masse Leute um sich herum. Damals trug man weite Mäntel aus selbstgewebtem Wollenzeug, die waren ungefärbt und weiß. Einen solchen hatte sie an, und die Gespenster hatten ihn gepackt. Aber sie schleuderte ihn von sich, so daß sie aus dem Kirchhof entkam, und lief zum Armenhaus und weckte die Leute dort. Da soll es ein Uhr in der Nacht gewesen sein. So saß sie nun und wartete auf die gewöhnliche Gottesdienstzeit um vier Uhr morgens. Als es schließlich Morgen wurde, fanden die Leute auf jedem Grab ein Stückchen von ihrem Mantel.

Ähnliches begegnete einem Mann und seiner Frau, die in einer Hütte wohnten, die heißt Ingas unter Mosled. Sie waren nur eine Stunde zu früh daran, aber als sie zur Kirche von Hanger kamen, glaubten sie, der Gottesdienst habe gerade angefangen, und wollten eiligst eintreten, aber die Kirche war zugeriegelt, und es war der Schluß des Totengottesdienstes. Als schließlich die richtige Mette begann, lag auf jedem Platz Erde von denen, die zuvor Gottesdienst gehalten hatten. Der Mann und die Frau wurden darauf schwer krank, weil sie die Toten gestört hatten.

Das Feenschloss zu Tomnafurich
Eine schottische Sage

Vor ungefähr dreihundert Jahren lebten in Strathspey zwei berühmte Geiger. Einst gingen sie um Weihnachten nach Inverness und ließen durch den Ausrufer ihre Absicht bekannt machen, für soundsoviel aufzuspielen. Ein vornehmer Greis erschien und bot ihnen das Doppelte ihrer Forderung. Sie gingen also mit ihm und standen bald vor dem Eingang eines seltsamen Gebäudes. Es glich keinem der Schlösser und sonstigen Gebäude, die sie auf Reisen oder zu Hause gesehen, sondern hatte das Aussehen eines großen Feen-Tonchan, wie man ihn in Glen More sehen kann. Aber die Überredungskunst des Führers und der Anblick seiner reich gespickten Börse zerstreute jedes Bedenken. Sie traten ein, und die Furcht wich bald blankem Erstaunen über die herrlichen Festivitäten ringsum. Süße Töne vereinigten sich mit dem Klang der Saiten, der Boden erzitterte unter den Füßen der Tanzenden, und die Lust war allgemein. So vertaumelte die Nacht. Am Morgen trennte sich die Gesellschaft, unter Bedauern, wie kurz doch die Zeit gewesen sei, und die Geiger schieden zufrieden mit der ihnen erwiesenen Freigebigkeit. Aber wie sehr verwunderten sie sich, als sie, ins Freie tretend, statt eines Schlosses einen Hügel sahen, aus dem sie hervorgekommen; und als sie die Stadt erreichten, war sie kaum wiederzuerkennen. Die veränderte Tracht und das fremde Gebaren der Leute kündete ihnen ein neues Geschlecht. Sie erzählten den Umstehenden, die sie anstarrten, von ihrem Abenteuer, und das brachte einige Kluge auf den Gedanken, daß die Geiger auf Tomnafurich gewesen sein mußten, vor kurzem noch der Sammelplatz aller umwohnenden Feen. Die Ankunft eines sehr alten Mannes brachte die Sache gänzlich ins Klare. »Ihr seid die zwei Männer«, sagte er zu den beiden wunderlichen Gestalten, nachdem er ihre Geschichte vernommen, »die bei meinem Großvater eingekehrt waren und die, wie man damals vermutete, Thomas Rymer nach Tomnafurich gelockt hat. Wie sehr wurde euer Verlust von euren Freunden beklagt!«

Als die armen Fiedler sahen, daß es mit des Greises Erzählung wohl seine Richtigkeit hatte, erschauerten sie und fühlten sich von Ehrfurcht vor den Wundern der Gottheit durchdrungen. Und da gerade Sonntag war, so wünschten sie, diesen Gefühlen in der Kirche Raum zu geben. Sie gingen dorthin und setzten sich nieder, um dem Gottesdienst beizuwohnen, saßen da und horchten auf das Geläut der Glocken. Als aber der Geistliche die Kanzel bestieg, um seinen Zuhörern die Frohbotschaft zu verkünden, und das erste Wort über seine Lippen hervorkam, da fielen die Körper der hinfälligen, lang getäuschten Erdenwandler in Staub zusammen.

Die Nacht der Huldren
Eine isländische Sage

Thorleif Thórdarson kommt einmal am Weihnachtsabend zu einem Bauern im Ölfus und bittet um Beherbergung. Der Bauer erklärt, ihn herzlich gerne aufnehmen zu wollen, erzählt ihm aber auch, daß es in dieser Nacht in seinem Hause nicht geheuer sei, und daß frühere Gäste hiervon schwer zu leiden gehabt hätten. Thorleif meint, darauf hin wolle er es wagen, richtet sich indessen vorsichtig ein Versteck ein unter dem Fußboden und setzt sich da hinein, als die andern Leute nach der Kirche gehen. Wie nun die Mitternacht herankommt, sieht er zwei Jungen in den Hof treten und sorgsam mit Lichtern überall herumleuchten; als sie zuletzt auf den

Boden der Wohnstube kommen, rufen sie: »Hier ist es rein, hier ist es warm, hier ist es gut zum Spielen«, und gehen dann wieder hinaus. Kurz darauf hört Thorleif ein gewaltiges Geräusch unter der Erde und sieht dann eine Menge schöngeschmückter Leute in das Zimmer treten; sie bringen einen Tisch mit sich, den sie mitten in das Zimmer stellen, besetzen ihn mit Speisen und Wein und setzen sich dann nieder, um zu essen und zu trinken. Jetzt kommen auch die beiden Jungen wieder und führen zwischen sich einen alten, boshaft aussehenden Mann herein; der guckt herum und schnüffelt nach allen vier Ecken und spricht dann: »Hier ist ein Mensch, hier ist ein Mensch«; doch läßt er sich von den Jungen beschwichtigen und setzt sich mit ihnen zu Tisch. Nachdem die Gesellschaft gegessen und getrunken hat, fängt sie an zu tanzen und unterhält sich damit die ganze Nacht durch. Als aber Thorleif glaubt, den Tag kommen zu sehen, brüllt er mit Leibeskräften aus seinem Loch heraus: »Tag, Tag!« Davon fährt ein solcher Schreck in die Gesellschaft, daß jeder fortläuft, wie er ist; den Alten bringen die Jungen weg, die ihn hereingeführt hatten, und er war totenbleich vor Angst und so weich wie ein Bündel

Wolle. All ihr Geräte ließen sie zurück, Tisch und Tischzeug, ihre Decken und die Kleider, die sie der Hitze wegen abgelegt hatten; ihre Flucht, sagte Thorleif, habe gerade so ausgesehen, wie wenn man Lämmer aus ihrem Pferch heraustreibt. Jetzt ging Thorleif aus seinem Versteck heraus, und nicht lange darauf kehrte auch der Bauer mit seinen Leuten aus der Kirche zurück; dem erzählte jener den ganzen Vorgang und hieß ihn alles das behalten, was die Huldren zurückgelassen hätten: sie würden nicht mehr kommen, um es zurückzufordern. Seitdem blieb der Hof auch in der Weihnachtszeit unbehelligt.

Der unheimliche Reiter
Eine isländische Sage

Ein junger Mann hatte seiner Geliebten versprochen, sie am Christabend abzuholen und in die Kirche zur Christmette zu begleiten. Er machte sich auch richtig auf den Weg; aber als er über einen heftig angeschwollenen Bach setzen wollte, scheute das Pferd vor den dahertreibenden Eisschollen, ein unglücklicher Ruck am Zügel brachte es zum Sinken, und über dem Bemühen, sich und sein Tier zu retten, erhielt der Reiter von einer scharfen Eisscholle eine Wunde am Hinterkopf, die ihm sofort den Tod brachte. Lange wartet das Mädchen auf den Geliebten; endlich in später Nacht kommt der Reiter, hebt sie schweigend hinter sich aufs Pferd und reitet mit ihr der Kirche zu. Unterwegs wendet er sich einmal zu ihr um und spricht:

»Mond der gleitet,
Tod der reitet.
Siehst du nicht den weißen Fleck
in meinem Nacken,
Garún*, Garún?«

Das Mädchen Gudrún erschrickt, aber schweigt, und sie reiten weiter, bis sie zur Kirche kommen. Hier hält der Reiter vor einem offenen Grab und spricht:

»Warte du hier, Garún, Garún,
daß ich führe Faxi, Faxi,
weiter weg vom Zaune, Zaune.«**

Als sie diese Worte hört, fällt Gudrún in Ohnmacht. Zu ihrem Glück jedoch liegt das Grab, an dem sie abgesetzt worden war, dicht an der Seelenpforte, also an dem Eingang zum Kirchhof, über dem sehr häufig die Glocken hängen. Im Fallen erwischt sie noch das Glockenseil und zieht daran. Da wird sie von hinten ergriffen, und es ist nun ihr Glück, daß sie nur den einen Mantelärmel hatte anziehen können: denn so heftig ist der Griff, daß der Mantel an der Achselnaht entzweireißt. Der Reiter aber stürzt mitsamt dem Mantelfetzen, den er hält, kopfüber in das offene Grab, und die Erde fegt von beiden Seiten herab und begräbt ihn.

* Die erste Silbe des Mädchennamens, Gud, kann das Gespenst nicht aussprechen, denn sie bedeutet auch: Gott.

** Die Worte sind mehrdeutig; üblicherweise versorgt derjenige, der auf einem Hof bleiben will, sein Pferd außerhalb des Zaunes, damit es dem umzäunten Grasgarten nicht schadet – aber von einem Zaun ist auch der Kirchhof, die Wohnstatt der Toten, umgeben.

Die entheiligte Christnacht
Eine westpreußische Sage

Im Jahre 1517 begab sich in der heiligen Christnacht zu Danzig bei den weißen Mönchen ein junger Mönch, namens Gregorius, mit einem Hund in die Kirche hinter den Hochaltar, um den Zehnten, welchen er in Empfang genommen, nachzuzählen. Als er noch hiermit beschäftigt war, kam der Teufel und schleppte ihn, ohne Ansehn des heiligen Gewandes, womit er bekleidet war, unter dem Altar hervor und verbrannte ihm den Arm, mit welchem er das Geld gezählet. So ward Gregorius am folgenden Morgen von den Mönchen, als sie zur Frühmette kamen, gefunden. Der Arm verbreitete einen so unerträglichen Geruch, daß er gänzlich abgenommen werden mußte. Der Hund aber lag tot an des Mönches Seite.

Der schwarze Hund in Görlitz
Eine Lausitzer Sage

In Görlitz war bis vor wenigen Jahren an der Ecke der Jüdengasse und Büttnergasse im Pflaster ein großes Abzugloch. Das war zur Hälfte mit einem großen viereckigen Stein bedeckt und hieß im Volksmund das Hundeloch, und der daneben wohnende Bäcker hieß davon der Hundebäcker. Das kommt daher: In der Weihnachtsnacht zwischen zwölf und ein Uhr spukt in Görlitz ein großer schwarzer Hund. Der kommt aus einem ähnlichen Wasserloch am Jakobshospital heraus, geht zum Frauentor hinein bis an jenes Loch, wo er verschwindet, aber nach einiger Zeit wieder zum Vorschein kommt, um seinen Rückweg anzutreten. Manche sagen, er nehme seinen Weg durch die Verrätergasse, und viele, die ihn gesehen haben, versichern, daß er nur drei Beine habe. Wegen dieses Hundes ließen die Stadtsoldaten am Frauentor allemal in der Weihnachtsnacht das Pförtchen auf, weil sie sich fürchteten, ihn in seinem Wege zu verhindern, und es war dies ein Geheimnis unter den Stadtsoldaten, in das jeder Rekrut erst dann eingeweiht wurde, wenn er einmal die Weihnachtswache hatte. Es war aber einmal ein beherzter Kerl unter ihnen, der fürchtete sich vor dem Teufel selber nicht, spottete über die Erscheinung und beschloß, dem Hund entgegenzutreten.

Es war ein sehr stürmischer Weihnachtsabend. Die andern Soldaten blieben in der Wachtstube, er aber schloß sorgfältig die Pforte und stellte sich mit aufgestecktem Bajonett an der inneren Seite auf. Kaum hatte es zwölf Uhr geschlagen, da kam der Hund groß, schwarz und zottig, und als er das Tor nicht geöffnet fand, schüttelte er sich zornig und machte so große feurige Augen, daß es erschrecklich anzusehen war. Plötzlich aber setzte er mit einem gewaltigen Sprung über das hohe Gitter hinweg. Die Soldaten in der Wachtstube hörten ein furchtbares Schnauben und Poltern, dann war alles still. Wie sie endlich hinausgehen, finden sie ihren Kameraden leblos am Schilderhaus. Seine Flinte aber war zusammengedreht wie eine Schraube. Als der Soldat erwachte, erzählte er, was ihm begegnet. Er ist aber nicht wieder gesund geworden und schon nach drei Wochen gestorben.

Liebeszauber rächt sich
Eine Lausitzer Sage

In Wittichenau war eine Jungfer, die wollte gern erfahren, wie ihr Zukünftiger aussehen würde. Um ihre Neugier zu befriedigen, machte sie folgendes: Am heiligen Weihnachtsabend deckte sie in ihrer Kammer einen Tisch und setzte Essen zurecht, aber ohne Messer und Gabel hinzulegen. Um Mitternacht tat sich die Tür auf, ein schmucker Bursch trat herein, setzte sich zu Tische, zog Messer und Gabel hervor und fing an zu essen. Als er fertig war, ging er ebenso stumm und gespenstig wie er gekommen war von dannen. Messer und Gabel aber ließ er zurück. Das Mädchen freute sich über den schönen Bräutigam, vergaß aber Messer und Gabel auf das Flußwasser zu tragen und steckte sie in ihre Lade. Viele Jahre darauf nach der Hochzeit kommt endlich der Mann einmal zufällig über die Lade, findet das Messer darin und fragt ganz hastig: »Wo hast du das Messer her?« – »Nun«, spricht sie, »weißt du nicht mehr, wie du am Heiligen Abend bei mir gegessen hast und Messer und Gabel liegen ließest.« – »Was?« ruft er aus, »bist du's, die mich damals so geplagt hat?« Nimmt das Messer und sticht es ihr durchs Herz.

Das Wasser wird Wein
Allgemeiner Volksglaube

Ein Knecht im Badischen kam spät in der Christnacht heim. Er ging um zwölf Uhr zum Brunnen, um für die Pferde Wasser zu holen. Statt Wasser floß aber Wein in den Eimer, ohne daß es der Knecht merkte. Er tränkte die Pferde damit, die davon berauscht wurden. Als der Knecht am andern Morgen in den Stall kam, sah er an dem Rest, den die Pferde im Trog übrig gelassen, womit er getränkt hatte.

In Niederösterreich herrscht der Glaube, daß alle Brunnen in der Heiligen Nacht um die zwölfte Stunde anstatt Wasser den besten Wein enthalten. Ein Knecht, der davon gehört hatte, wollte sich einen guten Tag machen und ging daher um die zwölfte Stunde zum Brunnen und fing an zu schöpfen. Da erhielt er von unsichtbarer Hand eine so derbe Maulschelle, daß ihm Hören und Sehen verging.

Auch in Deutschböhmen glaubt man, daß sich in der Christnacht Wasser in Wein verwandle. Die haben's erfahren, welche absichtslos dazu gekommen sind. Ein Mädchen aber, das in dieser Absicht um zwölf Uhr an das Wasser ging und, nachdem sie gekostet, ausrief: »Jetzt ist das Wasser Wein«, vernahm eine Stimme aus dem Wasser: »Und dein Kopf ist mein«. Nie hat man das Mädchen wiedergesehen.

Der Elch
Ein schwedisches Wunder

Mein Großvater hat mir diese Geschichte erzählt: Vor langer, langer Zeit lebte einmal ein Arzt im Norden unseres Landes. Er wohnte in einem kleinen Dorf und betreute die Leute eines größeren Landstriches. Überall war er sehr beliebt, denn er war unermüdlich und immer freundlich und verstand sich vor allem mit den Kindern sehr. Am Rande seines Dorfes ließ er sich ein schönes Haus bauen, und dort lebte er zusammen mit einer alten Haushälterin und einem Kutscher, denn er war unvermählt.

Da es weit und breit keinen andern Doktor gab, hatte er viel, viel Arbeit, und so fuhr er sommers mit der Kutsche und winters mit dem Schlitten landauf, landab, um seine Kranken zu besuchen. Er war ein kluger Herr, und da es in jener Gegend keine Apotheke gab, machte er gleichzeitig auch den Apotheker.

Nun gab es damals einen sehr strengen Winter. Die große Kälte ließ schon frühzeitig die Flüsse einfrieren, und es warf eine Menge Schnee herab, so daß die Straßen vor allem in den Bergen meterhoch verweht waren. So konnte der Doktor nur mehr seine Kranken im Tiefland versorgen, denn die Berge und Wälder waren ungangbar geworden, und wenn er sich aus dem Dorf herauswagte, mußten er und der Kutscher Flinten mitnehmen, denn Kälte und Hunger hatten die Wölfe und Bären aus ihren Verstecken getrieben, so daß sie die Gehöfte umkreisten. Anfangs kam hin und wieder auch noch ein Reiter aus dem Wald, aber dann kamen sie nicht mehr durch, und auch der Arzt mußte die größeren Fahrten einstellen.

Jenseits der Berge aber lag eine kleine Siedlung, und dort war ein kleines Mädchen krank geworden. Die Mutter versuchte erst alles, was man an Hausmitteln geben kann, aber als das alles nichts half und das Fieber des Kindes stieg, sagte sie zu ihrem Mann: »Du mußt um den Arzt reiten, sonst stirbt unser Kind, denn ich habe alle Arzeneien vergeblich versucht. Das Mädchen ist schon ganz schwach geworden und es fiebert schon seit Tagen.« – »Frau«, entgegnete der Mann, »das ist unmöglich. Du weißt, wie lieb ich unser Kind habe, aber die Wälder sind so verschneit, daß an ein Durchkommen gar nicht zu denken ist. Und selbst wenn ich mich zu Pferd durchschlagen könnte, wie sollte ich den Doktor mit dem Schlitten hierher bringen? Wir können nur warten und auf das Beste hoffen.« Aber die Frau gab nicht nach, sie drang und drang so lang in ihren Mann, er solle doch wenigstens versuchen, vom Arzt eine gute Medizin zu besorgen, daß er schließlich sein Pferd sattelte und seine Büchse nahm, um in das andere Dorf zu reiten. Doch war er kaum bis an den Waldrand gekommen, als sein Roß bis zum Leib im Schnee versank und ihn ein Rudel Wölfe umkreiste. Als er sich umwandte, stürzte gar noch sein Pferd, und nur mit Not und unter Schüssen konnte er sich wieder zu seinem Hause durchschlagen, denn die Raubtiere verfolgten ihn fast bis zur Schwelle seines Hofes.

Entmutigt und sein blutendes Pferd in den Stall führend, kam er daheim wieder an. »Frau«, sagte er, »es geht nicht, ich bin nicht einmal in den Wald hineingekommen; von Durchkommen ist gar keine Rede, und zudem wird es bald finster.« Da weinte die Frau und ging in die Stube, wo das fiebernde Töchterchen lag. »Mutter, warum weinst du denn?« fragte das Kind. »Ach, gerade ist Vater zurückgekommen«, antwortete die Frau, »denn er wollte für dich Medizin holen beim Doktor, aber es geht nicht, weil so viel Schnee liegt.« – »Mutter, weine nicht! Wenn du meinst, daß wir den Doktor brauchen, so will ich es dem Christkind sagen, das doch heute abend kommen muß. Du hast ja selbst heute morgen gesagt: Am Abend kommt das Christkind.« – »Aber Kind, das ist nur so ein

alter Brauch, und es ist nur mehr eine Erinnerung daran, daß Christus als Kind in diese Welt gekommen ist.« – »Nein«, sagte das Mädchen, »ich bin sicher, wenn ich darum bete, dann wird das Christkind auch selber kommen.«

Da ging die Mutter hinaus und sagte zu ihrem Mann: »Das Kind spricht schon wieder im Fieber.« Und dann machte sie sich daran, das Weihnachtsmahl zu richten, und dachte dabei: Das wird das letzte Weihnachtsessen für unser Töchterchen sein. Als sie aber zwischendurch einmal nach dem Mädchen sah, lag das mit roten Bäckchen und winkte der Mutter. »Ach«, sagte es, »eben war das Christkind da. Es sieht aus wie ein kleiner Junge. Ich habe ihm gleich gesagt, ob es nicht den Doktor schicken kann, und es hat mir versprochen, daß es ihn gleich holen wird.« Da rief die Mutter den Vater herein, und das Mädchen mußte die Geschichte noch einmal erzählen: »Das Christkind war da; es sieht aus wie ein kleiner Junge, und es hat mir versprochen, daß es den Doktor holen wird.« – ›Das Fieber wird weiter gestiegen sein‹, dachte der Vater, ›denn das Kind phantasiert bereits.‹ Die Mutter aber begann in ihrer Not etwas Hoffnung zu schöpfen.

Nun war der Abend angebrochen, und in dem Dorf, wo der Arzt wohnte, hatten sich in den Häusern die Familien versammelt; nur der Arzt war ganz allein, denn die Haushälterin und der Kutscher waren auch zu ihren Verwandten gegangen. Er war gerade dabei, Arzeneien zu bereiten und eine Salbe zu reiben, als es an die Türe klopfte. »Herein!« rief er, und da trat ein kleiner Junge ein, der die Mütze abnahm und freundlich grüßte. Sein Mäntelchen war ganz voll Schnee und die Bäckchen rot vor Frost. »Ja, wer bist denn du, Kleiner?« fragte der Arzt. »Dich habe ich noch nie gesehen und ich kenne doch sonst alle Kinder der Gegend.« – »Ich bin nur zu Weihnachten hier, und man schickt mich von drüben aus dem Dorf, weil man da Eure Hilfe braucht.« – »Du willst mich wohl zum besten halten, kleiner Schelm?« entgegnete der Arzt, »meinst du, ich wüßte nicht, wieviel Schnee draußen liegt und daß man nicht durch den Wald kommen kann? Und glaubst du, ich könnte für wahr halten, daß man einen so kleinen Jungen ausschickt? Die Bären und Wölfe würden dich sofort zerreißen, wenn du in den Wald kämst.« – »Nein«, sagte der Junge, »es ist mein voller Ernst. Ich habe drüben eine kranke Schwester, und die braucht Eure Hilfe. Ihr sagt ja selbst, daß Ihr mich nicht kennt. Und wenn Ihr nicht kommt, müßte das Mädchen sterben.« – »Mein lieber Junge, selbst wenn du recht hättest, könnte ich dir nicht helfen, denn mein Kutscher ist bei seiner Familie und ich würde ihn um keinen Preis bewegen können, mich mitten in der Nacht durch den Wald zu fahren.« – »Das ist auch gar nicht nötig, denn ich habe selbst einen Schlitten dabei und werde Euch kutschieren. Und Ihr werdet auch wieder richtig zurückgebracht, habt keine Sorge!« – »Ja, aber«, rief der Arzt ganz verzweifelt, »die wilden Tiere würden über uns herfallen und nur die Stiefel und Knöpfe von uns übrig lassen. Was dir einmal gelungen ist – und ich weiß, daß Gott die Kinder besonders beschützt –, würde kein zweites Mal gelingen.« – »Aber wißt Ihr denn nicht, daß wir Christnacht haben und daß da die wilden Tiere niemand etwas zuleide tun?« – »Du bist ja ein lieber Junge, und ich würde dir auch gern helfen«, sagte der Arzt, »aber was du da sprichst, ist doch nur eine fromme Legende, die sich die Leute erzählen. Die Tiere wissen nicht, was im Kalender steht. So gern ich deiner Schwester helfen würde, es geht nicht, und ich darf auch dich selbst nicht der Gefahr aussetzen, jetzt heimzufahren.« Da sah ihn der Junge lang und ernst an, dann fragte er: »Habt Ihr Angst?« – »Ja.« – »Und habt Ihr kein Vertrauen auf Gott?« Da antwortete der Arzt: »Du hast recht! Es soll so geschehen, wie Gott will, und wenn du Vertrauen hast, so will ich mich von dir nicht beschämen lassen. Warte nur einen Augenblick: ich will meine Tasche und meine Flinte holen, und dann wollen wir uns auf den Weg machen. Hoffentlich hast du ein starkes Pferd.« – »O, Ihr werdet es gleich sehen. Und was die Flinte betrifft, so laßt sie ruhig daheim, denn wir werden sie nicht brauchen.«

Der Arzt aber dachte, Besser ist besser, suchte seine Sachen zusammen und steckte sie nebst Medizinen in seine Tasche, zog seinen Mantel an und hängte die Doppelflinte um. Dann sagte er zu dem Knaben: »Wir können gehen!« Sie gingen also aus dem Haus hinaus, und richtig: da stand ein Schlitten mit einer Laterne daran. Aber als der Arzt das Zugtier sah, da mußte er sich doch die Augen ausreiben, denn da stand ein großer, großer Elch. »Ich muß schon sagen: ihr habt aber da drüben seltsame Pferde.« – »Die besten, die man sich bei diesem Wetter wünschen kann«, erwiderte das Kind. Dann half es dem Arzt in den Schlitten und deckte ihn sorgsam mit einer warmen Decke zu, setzte sich auf den Kutschbock und pfiff dem Elch. Der setzte sich sogleich mit Riesenschritten in Bewegung und zog den Schlitten wie eine Feder hinter sich her. Schnell war man aus dem Dorf hinaus, und als der Mann die Lichter der Wölfe aufleuchten sah, griff er nach seinem Gewehr. Im gleichen Augenblick aber drehte sich der Knabe um und sagte: »Laßt nur Euer Schießeisen. Ihr versteht nicht, mit Tieren umzugehen.« Da fügte sich der Mann in alles und dachte: Der kann mehr als du selber. Der Knabe aber rief den Wölfen etwas zu, und wirklich taten die großen Tiere niemand etwas zuleide. Im Gegenteil: sie liefen vor dem Schlitten her, um den Schnee festzutrampeln, und andere liefen hinterdrein. Der Elch aber kümmerte sich gar nicht um sie.

Im Wald konnte zwar auch der Elch nicht mehr so schnell laufen, aber der Schlitten blieb nie stecken und so war man noch lange vor Mitternacht in der kleinen Siedlung. »Hier«, sagte der Knabe, »ist das Haus. Geht nur einstweilen zu meiner kranken Schwester hinein!« Und damit half er dem Arzt aus dem Schlitten heraus. Der nahm seine Tasche, klopfte an die Türe und trat ein. Da schauten aber der Bauer und seine Frau, als sie den Doktor hereinkommen sahen! »Ja wie kommt denn Ihr zu uns? Wißt Ihr denn, daß unser Töchterchen krank ist?« rief der Bauer erstaunt. »Ei freilich, Ihr habt ja Euern Jungen um mich geschickt«, entgegnete der Arzt, »und ich muß schon sagen: Ihr habt einen recht tüchtigen Sohn und Ihr müßt viel Gottvertrauen haben, daß Ihr das Kind so allein durch den Wald fahren laßt.« – »Wie? Was? Verzeiht, das muß ein Irrtum sein«, sagte der Bauer, »denn ich habe gar keinen Sohn; das kranke Mädchen ist unser einziges Kind.« – »Nun, so ein Schlingel! Und zu mir sagt der Junge, er komme um seine kranke Schwester. Nun sagt mir nur noch: Wie habt Ihr den großen Elch dressieren können, daß er den Schlitten zieht?« Da wurde der Bauer ganz verwirrt: »Was für ein Elch?« Und der Arzt nahm ihn bei der Hand und führte ihn vors Haus. Da stand der Schlitten mit dem großen und ungewöhnlichen Zugtier, aber von dem Knaben war nichts zu sehen. »Dieses seltsame Rentier«, sagte der Bauer, »gehört weder mir noch sonst jemandem in unserm Dorf. Ihr wollt mir wohl einen Bären aufbinden?« – »Nun, darüber später mehr! Führt mich erst zu der Kranken!« Und damit gingen sie wieder ins Haus und in die Stube des Mädchens. Das saß im Bett und sagte: »Mama, gerade war wieder das Christkind da und es hat gesagt, daß der Doktor schon da ist und daß ich bald wieder ganz gesund sein werde. Und dem Herrn Doktor soll ich sagen, daß der Christusknabe leider keine Zeit mehr hat, ihn heimzubringen, aber daß der Elch den Weg auch allein findet, und der Herr Doktor soll sich nicht fürchten.« Da schauten Vater, Mutter und der Arzt sich an, und der letztere sagte: »Das ist eine seltsame Geschichte.« Und der Vater: »Ja, das macht das Fieber.« – »Nein«, sagte der Arzt, »hier spielt etwas ganz anderes herein.« Und zum Mädchen: »Nun, sei unbesorgt! Wenn du solchen Besuch hattest, wirst du auch sicher gesund werden.« Und er gab ihm eine Medizin, und dann setzte er sich mit den Eltern zu Tisch.

Als er am nächsten Morgen nach dem Mädchen sah, hatte es kein Fieber mehr, und der Arzt konnte wieder an seine Heimreise denken. Neugierig bin ich ja, dachte er bei sich, wie es diesmal geht!

Die Sonne war kaum aufgegangen, doch war es schon spät am Tage, als er mit dem Bauern vors Gehöft trat. »So wahr ich lebe, ein Elch!« rief der Bauer aus, »gestern glaubte ich, es wäre ein gewöhnliches Rentier.« Und damit nahmen sie Abschied. Kaum saß der Doktor im Schlitten, da zog der Elch an und schlug den Weg zum Walde ein. Dem Arzt war so allein nicht recht wohl, und er hätte viel drum gegeben, wenn der Knabe vom Vorabend dabeigewesen wäre.

Am Waldrand kauerte wieder ein Rudel Wölfe und er wollte eben zu seiner Flinte greifen, da wandte der Elch den Kopf und sprach: »Laß das nur! Sie werden uns nichts tun.« Und als der Schlitten bei den Wölfen angekommen war, sagte der Leitwolf: »Das ist der Mann, den heute nacht der himmlische Knabe herübergebracht hat und den wir nach Hause geleiten sollen.« Und damit setzte sich das Rudel in Bewegung und lief wieder teils voraus, teils hinterdrein. Zunächst ging alles gut, aber an einem steilen Hang kippte der Schlitten um und der Arzt fiel heraus. Alsbald kam ein Bär herzugelaufen, hob ihn mit seinen Pfoten vorsichtig auf und trug ihn in den Schlitten, den die Wölfe wieder aufgestellt hatten, zurück. »Hast du dir weh getan?« fragte er noch. »Nein, danke, gar nicht«, antwortete der Arzt, der sich nunmehr über nichts mehr wunderte.

So fuhr man bis zum andern Waldrand, da nahmen die

wilden Tiere Abschied, der Elch aber fuhr den Doktor bis zu seinem Hause. Und seitdem, so sagen die Leute, war unser Doktor ein wenig wunderlich. Man wollte gar gesehen haben, wie er im Walde mit wilden Tieren, Bären und Wölfen gesprochen habe, und daß diese ihm nichts zuleide täten, so daß er auch im Winter ohne Gefahr überall die Kranken besuchen könne.

Tiere reden in der Christnacht
Allgemeiner Volksglaube

In Ober- und Niederösterreich und dem angrenzenden Ungarn glaubt man, daß um zwölf Uhr in der Christnacht alle Tiere reden können. Die Tiere stecken die Köpfe zusammen und teilen einander mit, was sie während des ganzen Jahres erduldet haben und was sie im künftigen Jahr erwarten. Viele Bauern wagen es nicht, in dieser Nacht die Tiere zu benutzen. Das Reden, meinen sie, sei die einzige Freude, die ihnen Gott gewährt habe; das Reden müsse sie entschädigen für die Last des ganzen Jahres. Oft horcht man an der verschlossenen Stalltür, ob man nicht etwas von dem Tiergespräch erlauschen könne.

Auch im Allgäu war es früher gemeiner Glaube, daß in der heiligen Christnacht um zwölf Uhr die Kühe und Pferde im Stall zu reden anfangen. Ein zweifelsüchtiger Bauer wollte sich doch einmal davon überzeugen und versteckte sich im Stall unter einem Barren. Als nun die Stunde schlug, da das Christkindlein geboren ward, fingen richtig des Bauern Ochsen an zu reden, und der eine sprach zum andern:

»Du Hoan (Horn),
Was tun mer moan (morgen)?«

»Den Bauern auf den Kirchhof fahren!« antwortete der andere. Über diese Rede zu Tode erschreckt, hatte der Mann genug gehört und verließ den Stall, verfiel darauf in ein hitziges Fieber und starb. Die beiden Ochsen aber haben ihn richtig hernach auf den Friedhof gezogen.

Was sich die Wildschweine erzählen
Eine slowenische Sage

Ein Wildhüter ging einmal in der Heiligen Nacht durch den Wald. Um solche Zeit soll man nicht nachts den Wald durchstreifen, aber der Hüter war noch jung und hatte auf das Datum nicht geachtet. Gegen den Wind näherte er sich einer Gruppe von Sauen, und da hörte er eine Stimme sagen: »Was wird uns wohl das nächste Jahr bringen?« Und eine andere Stimme sagte: »Es wird sein wie immer, man wird auf uns eine Jagd machen und einige von uns werden ins Gras beißen müssen.«

Da hörte der Wildhüter eine rauhe Stimme und erkannte einen alten Eber, der sagte: »Nein, es wird diesmal anders werden. Freilich werde auch ich sterben müssen, aber ich werde den Jagdherrn mit in den Tod nehmen.«

Der Wildhüter schlich sich leise zurück in seine Hütte. Und einige Zeit darauf erzählt er dem Jagdpatron, was er in der Weihnacht gehört hatte. Doch der lachte ihn aus und glaubte ihm nicht.

Nun gut, nach einiger Zeit gab es eine große Jagd auf die Wildschweine und der Jagdherr ist auch mit dabei.

Und er erkennt, daß da ein alter und besonders guter Keiler dabei ist. Er legt auf ihn an und schießt ihn nieder. Wie der Keiler tot da liegt, sagt der Jagdherr zum Wildhüter: »Nun, lebe ich noch oder bin ich tot? Und schau, was ich jetzt mache!« Und er steigt mit den Füßen hinauf und tut so, als wolle er auf dem Eber tanzen. Da rutscht er aus und fällt gerade mit der linken Seite so unglücklich auf den Eber, daß die Spitze des Hauers ihm ins Herz dringt. Und er stirbt auf dem Eber, und niemand kann ihm mehr helfen.

Christlicher Veitstanz
Ein sächsisches Mirakel

In Deutschland pflegte ehemals der Pöbel die Christnacht mit allerhand unzüchtigen Tänzen auf den Kirchhöfen zu entehren. Davon erzählt Trithemius folgendes Märchen:

Als im Jahre 1012 in der Kirche des heiligen Märtyrers Magnus in Sachsen* ein Priester Rupertus in der Christnacht die erste Messe begonnen, hat ein gewisser Laie Otbertus mit fünfzehn Männern und drei Weibern auf dem anliegenden Kirchhof einen Tanz angefangen und weltliche Lieder mit seiner Bande gesungen, wodurch der Messe lesende Priester so gestört wurde, daß er aus aller Fassung kam. Er ließ also durch den Küster den Tanzenden Stillschweigen und Ruhe gebieten; da aber diese immerfort tanzten und sangen, wurde er so aufgebracht, daß er auf dem Altar ausrief: »Gott gebe, daß ihr ein ganzes Jahr so tanzen müßt!« Diesem Wunsch oder Fluch folgte die Wirkung bald nach; denn sie tanzten ein ganzes Jahr, Tag und Nacht, ohne alles Aufhören, sie aßen, tranken und schliefen nicht, kein Regen fiel auf sie,

* Der Magier Trithemius (d. i. Johannes Heidenberg, 1462–1516) überliefert nicht den genauen Ort. Otmar dagegen (›Volcks-Sagen‹, 1800) macht die Klosterkirche zu Kölbigk bei Bernau/Saale dingfest und beruft sich auf eine Inschrift dort, die er in vollem Wortlaut wiedergibt.

weder Kälte noch Wärme empfanden sie und wurden auch nicht müde. Fragte sie jemand, so gaben sie keine Antwort; ihre Kleider und Schuhe blieben ganz, ohne abgenutzt zu werden. Sie traten die Erde so ein, daß sie bis an die Knie, ja endlich bis an die Hüften darin standen. Als der Sohn des Priesters seine Schwester, die sich unter den Tanzenden befand, beim Arm ergriff und sie mit Gewalt den Tanzenden entziehen wollte, riß er ihr den Arm vom Leib, sie aber, als wäre ihr nichts widerfahren, zeigte keinen Schmerz, gab keinen Laut von sich, es kam auch kein Tropfen Bluts heraus, vielmehr setzte sie den Tanz mit den andern rastlos fort. Nachdem sie nun ein ganzes Jahr das so getrieben, kam endlich der heilige Heribert, Erzbischof zu Köln, auf den Kirchhof, sprach die Tanzenden von dem Fluch los und führte sie in die Kirche. Die Frauenspersonen starben bald, ebenso einige der Männer, die nach ihrem Tode Wunder verrichteten, weil sie lange gebüßt hatten. Die übrigen aber, welche länger lebten, behielten zeitlebens ein Zittern an ihren Gliedern.

Von diesem Priester Rupert soll der Name des Knechts Ruprecht entstanden sein, der mit dem Christkind an Weihnachten herumzieht und den Zorn des heiligen Christs zu vollziehen bemüht ist.

SIEBTES KAPITEL

EINE KOMPANIE WEIHNACHTSFRATZEN

»So haben die lieben frommen Alten auf alle Umstände dieses Tages und der folgenden Zeit gut achtgegeben, in dem Glauben, daß Gott den Leuten mit Christus, seinem Sohn, zusammen viele andere Dinge mitgeschenkt und mitgegeben habe.«

Johannes Praetorius in der Vorrede zu ›Saturnalia: Das ist Eine Compagnie Weihnachts-Fratzen, Oder Centner-Lügen, und possierliche Positiones‹ (1663)

Man sagt, dass in der Christnacht etliche Baumarten blühen sollen, Äpfel tragen und wieder abwerfen

Eine erste Weihnachtsfratze

Abraham Sauer zeigt uns in den *Schauplätzen der Städte* einen Baum, nicht weit von dem Dorfe Drebern am Rhein, einen Apfelbaum nämlich, der jede Christnacht Äpfel trägt. Und er führt zum Beweis die ganze Gemeinde besagten Dorfes auf samt der Nachbarschaft. Gedachte Äpfel werden dem Herrn Landgrafen gebracht, und er pflegt sie seinen vornehmsten Gästen zu zeigen. Man sagt, soll ein gutes Jahr kommen, dann wachsen sie so groß wie eine Bohne und behalten ihre gewöhnliche Gestalt, sowohl an der Blume als am Stiel und an allem, was dazugehört. Sonst jedoch (das heißt, wenn weniger gute Jahre bevorstehen) sind sie nicht größer als eine Erbse.

An heiligen Weihnachten werden etliche Leute zu Werwölfen

Eine weitere Weihnachtsfratze

Man erzählt als wahr und gewiß, daß in Lappland und den benachbarten Grenzen etliche Menschen sich selber in Wölfe verwandeln, und zwar zu einer bestimmten Zeit des Jahres, nämlich in den auf Christmeß folgenden zwölf Tagen. Sie laufen alsdann im Lande umher, wüten grausam, fallen Menschen und Vieh an, fügen an Leib und Leben Schaden zu.

Hernach aber werden sie wieder zu Menschen und bekommen ihre vorige Gestalt wieder. So ihnen während der Verwandlung irgendwo eine Wunde in den Leib geschlagen wird, behalten sie diese.

Die Weihnachten sind nichts nütze, weshalb man sie wohl abschaffen sollte

Eine nicht näher begründete Weihnachtsfratze

Zum Heiligen Christ werden den Kindern Büchlein beschert, dass sie damit spielen oder sie zerreissen mögen

Eine prophetische Weihnachtsfratze

Auf Weihnachten muss man wacker gesteifte Krausen und geglättete Halstücher tragen

Eine unzeitgemäße Weihnachtsfratze

Aber höre darüber, was der Pastor Grundmann in seiner *Geist- und Weltlichen Geschicht-Schule* sagt: Als in einem Zimmer große Halskragen und Krausen, die nach dem Brauch der Zeit wohlgestärkt, sorgsam in Falten gelegt und fertig zum Anlegen vorbereitet waren, sieht eine Person, die drinnen ihr Lager hatte, ein kleines Kind daherkommen, welches diese Hoffart munter mit Füßen trat.

Eine Wäscherin, die dergleichen abscheuliche Halsgekröse ebenfalls zuzubereiten pflegte, saß über solcher Arbeit am Heiligen Christabend ziemlich spät in der Nacht: Zu der kömmt ins Gemach etwas, das sie vermeint ein Bekanntes zu sein, welches dergleichen Dinge abholen wollte. Als sie sich umwendet, wird sie eines Mannes gewahr, der abscheuliche Klauen anstatt der Hände hatte. Darüber heftig erschrocken, hat sie die Arbeit von sich getan und Gott um Hülf und Beistand angerufen, worauf der Geist verschwunden und einen häßlichen Gestank hinterlassen, der die ganzen Feiertage über mit keinem Rauchwerk zu vertreiben war.

In der Christnacht kann der Liebste seine Liebste beschwören, dass sie sich präsentieren muss

Eine wünschbare Weihnachtsfratze

Es soll dieses in Saalfeld in Thüringen geschehen sein, daß eine Schösserin (Steuereinnehmerin) ihren Schreiber lieb gewonnen. Deshalb hat sie ihn auch in der Christnacht zu sehen begehrt, hat also ein frisches Brot vorher backen lassen und es mitten in der Christnacht genommen und zwei Messer kreuzweise hineingesteckt und nebenbei noch einige Wörter gemurmelt. Darauf soll der Schreiber nackig zur Stube hineingesprungen sein und sich bei ihr am Tisch niedergesetzt, auch sie scharf angesehen haben. Darauf ist sie aufgestanden und davongesprungen. Er aber hat die beiden Messer aus dem Brot herausgezogen und sie hinter ihr her geworfen, daß sie davon möchte sehr verletzt worden sein. Die Muhme, die in der Stube bei solch teuflischem Vorhaben dabeigewesen, sei darüber so erschrocken, daß sie etliche Wochen krank darniederlag. Der Schreiber aber soll anderntags zu den Hausleuten gesagt haben, er möchte gern wissen, was für eine Frau ihn in verwichener Nacht so geängstigt habe; er sei so abgemattet, daß er es kaum sagen könne. Er hätte mit fortkommen sollen und sich nicht genug wehren können. Er hätte beten und bitten mögen, was er gewollt, so wäre er getrieben worden.

Weiter wird auch berichtet, dass die Frau Holla an Weihnachten anfängt herumzuziehen

Eine lehrreiche Weihnachtsfratze

Ihretwegen legen die Mägde ihren Spinnrocken aufs neue an, winden viel Werk oder Flachs herum und lassen ihn die Nacht über stehen. Soll nun die Frau Holla das sehen, so soll sie sprechen: »So manches Haar, so manches gute Jahr.«

Daher reißen an diesem Feierabend die Mägde alles von ihren Rocken herunter, was sie nicht abgesponnen haben, damit nichts dran bleibe und ihnen ein böses Omen geben könne. So befleißigen sich die meisten, alles angelegte Werk und Pensum im Abspinnen vorher herunterzubringen.

Der Treue Eckart macht auf Weihnachten immervolle Kannen

Eine hochberühmte Weihnachtsfratze

Zu Schwarza, welches ein Dorf ist in Thüringen, soll es geschehen sein, daß auf Weihnachten die Frau Holla vorüberzog, und vorne in der Truppe ist der Treue Eckart gewesen und hat die Leute, die ihm begegnet, gewarnt, daß sie aus dem Weg treten möchten, damit ihnen kein Leid widerfahre. Bei diesem Zug nun sollen ein paar Knaben aus dem Dorf zugesehen haben; sie hatten aus der Schenke Bier geholt und es eben nach Hause tragen wollen. Weil aber die Gespenster in vollem Marg gewesen (die volle Straßenseite einnahmen), so waren sie mit ihren Kannen ein wenig abseits gewichen in eine Ecke. Da sollen die unterschiedlichsten Weiber aus der Rotte ihre Kannen genommen und daraus getrunken haben. Dazu haben jedoch die Knaben aus Furcht stille geschwiegen, doch wußten sie nicht, was man ihnen zu Hause antäte, wenn sie mit leeren Krügen kommen würden.

Der Treue Eckart soll endlich zu ihnen gesprochen haben: »Das hat euch Gott geheißen, daß ihr nichts geredet habt; sonst wären euch eure Hälse umgedreht worden. Geht nun flugs nach Hause und sagt keinem Menschen etwas von der Geschichte, so werden eure Kannen immer voll sein; nie wird es euch an Bier fehlen.«

Diese Mahnung haben die Knaben drei Tage lang beherzigt; es war ihnen so ergangen wie jener Witwe in der Bibel mit ihrem Ölkrug. Aber schließlich haben sie es nicht länger verbergen können und haben aus Vorwitz ihren Eltern die Sache erzählt. Da war es aus mit dem Horn des Überflusses, und der Brunnenquell ist versiegt.

Andere sagen, es sei dies nicht eben an Weihnachten geschehen, sondern zu einer anderen Zeit.

In den Weihnachten kann man Träume von seinem Liebsten bekommen

Eine recht ungewisse Weihnachtsfratze

Hört, wie es die närrischen Leute treiben und ins Werk setzen: Etliche kaufen früh des Tags vor dem Heiligen Abend um einen Pfennig Semmeln, und zwar das letzte Stößchen, das auf einem Ende zu ist. Weiter schneiden sie ein bißchen Rinde unten ab, binden es unter ihren rechten Arm und gehen fleißig den ganzen Tag damit herum. Wenn sie dann in der Christnacht schlafen gehen, legen sie es unter den Kopf und sprechen dabei:

»Jetzt hab ich mich hingelegt und Brot bei mir,
wenn doch nur mein Feinslieb käme und äße mit mir!«

Über solchen Worten soll es geschehen, daß zur Mitternacht von der Semmelrinde etwas abgenagt wird, und daraus kann man frühmorgens ersehen, daß er oder sie im folgenden Jahr heiraten werde. Ist aber die Rinde unversehrt gelassen, so gibt es schlechte Hoffnung darauf.

So soll es sich begeben haben, daß da ihrer zwei beieinander in einem Bett schliefen; die eine, die ein solches Brot unter sich liegen gehabt, hat ein greuliches Wesen gehört und vernahm es mit Schrecken. Die andere Person, die ebenfalls das Brot unter sich gehabt, war in ihrem festen Schlaf nichts davon gewahr worden, worauf die andere jene Träumerin gerüttelt und geschüttelt hat, bis sie erwachte. Als sie das Brot in der Früh besichtigten, da soll ein Kreuz hineingefressen gewesen sein.

So ist es einer Weibsperson allhier in Leipzig etwa im Jahr 1657 widerfahren, die bald darauf einen Soldaten bekommen hat. Sie soll aber damals in der Nacht, als der Teufel sein Spiel mit ihr trieb, aus Angst das Brot unterm Kopf weggerissen und weit von sich geworfen haben.

Die Abergläubischen können ihren Lebensort oder -sitz in den Weihnachten erfahren

Eine überaus verläßliche Weihnachtsfratze

Etliche nehmen einen Erbschlüssel und einen Knäuel Zwirn, binden den Zwirn fest an den Schlüssel und bewinden das Knäuel, damit es nicht weiter ablaufe, als sie es vorher haben ablaufen lassen. Sie lassen es aber bei einer Elle oder sechsen los; dann stecken sie dies Gebäumel zum Fenster hinaus und bewegen es von einer Seite zur anderen an den äußerlichen Wänden und sprechen dabei: »Horch! Horch!« So sollen sie von eben der Seite und Stelle oder dem Orte her eine Stimme vernehmen, wohin sie zu freien und zu wohnen kommen werden.

Dieses sagte mir eine alte Soldatenfrau, welche es selber in der vorwitzigen Jugend praktiziert hat. Da sie eine greuliche Stimme und einen Knall vernommen habe, als ob eine Kartause oder Stücke (schwerkalibrige Geschütze) losgingen, hat dies für sie Kriegswesen bedeutet, unter das sie geraten sollte – so habe sie es ausgelegt. Sie sei darüber aber so erschrocken gewesen, daß sie damals das Knäuel mitsamt dem Schlüssel habe fallen lassen, sich ins Bett verkrochen und die verlorenen Sachen erst am folgenden Morgen wieder gesucht habe.

Ein Bauer muss an Weihnachten der Frau Holla ihren Wagen verkeilen

Eine märchenhafte Weihnachtsfratze

Frau Holla soll einmal wie sonst umhergezogen sein, als ihr ein Bauer mit der Axt begegnete. Sie redete ihn an, er solle ihr den Wagen verkeilen oder verschlagen, was er denn auch tat. Nachdem die Sache verrichtet, hat die Frau Holla dem Arbeiter und Nachtlöhner befohlen, die Späne aufzuraffen und als Trinkgeld mitzunehmen. Das ist ihm aber vergeblich oder unnütz vorgekommen; deshalb ließ er die Späne meistenteils liegen und hat nur ein Stück oder deren drei für die Langeweile mit sich genommen. Die aber sollen, sowie er nach Hause geraten,

zu Dukaten geworden sein. Da hat er den Verlust oder das Verscherzen der übrigen Späne bedauert. Und obwohl er umgekehrt ist, sie zu suchen, so war es doch zu spät und nichts mehr vorhanden.

Der Teufel feiert an Weihnachten

Eine gelehrte Weihnachtsfratze

Der Teufel feiert an Weihnachten, so meint der gemeine Mann, aber das ist so falsch wie nur ein Ding sein kann.

Ein alter Pfarrer bei Saalfeld, der nunmehr im Herrn ruht, hat sich für gewöhnlich nicht gefürchtet, obgleich er in seiner Studierstube bis mitten in der Nacht allein zu sitzen gewohnt war. Aber dennoch hat er niemals auf Weihnachten dem trauen wollen, weil da das Gespenst besonders geschäftig wäre und nicht Feierabend hielte. Nach seinem Urteil käme das vor allem daher, daß Herodes vormals um diese Zeit durch seine wütende Rotte, sein umherstreifendes Kriegsheer, die unschuldigen Kinder hatte töten lassen.

Vielleicht rührt daher noch des Treuen Eckart *exercitus monstrosus lemurum* (gewaltige Geisterbeschwörung).

Man kann sein Glück an Weihnachten prüfen

Eine komplizierte Weihnachtsfratze

Abergläubische Bälge (Mägde) nehmen ein Gefäß mit Wasser und messen dies mit einem gewissen kleinen Maß in ein anderes Gefäß, und das mitten in der Christnacht. Sie tun dieses vermessene Messen mehrmals hintereinander und sehen dabei zu, ob sie nach den wiederholten Messungen mehr Wasser antreffen als zuerst. Daraus schließen sie, daß sie das folgende Jahr über an Hab und Gütern zunehmen werden. Befinden sie einerlei Maß, so glauben sie, daß ihr Schicksal stillstehe und sie weder Glück noch Unglück haben werden. Befindet sich aber bei den letzten Überprüfungen weniger Wasser in den Gefäßen, so schließen sie daraus, daß ihr gutes Wohlergehen und Gedeihen zurückgehe.

Dies hörte ich von einer alten Saalfelder Frau, der das mittelste einmal zu Händen gekommen.

Gottlose Leute erkundigen ihre künftigen Liebhaber so

Eine nicht ungefährliche Weihnachtsfratze

Sie schneiden neunerlei Holz an dem Tag, der dem Weihnachtsabend voraufgeht. Davon machen sie in der Mitternacht ein Feuer in einem Gemach oder einer Stube, doch sind sie dabei ganz nackigt. Ihre Hemden werfen sie zuvor hinaus vor die Tür und sprechen dann, bei dem Feuer sitzend:

»Hier sitze ich splitternackt und bloß;
käme doch mein Liebster und würfe mir mein
Hemd in den Schoß.«

Solches sollen zu Coburg etliche Mägdlein getrieben haben. Eine von ihnen hat ihr Hemd einzeln und extra zur Stubentür hinausgeworfen gehabt, und es ist ihr hernach richtig wieder hineingeworfen worden. Da hat sie denn auch das Gesicht sich gemerkt, welches hernach mit dem übereinstimmte, den sie zum Freier bekam.

Die anderen Struntzen (Mädchen) jedoch hatten all ihre Hemden zu einem Klump zusammengewickelt gehabt und so zur Tür hinausgeworfen. Deshalb hatten sich die Geister darin gleichsam nicht finden können und haben einen großen Tumult und wüstes Gepolter angefangen, dermaßen heftig, daß den Mägdlein drinnen gegrauset, sie flugs ihr Feuer ausgegossen und sich zu Bett verkrochen haben, bis in die Früh. Da lagen ihre Hemden vor der Tür, in etliche tausend kleine Stücke zerrissen.

Man kann in den Weihnachten erfahren, ob man bald heiraten wird

Eine triebhafte Weihnachtsfratze

Hierher gehört folgende abergläubische Fratze: Man nehme vier Zwiebeln und stelle sie in die vier Winkel der Stube, eine hierhin, die andere dahin, und benenne bei einer jeden den Namen einer Person, auf die man Hoffnung habe – und so der Liebhaber vier.

Darauf lasse man die Zwiebeln stehen bis auf Heilige Drei Könige. Ist keine ausgeschlagen, so wird mit der Heirat oder mit den gedachten Personen nichts werden. Wenn eine Zwiebel aber keimt, so wird der Name, den die Frauensleute dabei gesprochen, der des Bräutigams sein, den sie bekommen sollen.

ACHTES KAPITEL

DIE WILDE ZEIT DER ZWÖLFTEN

»I klopf, i klopf in des Haus,
Gibt ma mier a Küechle raus!
D'Küechlen tuet man bacha,
D' Pfanne hör i kracha!
Küechlen raus, Küechlen raus:
Oder i schlah a Loch ins Haus!«

Kinderruf in der Klöpflesnacht

Alte wunderliche Feste
Bericht von Sebastian Franck

Drei Donnerstage vor Weihnachten klopfen die Mägdlein und Knaben von Haus zu Haus durch die Stadt an den Türen an, die Zukunft der Geburt des Herrn verkündigend und den Einwohnern ein glückseliges Jahr wünschend. Danach empfangen sie von den Haussässigen Äpfel, Birnen, Nüsse und auch Pfennige zum Lohn.

Zu Weihnacht begehen sie die Kindheit Christi also: sie setzen eine Wiege auf den Altar, in die ein geschnitzt Kind gelegt ist, diese wiegt eine große Menge der Stadtkinder, springen und tanzen ums Kind in einem Kreis, wobei die Alten zusehen, und singen viele seltsame Liedlein von dem neugeborn Kindlein. Sie halten diese Nacht so für heilig, daß etliche beredt sind, alle Brunnen werden diesen Augenblick, wo Christus geboren sei, auf diese Nacht zu Wein und in einem Hui wieder zu Wasser. Etliche sagen, es schlagen alle Bäume diese Nacht aus.

Zur Zeit des neuen Jahres schicken sie einander Gaben, alt und jung, und mit gebotener Hand wünschen sie einander ein gutes, seliges neues Jahr.

Auch gehen in diesen Festzeiten die Knechte und ledigen Gesellen auf dem Lande herum durch die ganze Nacht vor den Häusern, auch an etlichen Orten in den Städten, und singen die Leute an mit großer Heuchelei, loben den Hausvater und sein Gesinde von Fuß auf und sammeln mit ihrem Heucheln viel Gelds. Etliche ziehen herum durch das Land mit einem Glöcklein, läuten und singen darein, an einem Gotteshause sammelnd.

An der Heiligen Drei Könige Tag bäckt ein jeder Vater einen guten Leckkuchen, danach er vermag und ein Hausgesinde hat, groß und klein, und knetet einen Pfennig hinein. Danach schneidet er den Leckkuchen in viele

Stücke und gibt jedem aus seinem Hausgesinde eins. Christus, Maria und die Heiligen Drei Könige haben auch ihre Stücke da. Wem nun das Stück wird, darin der Pfennig ist, der wird von allen als ein König erkannt und dreimal mit Jubel in die Höhe gehoben. Er nimmt allemal eine Kreide in die Hand und macht ein Kreuz an die Dielen und Balken im Haus und in den Stuben, welche Kreuze gegen viel Unglück und Gespenster helfen sollen.

Es ist kein Haus, in dem man nicht in den zwölf Nächten zwischen Weihnacht und dem heiligen Dreikönigstag Weihrauch macht gegen alle Teufelsgespenster und Zauberei.

Die zwölf Nächte
Deutscher Volksglaube

In den zwölf Nächten, welche in einzelnen Dörfern, wie in Beesen bei Halle, die krummen Tage heißen, spinnt man nicht, weil sonst Frau Holle oder Frau Harre kommt und den Rocken verunreinigt, oder weil man, wie in der Fastnacht, Zank und Ungeziefer in das Haus und Kröpel in den Stall zu spinnen meint. Auch fürchtet man, daß die Hühner das ganze Jahr keine Eier legen und das Garn, welches man spänne, doch bald verderben würde. In einigen Gegenden hütet man sich auch, in dieser Zeit Hülsenfrüchte zu essen, weil man sonst Geschwüre bekommt. Ein alter Mann aus Buttstädt in Thüringen erzählte, daß es in seiner Jugend Sitte gewesen sei, in den zwölf Nächten in den Garten zu gehen, an allen Obstbäumen zu rütteln und ihnen zuzurufen: »Bäumchen, schlaf nicht, Frau Holle kommt.«

Die wilde Berta kommt
Deutscher Volksglaube

In Schwaben, Franken und Thüringen ruft man halsstarrigen Kindern zu: »Schweig, oder die wilde Berta kommt!« Andere nennen sie Bildabertha, Hildabertha, auch wohl: die eiserne Bertha. Sie erscheint als eine wilde Frau mit zottigen Haaren und besudelt dem Mädchen, das den letzten Tag im Jahr seinen Flachs nicht abspinnt, den Rocken. Viele Leute essen diesen Tag Klöße und Hering. Sonst, behaupten sie, käme die Perchta oder Prechta, schnitte ihnen den Bauch auf, nähme das Erstgenossene heraus und tue Heckerling hinein. Dann nähe sie mit einer Pflugschar statt der Nadel und mit einer Röhmkette statt des Zwirns den Schnitt wieder zu.

Fru Gauden zieht umher
Eine deutsche Mythe

Es war einmal eine reiche vornehme Frau, die hieß ›Fru Gauden‹. So heftig liebte sie die Jagd, daß sie das sündliche Wort sprach: »Darf ich immerfort jagen, will ich nie zum Himmel ein.« Fru Gauden hatte vierundzwanzig Töchter, die gleiches Verlangen trugen. Als nun einmal Mutter und Töchter in wilder Freude durch Wälder und Felder jagten und wieder das ruchlose Wort: »Die Jagd ist besser als der Himmel« von ihren Lippen erscholl, siehe, da wandeln sich plötzlich vor den Augen der Mutter die Kleider der Töchter in Zotten, die Arme in Beine – und vierundzwanzig Hündinnen umklaffen den Jagdwagen der Mutter, vier übernehmen den Dienst der Rosse, die übrigen umkreisen den Wagen und fort geht der wilde Zug zu den Wolken hinauf, um dort zwischen Himmel und Erde, wie sie gewünscht hatten, unaufhörlich zu jagen, von einem Tag zum andern, von einem Jahr zum andern. Längst schon sind sie des wilden Treibens überdrüssig und beklagen den frevelhaften Wunsch, aber sie müssen die Folge ihrer Schuld tragen, bis die Stunde der Erlösung kommt. Kommen wird sie einmal, doch wann, weiß niemand.

In den Twölven (denn zu andrer Zeit können wir Menschenkinder sie nicht wahrnehmen) lenkt Fru Gauden ihren Jagdzug zu den Wohnungen der Leute; am liebsten fährt sie christnachts oder in der Altjahrnacht über die Dorfstraßen, und wo sie eine Haustür offen findet, da sendet sie eine Hündin hinein. Ein kleiner Hund wedelt nun am andern Morgen die Bewohner des Hauses an, er fügt niemandem ein Leid zu, außer daß er durch sein Gewinsel die nächtliche Ruhe stört. Beschwichtigen läßt er sich nicht, auch nicht verjagen. Tötet man ihn, so verwandelt er sich am Tage in einen Stein, der, weggeworfen, durch unmittelbare Gewalt ins Haus zurückkehrt und nachts wieder zum Hund wird. Dieser Hund wimmert und winselt nun das ganze Jahr hindurch, bringt Krankheit und Sterben über Menschen und Vieh und Feuersgefahr über das Haus: Erst mit Wiederkehr der Twölven kehrt des Hauses Ruhe zurück. Jeder achtet darum in den Twölven sorgsam, daß zur Abend- und Nachtzeit die große Haustür wohl verschlossen gehalten werde; wer es unvorsichtig versäumt, trägt selbst die Schuld, wenn Fru Gauden bei ihnen einkehrt.

So geschah dies auch einmal den Großeltern jetziger Hauswirtsleute zu Bresegardt. Die waren noch obendrein so töricht, das Hündlein zu töten, aber dafür war auch von Stund an kein »Säg und Täg« (Segen und Gedeihen), bis zuletzt das Haus in Flammen unterging. Glücklicher daran waren die, welche der Fru Gauden einen Dienst erwiesen. Es begegnet ihr zuweilen, daß sie in der Dunkelheit der Nacht den Weg verfehlt und auf einen Kreuzweg gerät. Kreuzwege sind aber der guten Frau ein Stein des Anstoßes, und so oft sie sich auf einen solchen verirrt, zerbricht ihr etwas an ihrem Wagen, das sie selbst nicht wieder herzurichten vermag.

In solcher Verlegenheit kam sie einmal, als stattliche Frau gekleidet, einem Knecht zu Boeck vor sein Bett, weckte ihn auf und bat ihn flehentlich um Hilfe in ihrer Not. Der Knecht ließ sich erbitten, folgte ihr zum Kreuzweg und fand da, daß das eine Rad von ihrem Wagen abgelaufen war. Er machte nun das Fuhrwerk

wieder gangbar, und zum Dank für seine Mühe befahl sie ihm, sämtliche Häuflein in seine Tasche zu sammeln, die ihre Begleiterinnen beim Verweilen auf dem Kreuzweg zurückgelassen hatten, wir können nicht sagen, ob als Zeichen großer Angst oder guter Verdauung. Der Knecht, unwillig über solch ein Anmuten, ließ sich doch einigermaßen beschwichtigen durch die Versicherung, daß das Geschenk so wertlos, wie er wohl meine, für ihn nicht sein werde; er nahm, wenn auch ungläubig doch neugierig, einige Häuflein mit sich.

Und siehe, zu seinem nicht geringen Erstaunen begann das Mitgenommene mit Tagesanbruch zu glänzen wie blankes Gold und war auch wirklich Gold. Da war es ihm leid, nicht alles mitgenommen zu haben, denn bei Tage war keine Spur mehr davon auf dem Kreuzweg anzutreffen.

Ein andermal beschenkte Fru Gauden einen Mann zu Conow, der eine neue Deichsel in ihren Wagen setzte, und noch ein andermal eine Frau zu Göhren, die ihr den hölzernen Stecken in die Deichsel schnitt, über welchem die Wage hängt. Beide erhielten für ihre Mühe, daß die von der Deichsel und dem Wagenhalter abgefallnen Späne sich in schieres, prächtiges Gold verwandelten. Insonderheit liebt Fru Gauden kleine Kinder und beschenkt sie mit allerlei guten Gaben, darum singen die Kinder auch, wenn sie Fru Gauden spielen:

»Fru Gauden hett mi 'n Lämmken geven,
Dormit sall ik in Freuden leven.«

Doch hat sie sich allmählich aus der Gegend weggewandt, und das hängt so zusammen. Fahrlässige Leute zu Semmerin hatten in einer Silvesternacht ihre Haustür sperrweit offen gelassen. Dafür fanden sie am Neujahrsmorgen ein schwarzes Hündlein auf ihrem Feuerherd liegen, das in nächster Nacht mit unausstehlichem Gewinsel den Leuten die Ohren voll schrie. Da war guter Rat teuer, was anzufangen sei, um den ungebetenen Gast aus dem Haus loszuwerden. Und wirklich fand man Rat bei einer klugen Frau, die in geheimen Künsten wohl bewandert war. Diese gebot nämlich, alles Hausbier solle durch einen ›Eierdopp‹ gebraut werden. Gesagt, getan. Eine Eierschale ward in das Zapfloch des Braukübels gesteckt, und kaum, daß das ›Wörp‹, das ungegorene Bier, hindurchgelaufen war, da erhob sich Fru Gaudens Hündlein und redete mit vernehmlicher und klarer Stimme:

»Ick bün so olt
As Böhmengold;
Äwerst dat heff ick minleder nich truht,
Wenn man t' Bier dörch 'n Eierdopp bruht!«

Und als es das gesagt hatte, verschwand es, und seither hat niemand hier so wenig Fru Gauden als ihre Hündlein gesehen.

Der Wode
Eine deutsche Mythe

Den Wode haben viele Leute in der Zwölften und namentlich am Weihnachtsabend ziehen sehen. Er reitet ein großes weißes Roß, ein Jäger zu Fuß und 24 wilde Hunde folgen ihm. Wo er durchzieht, da stürzen die Zäune krachend zusammen und der Weg ebnet sich ihm; gegen Morgen richten sie sich aber wieder auf. Einige behaupten, daß sein Pferd nur drei Beine habe. Er reitet stets gewisse Wege an den Türen der Häuser vorbei und so schnell, daß seine Hunde ihm nicht immer folgen können; man hört sie keuchen und heulen. Bisweilen ist einer von ihnen liegen geblieben. So fand man einmal einen von ihnen in einem Hause in Wulfsdorf, einen andern in Fuhlenhagen auf dem Feuerherd, wo er liegen blieb, ständig heulend und schnaufend, bis in der folgenden Weihnachtsnacht der Wode ihn wieder mitnahm. Man darf in der Weihnachtsnacht keine Wäsche draußen lassen, denn die Hunde zerreißen sie. Man darf auch nicht backen, denn sonst wird eine wilde Jagd daraus. Alle müssen still zu Hause sein; läßt man die Tür auf, so zieht der Wode hindurch und seine Hunde verzehren alles, was im Hause ist, sonderlich den Brotteig, wenn gebacken wird.

Einst war der Wode auch in das Haus eines armen Bauern geraten, und die Hunde hatten alles aufgezehrt. Der Arme jammerte und fragte den Wode, was er für den Schaden bekäme, den er ihm angerichtet. Der Wode antwortete, daß er es bezahlen wolle. Bald nachher kam er mit einem toten Hund angeschleppt und sagte dem Bauern, er solle den in den Schornstein werfen. Als der Bauer das getan, zersprang der Balg, und es fielen viele blanke Goldstücke heraus.

Der Wode hat einen bestimmten Weg, den er alle Nacht in den Zwölften reitet. Der geht rings um Krumesse herum über das Moor nach Beidendorf zu. Wenn er kommt, so müssen die Unterirdischen vor ihm flüchten, denn er will sie von der Erde vertilgen. Ein alter Bauer kam einmal spät von Beidendorf und wollte noch nach Krumesse; da sah er, wie die Unterirdischen dahergelaufen kamen. Sie waren aber gar nicht bange und riefen: »Hüet kann he uns nich krygen, he sal uns wol gaen laten, he het sik hüet morgen nich woschen.« Als der Bauer nun etwas weiter kam, begegnete ihm der Wode, und der fragte ihn: »Wat repen se?« Der Bauer antwortete: »Se segt, du hest dy van morgen nich woschen, du sast se wol gaen laten.« Da hielt der Wode sein Pferd an, ließ es stallen, saß ab und wusch sich damit. Nun stieg er wieder auf und jagte den Unterirdischen nach. Nicht lange darauf sah ihn der Bauer zurückkommen; da hatte er sie mit ihren langen gelben Haaren zusammengebunden und zu jeder Seite mehrere vom Pferde herabhangen. So hat er die Unterirdischen verfolgt, bis sie jetzt alle verschwunden sind. Deshalb jagt er auch nicht mehr auf der Erde, sondern oben in der Luft.

So erzählte dies ein alter achtzigjähriger Mann in Krumesse, der auch stillen und böten kann. Der Wode ist in ganz Lauenburg bekannt und überall schließt man vor ihm die Türen in der Weihnachtszeit.

Der Türst, das Posterli und die Sträggele
Luzerner Volksglaube

Wenn der Sturm nachts im Walde heult und tobt, sagt das Volk im Luzernergau: »Der Türst jagt!« Im Entlebuch weiß man dagegen von dem Posterli, einer Unholdin, deren Jagd die Einwohner Donnerstag vor Weihnachten in einem großen Aufzug, mit Lärm und Geräusch, jährlich vorstellen. In der Stadt Luzern heißt die Sträggele eine Hexe, welche in der Frohnfastennacht am Mittwoch vor den heiligen Weihnachten herumspukt und die Mädchen, wenn sie ihr Tagewerk nicht gesponnen, auf mancherlei Art schert; daher auch diese Nacht die Sträggele-Nacht genannt wird.

Die Chrungelinacht
Zürcher Brauch

Am Abend vor dem Christfest wurde im Zürcher Oberland die Chrungelinacht gefeiert. Diese Chrungeli waren schaurig maskierte Burschen. Die ältesten und verlumptesten Kleider wurden angezogen, ›Vilibeicher‹ (Bienenkörbe) schob man sich als Höcker unter die Röcke und band sich Kissen vor den Leib. Alle möglichen Kopfbedeckungen, Tellerkappen, Strohzylinder, alte Tschakos, ausgestopfte Zipfelmützen haben sie sich aufgestülpt. Die Hauptsache war, recht wüst auszusehen.

Das Chrungeli war eine Art Narrengericht. Hatte sich im verflossenen Jahr jemand in sittlicher Beziehung oder sonstwie vergangen, so kamen die Chrungelenen als Nemesis vor das betreffende Haus. Trafen sie eine der proskribierten Personen auf der Straße, dann wurde öffentlich Gericht gehalten. Diese Gerichtssitzungen, von maskierten Anklägern und Richtern abgehalten, verliefen für die Betroffenen gar nicht so harmlos. Es bedeutete Schande und noch lange wurde mit Fingern auf sie gedeutet: »D'Chrungelene sind bi ihm (bi ihre) gsi!«

In der Rauhnacht lass die Arbeit sein
Eine böhmische Sage

Ein Schuster in Friedberg hatte ein klitzekleines Anwesen; wenn er kochte, stand ihm der Pfannenstiel zum Haus hinaus. Er wäre gern reich geworden, drum arbeitete er auch, wenn es nicht sein durfte. So knotzte (hockte) er auch einmal spät in der Rauhnacht bei der Ölfunzel und nagelte und flickte und scherte sich den Kuckuck um die späte Stunde und die verschriene Zeit. Auf einmal ward es draußen auf der Gasse unruhig, der Fensterladen sprang auf, und aus dem Finstern hielt ihm einer einen Roßfuß hin und rief: »Meister, mach mir auch einen Schuh!« Da überkam den Schuster ein Schauder, er ließ Schuh und Nadel fallen, kroch ins Bett und zog die Tuchent (das Federbett) übers Ohr.

Daß Arbeit in der heiligen Rauhnacht sonst fürchterlich bestraft wird, mußte ein Köhler erleben. Mit seinen zwei Töchtern hauste er in einem Wald bei Tachau und hatte, gegen alles Herkommen und trotz vielen Abratens, in dieser hochheiligen Nacht seinen Meiler entzündet. Als am anderen Morgen die Leute zur Kirche gingen und an dem Meiler vorbeikamen, sahen sie den Kohlenbrenner mit den zwei Töchtern, die ihren Vater fest umschlungen hielten, tot vor der Hütte liegen.

Das Kreisstehen
Österreichischer Volksglaube

Von den Los- oder Rauhnächten glaubt man in Oberösterreich, daß dann eine innigere Verbindung mit der Geisterwelt stattfinde und daß man in ihnen die Zukunft erfahren könne. Zu den Rauhnächten gehören insbesondere die Thomasnacht (21. Dezember), die Mettennacht (24. Dezember) und die Nacht vor Heiligen Drei König (5. Jänner); von weniger Bedeutung ist die Silvesternacht. Die Vorbereitungen eines solchen, der die Zukunft erfahren will, bestehen darin, daß er sich in der Früh, wie auch den ganzen Lostag hindurch nicht wäscht, kein Kreuz macht, nichts betet, keine Kirche besucht, überhaupt von allen religiösen Dingen sich fernhält. Um nun die Zukunft erforschen zu können, wendet man verschiedene Mittel an, zum Beispiel das Kreisstehen. Bei diesem macht einer aus Stroh oder mit einer Kette einen Kreis, und zwar auf einem Kreuzweg. Er muß sich, bevor die elfte Stunde schlägt, mitten in den Kreis hineinstellen, wehe aber, wenn er sich, bevor die Geisterstunde verlaufen ist, daraus entfernt, denn er wäre eine Beute des Teufels. Dieser wird auch alles versuchen, einen aus dem Kreise herauszubringen.

So erzählt man, daß einstens drei im Kreis gestanden sind. Kaum schlug die elfte Stunde, so sehen sie schwerbeladene Getreide- und Heuwagen auf sich zukommen. Einer davon wollte schon aus dem Kreise springen, weil er sich fürchtete und glaubte, sie fahren über ihn hinweg, doch die andern zwei hielten ihn auf. Als nun die Wagen zum Kreis kamen, verschwanden sie samt den feuerschnaubenden Rossen. Dann sahen sie mehrere Brautleute heranfahren, die ihnen winkten. Mit dem Schlag zwölf war alles vorbei und sie konnten wieder aus dem Kreise treten. Es ging auch alles in Erfüllung. Das kommende Jahr war sehr fruchtbar. Die Brautleute, die sie gesehen hatten, hielten alle im Laufe des Jahres Hochzeit.

Das schneeweisse Pferd
Eine österreichische Sage

In einer Rauhnacht unternahm ein Mann im Manhartgebirge einen ›Losegang‹, um sein Schicksal zu erforschen. Was hierbei geschehen ist, erfuhr niemand von ihm, nur bemerkte man, daß er immer kränkelte. Als er aber endlich sehr krank wurde und sich dem Tode nahe fühlte, rief er mehrere Nachbarn zu sich und eröffnete ihnen folgendes: »In der letzten Thomasnacht unternahm ich einen Losegang. Ich ging außerhalb des Ortes, um mich nach dem nächsten Kreuzweg zu begeben. Auf dem Wege dahin hörte ich plötzlich Pferdegetrappe, als käme ein ganzer Zug dahergeritten. Wie erstaunte ich aber, als ich ein einziges schneeweißes Pferd vor mir erblickte, welches das Getrappe verursachte. Ich blickte weder seitwärts noch rückwärts. Obgleich mir das Pferd von allen Seiten so nahe kam, daß ich befürchten mußte, von ihm zertreten zu werden, so ließ ich mich doch nicht irre machen und ging meines Weges. Nach einigen Minuten gelangte ich, von Angstschweiß triefend, am Kreuzweg an. Jedoch das Pferd wollte mir den Zutritt nicht gestatten. Es stellte sich mir in den Weg; ich schritt vorwärts und kam in den Mittelpunkt der Kreuzung zweier Wege. Ich zeichnete mit geweihter Kreide einen Kreis auf den Boden, und in demselben Augenblick verschwand das Pferd mit noch größerem Lärm, als es gekommen war. Nun begann ich zu losen, indem ich einige Betformeln hersagte. Nach einiger Zeit sah ich einen Leichenzug langsam einherschreiten, begleitet von Trauertönen, die sich allmählich in lustige Weisen umwandelten. Diese wurden von muntern Burschen gesungen, welche zu einer vor meinen Augen abgehaltenen Hochzeit gingen. Dabei wurde geschmaust und getrunken, getanzt und gespielt. Aber auch dies begann allmählich zu verschwinden, und der lustige

Reigen ward zum sausenden Wirbelwind; und die Tänzer lösten sich zu einem Morgennebel auf, daß mir ein kalter Schauer durch die Glieder fuhr.«

Bald darauf starb der Mann, und seine Frau heiratete einen jungen Burschen aus dem Dorfe.

Der Rührlöffel, der hellsichtig macht
Schwäbischer Volksglaube

Zu Weihnachten kann man die Hexen erkennen. Man gebraucht dazu aber einen ganz besonderen Löffel. Man nimmt einen durchlöcherten Pfahl und schnitzt aus ihm einen Rührlöffel. An diesem Rührlöffel muß aber in den drei Knöpflinsnächten gearbeitet werden. Zugleich muß man an jedem dieser drei Abende mit diesem Löffel den Mehlbrei zu ›Knöpflen‹ anrühren, darf den Löffel aber nachher nicht abspülen, so daß von allen drei Malen einiger Teig daran hängen bleibt. Mit einem solchen Löffel muß man am Christtag zuallerletzt (nach dem Kirchengesang) in die Kirche gehen, dann kann man während der Predigt alle anwesenden Hexen durch das Loch im Löffel erblicken. Sie kehren dem Geistlichen den Rücken zu und haben einen Melkkübel auf dem Kopf. Auch sonst sieht man noch allerlei an ihnen. Wer aber so die Hexen erkannt hat, muß, bevor der Pfarrer das Vaterunser ausgebetet und Amen gesagt hat, wieder in seiner Wohnung oder überhaupt unter Dach sein und muß deshalb schon während des Läutens sich eiligst davonmachen. Erreicht er während des Läutens keine Wohnung, so zerreißen ihn unterwegs die Hexen aus Rache oder tun ihm sonst etwas an, wie denn im Jahre 1832 drei Leute aus Waldbach, die durch einen solchen Löffel gesehen hatten, schwer darauf erkrankten.

Wetterorakel
Masurischer Volksglaube

An gewissen besonders heiligen Tagen bekommt alles, was geschieht und was man unternimmt, eine besondere Bedeutung; da muß man die Vorgänge beobachten, die Gelegenheiten nicht versäumen. Am allerwichtigsten sind in dieser Beziehung die Zwölften. Diese zwischen dem ersten Weihnachts- und dem Dreikönigenfest eingeschlossenen zwölf Tage sollen untrügliche Bedeutungen des Wetters sein, so sich in jedem Monat des folgenden Jahres äußern wird.

Sehr ausführliche »Prophezeiungen aus den Tagen des Geburtsfestes und den elf hinter diesem Tage folgenden Tagen und Nächten für das ganze Jahr« enthält der Himmelsschlüssel, der Volkskalender. Trifft der Weihnachtstag auf einen Sonntag, dann wird der Winter warm, das Frühjahr naß und warm, der Sommer angenehm, trokken und schön, der Herbst naß und windig; Getreide gibts im Überfluß, Honig genügend; der Tod hält sich hauptsächlich an die Schwangeren; Frieden im Ehestand.

Ähnliche Prophezeiungen für den Fall, daß der Weihnachtstag ein Montag, Dienstag usw. ist. Wenn am Weihnachtstage schön Wetter ist, bringt das darauf folgende Jahr sehr viel gutes und schönes Getreide. Wenn am ersten Tage nach Weihnachten schön Wetter ist, bringt das darauf folgende Jahr viel Zänkereien und Spaltungen unter der Geistlichkeit etc. pp. für alle zwölf Tage, immer den Fall gesetzt, daß an ihnen schönes Wetter herrscht. Wenn die Nacht der Gottesgeburt stürmisch ist, droht der Tod den großen Herren. Wenn die erste Nacht nach Weihnachten stürmisch ist, folgt ein friedliches, von Zänkereien freies Jahr unter den Herrschern für alle zwölf Nächte, wobei immer vorausgesetzt wird, daß diese stürmisch sind.

Lohn verscheucht die Hausgeister
Eine böhmische Sage

Die Nächte von Weihnachten bis zum Heiligen Dreikönigstag werden in Böhmen und anderen Teilen Österreichs die »Unternächte« genannt. In dieser Zeit machen sich die Hausgeister besonders bemerkbar. Nicht weit von Saaz lebte eine Bürgerfamilie, deren Hausmutter in der Zeit der Unternächte wie gebräuchlich ihre Magd wechselte. Als das Mädchen den ersten Tag im Dienst zubrachte und frühmorgens sehr zeitig aufstand, um seine Arbeit so bald als möglich fertig zu haben, fand es zu seinem großen Erstaunen bereits Zimmer und Küche blank gescheuert, alle Geräte geputzt, kurz, alles war bereits in bester Ordnung.

Das Mädchen, in der Meinung, die Frau müsse es getan haben, war erstaunt darüber, daß diese schon so früh aufgestanden sein sollte, und nahm sich vor, am folgenden Tag noch zeitiger aufzustehen. Als die Frau erwachte, hatte sie große Freude über den Fleiß ihres Dienstboten, denn sie glaubte, diese habe alles gemacht, und nahm sich im stillen vor, das Mädchen dafür zu belohnen.

Des anderen Tages stand das Mädchen noch früher auf, findet jedoch abermals alles ganz so, wie sie es am Morgen zuvor gefunden hatte. Auch am dritten Tage kam sie nicht zu dem erwünschten Aufschluß. Als nun an diesem Tag die Frau abermals so freundlich und zuvorkommend mit ihr war und ihren Fleiß lobte, sagte sie ihr endlich, daß es sie außerordentlich kränke, wenn die Frau alle Arbeiten selbst mache. Diese fragte befremdet, wie sie das meine. Beide kamen nun überein, mehrere Nächte abwechselnd zu wachen, damit sie dann sicher den rätselhaften Helfer entdecken könnten.

Schon in der nächsten Nacht zwischen Zwölf und Eins sahen sie zwei winzige Hauskobolde in der Gestalt eines Knaben und eines Mädchens hereinkommen. Beide arbeiteten mit einer solchen Schnelligkeit, daß in kurzer Zeit alles nur so glänzte. Verwundert beschlossen sie, auch in der folgenden Nacht zu wachen, und sie gewahr-

ten das gleiche. Die Kobolde erschienen, arbeiteten fleißig und gingen wieder ihres Weges. Besonders auffallend erschien es ihnen, daß die armen Geister ganz nackt kamen. Mitleidig beschloß die Frau, ihnen eine Freude zu machen, und legte ihnen in der folgenden Nacht zwei ganz vollständige Kleidungen zurecht.

Als sie kamen und die Kleider sahen, fingen sie überlaut zu weinen an, und der Kobold sagte zu seiner Gefährtin: »Nun werden wir auch hier bezahlt und dürfen nichts mehr arbeiten; wo werden wir nun wieder eine anständige Familie finden?«

Klagend packten sie dann ihre Geschenke zusammen, gingen, ohne etwas zu arbeiten, fort und kehrten nicht mehr wieder.

Das Perchtenlaufen
Tiroler Brauch

Alle drei Jahre um Dreikönig laufen die Perchten; sie sind gekleidet wie recht häßliche Tiere und haben Bockshörner auf und große Schellen an. So sind auch einmal vor langer Zeit die Perchten – es waren ihrer zwölf – über den Hüttenbrunnen hin- und hergesprungen vor lauter Übermut. Da war auf einmal eine dreizehnte*, noch viel abscheulichere, unter ihnen, welche viel höher sprang als alle anderen. Wie nun die anderen diese sahen, liefen sie alle bis auf einen davon; denn dieser meinte, er würde wohl fertig werden mit jener und fing zu raufen an. Aber sie sprang auf ihn los und warf ihn auf den Boden, daß er sich einen Fuß brach. Die andere Percht lief aber dann davon und als sie den Fuß aufhob, sah er, daß sie Bockfü-

* Die dreizehnte Perchte ist dem Volksglauben nach der Teufel.

ße habe. Der Mann aber, der sich den Fuß gebrochen hatte, starb am zweiten Tag darauf. Er bereute noch seinen Frevel, daß er dort mit jener Percht zu raufen angefangen habe. Noch jetzt haben die Bauern den Glauben, daß, je mehr Perchten laufen, desto besser auch das Jahr würde. Deshalb bewirtet man sie auch mit Schnaps und Kletzenbrot.

Das Kind mit dem Tränenkrug
Eine thüringische Sage

Einer jungen Mutter war ihr einziges Kind gestorben. Sie weinte über alle Maßen und konnte sich über ihren Verlust nicht zufrieden geben. In jeder Nacht lief sie hinaus zu der Stelle, wo man es in die Erde gebettet hatte, und jammerte auf dem Grab, daß es Steine hätte erbarmen mögen, als solle und müsse ihr das Grab ihr Kind wieder herausgeben. So wehklagend weilte sie auch dort in der Nacht vor dem Heiligen Dreikönigsfest, als Percha mit ihrem Gefolge nicht weit von ihr vorüberzog. Ohne dadurch erschreckt zu werden, sah sie dem Zuge zu – war ihr doch das Kind vom Herzen gerissen worden, was konnte nach einem solchen Riß ihr noch Schreckhafteres widerfahren?

Da gewahrte sie, den andern hinterdrein, ein Kleines, mit einem ganz durchnäßten Hemdchen angetan, das in der Hand einen Krug mit Wasser trug und, matt geworden, den übrigen nicht folgen konnte; ängstlich blieb es eben vor einer hohen Umzäunung stehen, die von Percha überschritten und von ihren kleinen Untertanen überklettert wurde.

»Ach!« dachte die jammernde Mutter, »sieht doch das Kleine gerade so aus wie mein verlorenes Kind.«

Mitleidig lief sie hinzu und hob es über das Hindernis hinweg. Während sie es nun in ihren Armen hielt, sprach das Kind: »Ach Mutter, wie warm sind Mutterhände! Aber weine nicht so sehr, du weinst mir meinen Krug sonst gar zu schwer und voll, da sieh, ich habe mir mein ganzes Hemdchen schon damit beschüttet.«

Von jener Nacht an, meinen die Wilhelmsdorfer, habe die Mutter aufgehört zu weinen.

NEUNTES KAPITEL

WEIHNACHTEN BEI DEN TROLLEN

»Sie war groß und dick und sah ganz wie ein Trollweib aus. Vierschrötig war sie und schwarz und blau im Gesicht. Thorstein streifte dem Zauberweib die Kleider ab, und da sah er, daß sie ganz zottig war, nur ein Fleck unter ihrem linken Arm sah er unbehaart.«

Die Geschichte von Thorstein Ochsenfuß (12. Jahrhundert)

Der Tanz um die Steine
Eine schwedische Sage

Wie die Berggeister die Weihnacht feiern, darüber sind in unserem Norden zahlreiche Sagen im Schwange. In genannter Nacht hat ein Christ, der sich draußen im Freien befindet, manche Gefahren zu bestehen. Hexen und Kobolde reiten auf einem Wolf oder auf einem Besen und andern ähnlichen Gerätschaften zu ihren Sammelplätzen, wo sie um ihre Steine herumtanzen. Diese Steine sind dann auf Pfeiler gelegt, und unten tanzen nun und zechen die geisterhaften Wesen. Zu solchen Steinen gehört der berühmte Ljungby- oder Maglestein, von dem die Leute dort mancherlei zu erzählen wissen. Aus den Bergen ertönt in jener Nacht lauter Jubel mit Musik, Tanz und Zechgelag. Höchst gefährlich aber ist für die Menschen der Gang zur Weihnachtsmette, wovon das Lied singt:

»Die Jungfrau, sie wollte zur Frühmesse gehn:
Die Zeit wird mir gar lang.
Sie wanderte fort, sah den Felsen dort stehn,
Es machte der Kummer sie bang.«

In der Weihnachtsnacht des Jahres 1490 saß Frau Cissela Ulftand auf ihrem Hofe Ljungby in Schonen. Bald ließ sich der Lärm vernehmen, den die bei dem Ljungbystein sich versammelnden Hexen und Kobolde machten, und einer ihrer entschlossensten Knechte ritt hinaus, um zu sehen, was da vorgehe. Er sah, wie der Stein auf den Pfeiler gehoben wurde und wie die zauberhaften Wesen in tollen Wirbeln des Tanzes sich drehten. Ein schönes Bergfräulein trat vor und reichte dem angekommenen Gast ein Trinkhorn und eine Pfeife, ihm dabei andeutend, er möge auf des Bergkönigs Gesundheit trinken und auf der Pfeife blasen. Er nahm zwar beides hin, gab

aber im nämlichen Augenblick seinem Pferd die Sporen, setzte über Äcker und Felder und ritt geradewegs zum Hofe zurück. Das ganze Bergvölkchen folgte ihm mit wildem Toben unter Drohungen und flehentlichen Bitten nach, aber der Knecht kam ihnen weit zuvor und lieferte Trinkhorn und Pfeife in die Hand seiner Herrin. Das Bergvölkchen verhieß nun Glück und Reichtümer der ganzen Nachkommenschaft der Frau Cissela, wenn sie die beiden Dinge zurückgäbe. Allein sie behielt sie, und sie werden in Ljungby noch aufbewahrt als ein Beleg zu der wunderbaren Sage. Das Horn soll von einer unbekannten Metallmischung, mit Zieraten von Messing, und die Pfeife aus einem Pferdeknochen verfertigt sein. Der Knecht starb übrigens am dritten und das Pferd am folgenden Tag. Auch ist der Hof zweimal abgebrannt, und Frau Cisselas Nachkommen sollen sich keines Glücks erfreut haben.

Die Sage erzählt auch von Pfarrern, die zur Weihnachtsmesse ritten und an Bergen vorbeikamen, wo die Berggeister sich belustigten, und wie auch zu ihnen das Bergfräulein herantrat und ihnen aus einem Metallgefäß zu trinken darbot. Der Pfarrer hat dann den Trank hinter sich gegossen, aber einige Tropfen sind auf das Pferd gefallen und haben Brandflecke zurückgelassen. Die Gefäße oder Schalen sind dagegen zurückbehalten worden, und es werden in einigen Kirchen noch welche vorgezeigt. In der Vorzeit soll man sich ihrer statt der Kelche bedient haben.

Huldra unter dem Eis
Eine norwegische Sage

In Norwegen erhält noch jetzt am Christtag der Flußgeist Huldra von den Uferbewohnern einen Kuchen. Ein Fischer wünschte, an diesem Tag dem Wassergeist einen Kuchen zu bringen und trug ihn zum See, fand aber das Wasser gefroren. Da er den Kuchen nicht auf das Eis legen wollte, um dem Geist nicht die Mühe zu machen, durch das Eis zu brechen, holte er eine Haue und hieb mit Macht darauf los, um das Eis zu brechen; trotz aller Anstrengung konnte er aber nur ein kleines Loch zustande bringen, keineswegs groß genug, den Kuchen hindurch zu lassen. Er legte also den Kuchen auf das Eis, unschlüssig, was er tun sollte, als plötzlich eine sehr kleine Hand, weiß wie Schnee, unter dem Eise hervorkam, den Kuchen, der plötzlich zusammenschrumpfte, ergriff und hinabzog. Um dem Geist die Mühe zu sparen, die Größe des Kuchens zu ändern, werden diese jetzt nur so groß gemacht, daß man sie auch durch ein sehr kleines Loch im Eis hindurchstecken kann. Diese Sage erklärt das Kompliment, das man häufig den Damen machen hört: »Sie hat eine Hand wie der Wassergeist.«

Der Alte Erik
Ein schwedisches Märchen

Da war einmal ein Schuster, der war in den Tagen vor Weihnachten noch unterwegs und nähte in den Häusern Schuhe. Er arbeitete bis zum Weihnachtsabend, und als es Nachmittag wurde, wollte er zu sich nach Hause gehen. Aber weil es ziemlich weit war bis dorthin, wo er wohnte, mußte er in der Dunkelheit eine Mühle aufsuchen, die neben dem Wege stand, und dort die Nacht über bleiben. Nun stand diese Mühle nicht gerade in gutem Ruf hier in der Gegend, denn man erzählte allgemein von ihr, daß der Gottseibeiuns selbst bisweilen hier Haus halte. Das war auch dem Schuster bekannt, aber weil er mehr als andere wußte, konnte er es auch so einrichten, daß nichts Böses an ihn herankam.

Nachdem er etwas hölzernes Gerümpel aufgehäuft hatte, das da an den Wänden der Mühle lag, machte er sich ein tüchtiges Feuer, und dann nahm er eine Pfanne, die irgendein Müller hier vergessen hatte, die setzte er aufs Feuer und fing an, in ihr Pech zu kochen, das er bei sich hatte. Dann nahm er ein Papier, schnitt es in schmale Streifen und pichte es zu einem Band zusammen, darauf schrieb er das Vaterunser und band es sich um den Leib. Dann ging er auf den Schüttboden und legte sich nieder, aber die Pechpfanne ließ er auf dem Feuer, so daß sie immer heiß blieb.

Es war still, und der Schuster schlief ein. Aber als es dann gegen Mitternacht ging, hörte er auf einmal ein schreckliches Getöse im Mahlhaus, und da mußte er doch justament auf und nachgucken, was das da für ein Unwesen war. Dabei vergaß er aber nicht, die Pechpfanne mit sich zu nehmen, gewiß nicht. Als er ins Mahlhaus kam, was glaubt ihr, sah er da – stieg da nicht der Satan selbst, der Alte Erik, aus dem Mehltrichter herauf! Er war klein an Körper wie ein Tomtemann, ein Kobold, aber mit einem fürchterlich großen Kopf! »Hast du schon einmal einen so großen Kopf auf einem so kleinen Rumpf gesehen, du?« fragte er den Schuster. »Hast du früher schon einmal eine so kräftige Suppe kennengelernt, du?« antwortete der Schuster und schmiß ihm die Pfanne mit dem heißen Pech mitten ins Gesicht. Auf solche Weise von einem hundshäuternen Schuster abgebrüht zu werden, das konnte dem Alten Erik wohl nicht gefallen, und ihr hättet ihn sehen sollen, was für einen Spektakel er machte und wie böse er war, aber er fand kein Mittel gegen den Schuster wegen des Papiers, das dieser um sich hatte, mit dem Gebet des Herrn darauf.

Als nun eine Weile vergangen war und der Böse, der die ganze Zeit herumgeschimpft hatte, wieder einigermaßen zu sich gekommen war, da kamen aus allen Ekken und Enden Trollweiber auf Besen und Pfählen, genauso, wie sie es zu tun pflegen, wenn sie auf ihrem Ritt zum Berg Blåkulla* sind. Sie hatten große Ledersäcke auf dem Rücken, und darin hatten sie Kübel mit Butter, denn sie sollten gerade jetzt ihre Weihnachtsgaben bringen. Und da war's auch nicht zu verwundern, daß der Alte Erik so eigensinnig darauf bestand, hier zu bleiben, bei all der Unbill, die ihm der Schuster zugefügt hatte. Als ein verteufelter Haufen zusammengekommen war, trugen sie eine große irdene Schüssel herzu, und dahinein gab ein jeder seine Sachen. Aber jetzt waren die Weiber nicht geizig, das könnt ihr glauben! Solche Klumpen von Butter hatte der Schuster noch nie gesehen, obgleich er weit in den Gemeinden herumgekommen war, und sie lobten und priesen beinahe alles miteinander, obwohl die, bei denen er zur Arbeit gewesen war, sonst nie mit etwas zufrieden waren. Aber als die Weiber gehen wollten, stellte sich der Schuster mitten in die Tür, zog das

* Vergleichbar dem deutschen Blocksberg.

Messer heraus und hieb auf sie ein, wie sie kamen. Es versteht sich, daß sie sich wehrten und verteidigten, so fest sie nur konnten. Aber eine jede von ihnen kriegte wohl genug ab, und sie waren so böse, daß sie Gift auf ihn gespritzt hätten, wenn sie ihm nur etwas Übles hätten antun können.

Als sie sich verzogen hatten, wurde es still, und der Schuster legte sich hin und schlief bis zum Morgen. Aber als er dann nach Hause ging, begegnete er vielen Kirchgängern, und da sah er, wie es mit dem Weibervolk bestellt ist: fast eine jede einzelne hatte da Schrammen im Gesicht.

Grettir und das Trollweib

Aus der altisländischen Grettir-Saga

Stein hieß ein Priester, der in Eyjardalsa im Bardartal wohnte. Thorstein der Weiße hieß ein Mann, der auf Sandhaugar wohnte, südlich von Eyjardalsa. Seine Frau hieß Steinvör; sie war jung und fröhlich im Gemüt. Ihre Kinder waren damals noch klein. Den Leuten schien es auf Sandhaugar nicht geheuer: es sollen Trolle dort umgehen, sagten sie.

Zwei Winter, bevor Grettir in das Nordland kam, ging Steinvör, die Hausfrau, wie gewöhnlich zur Weihnachtsmette nach Eyjardalsa, und der Bauer blieb daheim. Die Hausleute legten sich am Abend schlafen, aber in der Nacht hörten sie mächtigen Lärm in der Schlafkammer und am Bett des Bauern. Keiner wagte aufzustehen und nachzusehen, denn es waren ihrer nur wenige.

Am Morgen kam die Hausfrau heim, und der Bauer war verschwunden, keiner wußte, was aus ihm geworden war. So verging das nächste Jahr. Im Winter darauf wollte die Frau wieder zur Weihnachtsmette gehen. Sie sagte, ihr Knecht solle daheim bleiben. Er tat es nicht gern, sagte aber, es wäre ihre Sache, das zu entscheiden. Da geschah alles so wie das vorige Mal, und der Knecht war verschwunden. Das erschien den Leuten sehr seltsam. Dann fand man einige Blutflecken in dem Gang zur Außentür. Da schien es den Leuten klar, daß die beiden von Unholden geholt worden waren. In der ganzen Gegend sprach man darüber; auch Grettir hörte davon. Und da er einige Erfahrung darin hatte, wie Spuk und Wiedergängerei zu vertreiben sei, machte er sich auf ins Bardartal und kam am Tag vor dem Julfest in Sandhaugar an. Doch gab er sich nicht zu erkennen und nannte sich Gest (d. i. Gast). Die Hausfrau sah, daß er ungewöhnlich hochgewachsen war, und die Hausleute hatten große Angst vor ihm. Gest bat, über Nacht bleiben zu dürfen. Die Hausfrau sagte, Essen könne er gern haben – »aber für dich und dein Leben mußt du schon selbst aufkommen«. Er sagte, so solle es sein. »Ich werde hierbleiben«, sagte er, »geh du nur zur Messe, wenn du willst.« Sie antwortet: »Du scheinst mir recht mutig zu sein, wenn du wagst, hier im Haus zu bleiben.« – »Ich muß Abwechslung haben«, sagt er. »Es gefällt mir überhaupt nicht, daheim zu bleiben«, sagt sie, »aber ich komme nicht über den Fluß.« – »Ich werde dich hinüberbringen«, sagt Gest. Darauf machte sie sich und ihre kleine Tochter fertig zur Messe.

Draußen war starkes Tauwetter, und der Fluß war aufgebrochen, Eisstücke schwammen darauf. Da sagte die Hausfrau: »Es können weder Menschen noch Pferde hinüber.« – »Es muß doch Stellen zum Durchwaten geben«, erwiderte Gest, »habt nur keine Angst.« – »Trag du zuerst das Mädchen«, sagte die Hausfrau, »sie ist leichter!« – »Ich hab keine Lust, deswegen zweimal zu gehen«, sagte Gest, »ich werde dich auf dem Arm tragen.« Sie bekreuzigte sich und sagte: »Das ist sehr gefährlich.

Und was tust du dann mit dem Mädchen?« – »Da laß ich mir schon was einfallen«, sagte er. Dann hob er sie hoch, setzte die Kleine der Mutter auf den Schoß und trug sie so beide auf dem linken Arm. Den rechten hatte er frei und watete nun hinein in den Fluß. Sie wagten nicht zu schreien, so groß war ihre Angst. Das Wasser ging ihm gleich bis an die Brust. Da trieb eine große Eisscholle auf ihn zu, aber er hielt die Hand, die frei war, dagegen und drückte sie weg. Dann wurde es dermaßen tief, daß ihm die Strömung über die Schulter reichte. Er watete dennoch kräftig vorwärts, bis er die Böschung auf der anderen Seite erreicht hatte, und setzte sie auf dem Trockenen ab. Dann kehrte er um, und es war schon dämmrig, als er nach Sandhaugar zurückkam. Er verlangte nach Essen, und als er satt war, forderte er die Hausleute auf, weiter in das Innere der Stube zu gehen. Dann nahm er Tische und lose Balken und machte quer durch die Stube eine große Wand, so daß die Hausleute nicht herüberkommen konnten. Keiner wagte, ihm zu widersprechen.

Die Stubentür war an der Seitenwand am Hintergiebel des Hauses, und eine Bank stand daneben. Dort streckte Gest sich nieder, zog sich aber nicht aus. Gegenüber der Tür brannte ein Licht in der Stube. So lag Gest bis tief in die Nacht hinein.

Die Hausfrau kam indessen nach Eyjardalsa zur Messe, und die Leute wunderten sich, daß sie über den Fluß gekommen war. Sie sagte, sie wisse nicht, ob sie ein Mann herübergebracht hätte oder ein Troll. Der Priester sagte, es sei sicher ein Mann – »wenn er auch wenigen vergleichbar ist, und wir wollen darüber schweigen. Kann es doch sein«, fuhr er fort, »daß er dazu bestimmt ist, dich von deinen Nöten zu befreien.« Die Hausfrau blieb dort über Nacht.

Nun ist von Grettir zu erzählen, daß er, als es auf Mitternacht ging, draußen ein mächtiges Getöse vernahm.

Dann trat ein großes Trollweib in die Stube, in der einen Hand einen Trog, in der andern ein ziemlich großes Messer. Sie schaute sich um, als sie hereintrat, sah dann, wo Gest lag, und stürzte auf ihn zu. Er aber sprang auf, ihr entgegen, und sie gingen wild aufeinander los. Lange rangen sie miteinander. Sie war stärker, er aber wich geschickt aus, und alles, was ihnen in den Weg kam, zertrümmerten sie, selbst die Holzverkleidung der Stubenwand. Das Trollweib zog ihn durch die Tür in den Gang hinaus, aber dort stemmte er sich ihr heftig entgegen. Sie wollte ihn aus dem Haus herauszerren, doch das gelang erst, als beide den ganzen Türrahmen herausgebrochen hatten und auf ihren Schultern mit sich zogen. Das Trollweib drängte ihn nun hinunter zum Fluß und der Wasserfallschlucht zu. Da wurde Gest schrecklich müde, aber ihm blieb nur, sich mit aller Kraft zu wehren, andernfalls würde sie ihn in die Schlucht stürzen.

Die ganze Nacht rangen sie miteinander. Ihm war, als habe er noch nie mit einem solchen starken Unhold zu tun gehabt. Sie hatte ihn dermaßen fest an sich gedrückt, daß er keine Hand freibekam, sondern sie nur in der Körpermitte mit den Armen umklammern konnte. Als sie hart an den Rand der Schlucht gekommen waren, in der der Fluß strömte, da riß er das Trollweib herum, daß es taumelte. Dadurch bekam er seinen rechten Arm frei und griff sofort nach dem Schwert, mit dem er gegürtet war, schwang es und hieb es dem Unhold auf die Achsel, so daß es ihm den rechten Arm abtrennte. So kam er frei; das Trollweib aber stürzte in die Schlucht und verschwand in den Wasserfluten.

Gest lag steif und erschöpft und blieb lange dort auf dem Felsen. Dann, als es eben zu tagen begann, ging er zum Hof zurück und legte sich ins Bett. Er war ganz geschwollen und blau. Als die Hausfrau von der Messe heimkam, schien ihr das Haus ziemlich wüst zugerichtet. Sie ging zu Gest und fragte, wie es denn käme, daß alles so zerbrochen und zertrümmert sei. Da berichtete er ihr, was geschehen war. Ihr erschien das sehr erstaunlich, und sie fragte, wer er sei. Da sagte er ihr die Wahrheit und bat sie, den Priester zu holen, er wolle mit ihm sprechen. Das geschah auch, und als der Priester Stein nach Sandhaugar kam, merkte er sehr schnell, daß das Grettir Asmundarson war, der sich Gest genannt hatte. Der Priester fragte, was nach Grettirs Meinung aus den Männern geworden sei, die dort verschwunden waren. Grettir sagte, er glaube, daß sie in der Schlucht verschwunden seien. Der Priester sagte, er könne der Sache keinen Glauben schenken, wenn es keine sichtbaren Beweise dafür gäbe. Grettir antwortete, später würden sie das genauer wissen. Da ging der Priester nach Hause. Grettir war viele Tage bettlägerig. Die Hausfrau behandelte ihn sehr gut. So verging die Weihnachtszeit.

Es ist die Aussage Grettirs, daß sich das Trollweib in

die Wasserschlucht stürzte, als es die Wunde erhielt. Doch die Leute aus dem Bardartal sagen, das Weib sei, vom anbrechenden Tageslicht überrascht, zu Stein geworden, während sie noch miteinander rangen; und als er ihr den Arm abhieb, sei sie einfach zersprungen. Der Unhold stehe noch immer in Weibsgestalt auf dem Felsen dort.

Die Bewohner des Tales versteckten Grettir den Winter über. Eines Tages nach dem Julfest geschah es, daß Grettir nach Eyjardalsa ging. Als er auf den Priester traf, sagte er: »Ich sehe schon, Priester, daß du meinen Berichten wenig Glauben schenkst. Jetzt will ich, daß du mit mir zum Flusse gehst und prüfst, was du davon halten sollst.« Der Priester willigte ein, und als sie zum Wasserfall kamen, sahen sie oben am Felsen eine Höhle. Die Felswand fiel so steil ab, daß man sie nicht erklimmen konnte; von der Stelle bis zum Wasser waren es fast zehn Klafter. Sie hatten ein Seil bei sich. Der Priester sagte: »Es scheint völlig unmöglich, daß du da hinunterkommst.« Grettir erwiderte: »Es ist sicher möglich, aber nur für sehr wagemutige Männer. Ich möchte gern wissen, was in dem Wasserfall ist. Du aber paß auf das Seil auf!« Der Priester sagte, er solle entscheiden, und trieb einen Pflock in den Boden auf dem Fels und setzte sich daneben.

Jetzt ist von Grettir zu erzählen, daß er einen Stein an einer Seilschlinge befestigte und ihn zum Wasser hinabließ. Der Priester sagte: »Wie willst du nun vorgehen?« – »Ich will nicht gebunden sein«, sagte Grettir, »wenn ich in den Wasserfall gelange. Das rät mir eine Ahnung.« Darauf machte er sich fertig für sein Unternehmen. Er hatte nur wenig an, war einzig mit dem Schwert gegürtet. Dann sprang er vom Felsen hinab in den Wasserfall. Der Priester sah noch seine Fußsohlen und wußte nicht, was weiter mit ihm geschah. Grettir tauchte unter den

Wasserfall, und das war nicht leicht, denn es gab starke Wirbel, und er mußte ganz bis zum Grund tauchen, ehe er hinter die herabstürzenden Wasser gelangte. Dort war ein Felsvorsprung, den er erklomm. Eine große Höhle öffnete sich hinter dem Wasserfall, und der Fluß stürzte davor vom Felsen herunter. Er ging nun hinein in die Höhle, dort brannte ein großes Feuer. Grettir sah, daß dort ein Riese saß, zum Erschrecken groß und fürchterlich anzusehen. Als Grettir ihm näherkam, sprang er auf, ergriff einen Spieß und hieb nach dem Ankömmling, denn er konnte sowohl hauen wie stechen damit; ein Holzschaft war daran, und man nannte das damals Heptisax, »Schaftschwert«.

Mit seinem Schwert nun hieb Grettir dagegen und traf den Schaft der anderen Waffe, so daß jener entzwei ging. Da wollte der Riese hinter sich nach dem Schwert langen, das dort in der Höhle hing. In diesem Augenblick schlug ihm Grettir das Schwert in die Brust, daß es ihm fast alle unteren Brustknochen und den Bauch wegriß, so daß die Eingeweide aus ihm heraus in den Fluß fielen, und es trieb sie flußabwärts. Und wie der Priester oben am Seil saß, sah er, daß es irgendwelche Fetzen mit der Strömung hinwegtrieb, und alle waren sie blutig. Da hielt es ihn nicht mehr, und er glaubte zu wissen, daß Grettir tot sei. Er verließ die Stelle, an der das Seil befestigt war, und rannte nach Hause. Es war Abend geworden, und der Priester sagte, ganz gewiß wäre Grettir tot, und er sagte, der Tod eines solchen Mannes wäre ein großer Verlust.

Nun ist wieder von Grettir zu erzählen. Er versetzte dem Riesen Hieb um Hieb, bis dieser starb. Dann ging er tiefer in die Höhle hinein; er zündete ein Licht an und untersuchte die Höhle. Es wird nichts davon gesagt, wieviel Geld er in der Höhle fand, aber die Leute glauben, daß es einiges war. Er hielt sich dort bis in die Nacht hinein auf. Er fand die Gebeine zweier Menschen und tat sie in einen Sack. Dann verließ er die Höhle und schwamm zum Seil und zog daran, in dem Glauben, daß der Priester noch da sei. Als er merkte, daß der Priester weggegangen war, mußte er sich mit den Händen am Seil nach oben ziehen und kam so hinauf auf den Felsen. Er ging dann zum Hof in Eyjardalsa. Den Sack, in dem die Gebeine waren, brachte er in den Vorraum der Kirche und legte einen Runenstab darauf.

Hiermit endet Grettirs Weihnachtsabenteuer.

Der Hirt von Silfrunarstadir
Eine isländische Sage

Ein Mann hat Gudmund geheißen; er wohnte in Silfrunarstadir im Skagafjörd. Er besaß große Viehherden und stand in gutem Ansehen. Obgleich er verheiratet war, hatte er doch keine Kinder.

Nun trug es sich zu Silfrunarstadir zu, daß an einem Weihnachtsabend der Hirt nicht nach Hause kam. Die Schafställe standen am Berge entlang an derselben Stelle, wo sie noch jetzt stehen, und der Hirt hütete das Vieh den Tag über, ging jedoch abends immer nach Hause. Man suchte nach ihm, doch war er nirgend zu finden. Im nächsten Frühjahr dingte der Bauer Gudmund einen Hirten, welcher Grim hieß. Dieser war ein großer und starker Mensch, der aussah, als könne er mit jedem fertig werden. Dennoch bat ihn der Bauer, sich in acht zu nehmen, und am Heiligabend gebot er ihm, die Schafe zeitig wieder hineinzutreiben und vor Dunkelwerden nach Hause zu kommen. Allein Grim kehrte am Abend nicht heim, und als man ihn am andern Tage suchte, fand man ihn nicht. Darüber waren die Leute sehr bestürzt und hegten allerlei Vermutungen. Gudmund, der Bauer, war über diese Ereignisse sehr bekümmert, und dazu fand sich nun niemand mehr, der Schafhirt bei ihm werden wollte.

Zu jener Zeit lebte in Sjavarborg eine arme Witwe. Sie hatte viele Kinder, und ihr ältester Sohn, der vierzehn Jahre alt war, hieß Sigurd. Diesen Burschen fragte der Bauer Gudmund, ob er sein Hirt werden wolle, und bot der Mutter viel Geld, wenn sie ihm den Jungen verdinge. Sigurd war gern bereit, auf den Vorschlag einzugehen, um das Los seiner Mutter zu verbessern, die Mutter dagegen wollte lange nicht einwilligen; zuletzt aber ging es doch so, daß Sigurd mit dem Bauern Gudmund zog. Er hütete den Sommer hindurch die Schafe, und alles ging vortrefflich. Der Bauer schenkte ihm einen Hammel und ein Schaf samt dem Lamm, worüber sich der Junge ungemein freute. Gudmund liebte Sigurd sehr, und am Heiligabend bat er ihn, sich recht in acht zu nehmen und vor Einbruch der Nacht nach Hause zu kommen.

Sigurd hütete den Tag über die Herde und trieb sie gegen Abend den Ställen zu. Da hört er droben in den Bergen schwere Schritte und sieht ein ganz fürchterliches und unheimliches Riesenweib daherkommen. »Sei gegrüßt, mein Sigurd«, sagt die Riesin, »dich will ich heut abend in meinen Sack stecken.« – »Das laß doch lieber bleiben«, sagt Sigurd, »ich bin so klein und mager, daß nicht viel an mir dran ist; aber hier habe ich einen Hammel und ein Lamm, die will ich dir in den Topf geben.« Damit übergab er ihr den Hammel und das Lamm, das legt sie beides auf ihre Schultern und schreitet den Berg hinan. Sigurd kehrt am Abend heim, und der Bauer empfängt ihn freudig und fragt ihn, ob ihm nichts widerfahren sei. Nein, sagt Sigurd, ihm sei nichts zugestoßen.

Nun war der Bauer sehr froh darüber, daß diese schrecklichen Dinge sich zum Bessern gewendet hatten.

Nach Neujahr ging er zu den Schafställen und besichtigte das Vieh; da vermißte er den Hammel und das Lamm, die Sigurd gehört hatten, und er fragte ihn, wie das komme. Sigurd antwortete, der Fuchs habe das Lamm zerrissen und der Hammel sei vom Felsen gestürzt, und er glaube, daß er mit seinen Schafen überhaupt kein Glück haben werde. Da schenkt ihm der Bauer wieder ein Schaf und zwei Hammel und bittet ihn, auch ferner bei ihm zu bleiben. Sigurd willigte ein, und es vergingen nun Winter und Sommer bis zum nächsten Christfest.

Da bat der Bauer den Sigurd aufs eindringlichste, doch nur ja auf seiner Hut zu sein, denn er liebe ihn wie seinen Sohn. Sigurd meinte, es sei nichts zu befürchten, er solle nur ohne Sorge sein. Am Heiligabend treibt Sigurd die Herde zu den Ställen, da kommt die Riesin daher und sagt, nun solle es nicht länger aufgeschoben bleiben, daß er in den Kochtopf komme. Sigurd sprach: »Ich bin da, wenn du willst, allein du siehst, daß an mir nicht so viel dran ist wie an einem Hammel; nun aber will ich dir zu Weihnachten zwei Hammel und zwei Schafe schenken, bist du damit nicht zufrieden?« – »Laß einmal sehen«, sagte die Riesenfrau. Da brachte Sigurd die Tiere herbei, und die Riesin hakte sie mit den Hörnern zusammen und ging fort in die Berge.

Sigurd kam am Abend nach Hause und sagte, er habe nichts Sonderliches erlebt. Der Bauer hatte ihn so lieb, daß er ihm im Sommer vier Hammel schenkte und ihn für einen neuen Zeitraum dingte. Am nächsten Weihnachtsabend treibt Sigurd die Schafe hinein, und da kommt wiederum die Riesenfrau und will ihn mitnehmen. Da bietet er ihr die vier Hammel an, die ihm gehören, und die nimmt sie und hängt sie sich über den Rükken. Darauf langt sie nach Sigurd, packt ihn unter dem Arm und läuft mit ihm in die Berge hinauf zu einer Höhle im Felsrücken; dort legt sie ihre Bürde nieder und befiehlt Sigurd, die Hammel zu schlachten und die Felle zu scheren. Als Sigurd damit fertig ist, fragt er, was er nun für Arbeit tun solle; da reicht sie ihm eine Axt und heißt ihn sie schärfen, so daß sie gut schneide, denn damit wolle sie ihn töten. Sigurd tut wie ihm befohlen und gibt ihr die Axt dann wieder. Nun befiehlt sie ihm, seinen Hals zu entblößen; auch das tut er, ohne zu erschrekken. Allein das Riesenweib legt die Axt beiseite und sagt, sie habe nicht die Absicht, ihn umzubringen. »Du wirst ein langes Leben haben«, spricht sie, »und das Glück wird dir stets hold sein; ich habe es so gefügt, daß du zu Silfrunarstadir Hirt wurdest, damit ich mit dir zusammenkam. Und nun will ich dir den Weg zeigen, der dich zu deinem Glück führen wird. Im Frühjahr sollst du den Bauern verlassen und nach As im Hjaltadal ziehen; dort wohnt ein guter Schmied, bei dem sollst du das Handwerk lernen; wenn du aber ausgelernt hast, sollst du mit Kramwaren und allerlei Plunder nach Miklabær in Oslandshlid ziehen. Der Probst dort hat drei Töchter, und die jüngste von ihnen, Margret mit Namen, ist von allen Mädchen in Island das begehrenswerteste. Die älteren Schwestern lieben Putz und Tand und werden das zu besitzen wünschen, woraus Margret sich nichts macht. Da sollst du sie, wenn du wieder von dannen ziehst, bitten, dich bis an die Tür zu geleiten, und dort angelangt, sollst du verlangen, daß sie bis an den Rand des Grasfeldes mitkomme. Das wird sie tun, und da sollst du ihr diese drei Dinge geben, die ich dir hier überreiche, ein Tuch, einen Gürtel und einen Ring, dadurch wirst du ihre Liebe gewinnen. Sobald du aber einmal von mir träumst, sollst du hierher in meine Höhle kommen, denn da werde ich gestorben sein. Dann sollst du mir, wie es in alter Zeit Sitte war, einen Hügel errichten und alles, was wertvoll ist, aus meiner Höhle mitnehmen.« Nachdem sie so gesprochen hatte, schied Sigurd von ihr und machte sich auf den Heimweg.

Der Bauer war über sein Ausbleiben schon sehr unglücklich und empfing ihn nun erleichtert und fragte, ob er nichts Merkwürdiges gesehen habe. Sigurd verneinte dies und sagte, er könne ihm dafür bürgen, daß ihm von nun an kein Hirt mehr verlorengehen werde. Im Frühjahr sagte er dem Bauern den Dienst auf und zog nach As im Hjaltadal, wo er das Schmiedehandwerk ergriff. Hierin war er sehr geschickt, so daß er schon nach Ablauf von zwei Jahren ausgelernt hatte. An den Bauern Gudmund hatte er große Anhänglichkeit und besuchte ihn oft.

Nun reiste er einstmals nach dem Handelsort Hofsos, kaufte dort Plunder und allerlei seltene Dinge und zog damit nach Miklabær. Dort hält er Kramwaren und schöne Tücher feil. Wie das die älteren Schwestern hören, bitten sie ihn, er möge außer ihnen niemandem seine Sachen zeigen und ihnen erlauben, sich davon auszusuchen. Das verspricht Sigurd und zeigt ihnen die Waren; sie kaufen nun vieles von ihm, Margret aber schaut zu und begehrt nichts für sich. Als Sigurd nun Abschied nimmt, bittet er Margret, ihn an die Tür zu geleiten; sie tut es, und wie sie dort sind, bittet er sie, bis an den Rand des Grasfeldes mitzugehen. Da meint sie aber, sie wisse gar nicht, was das zu bedeuten habe, daß er als ein fremder Mann so etwas von ihr verlange, was sich doch gar nicht schicke. Sigurd bittet sie nun noch dringender, und da ging es so, daß sie mit ihm kam. Da gab ihr Sigurd die drei Geschenke und bat sie, diese wohlgemut zu tragen, und steckte ihr den Ring an die Hand. »Freiwillig würde ich diese Sachen nicht genommen haben«, sagte Margret, »und ich fühle schon, sie haben die Eigenschaft, daß ich sie nicht von mir lassen kann, und so wird es wohl sein sollen.« Darauf trennen sie sich, und Sigurd kehrt nach As zurück.

Mit Margret, der Tochter des Probstes, ging durch diese Geschenke eine solche Veränderung vor, daß sie meinte, sie könne keinen anderen Mann heiraten oder lieben als Sigurd, ja, es war ihr, als könne sie ohne ihn nicht leben; sie wurde so beunruhigt davon, daß sie es endlich ihrem Vater sagte. Dieser versuchte es auf jede Weise, sie von solcher Narrheit abzubringen, und sagte, solange er lebe, solle sie sich das aus dem Sinn schlagen. Da saß Margret still und bekümmert und weder Schlaf noch Speise konnten sie erquicken. Ihr Vater sah zuletzt ein, daß es so nicht länger gehen dürfe, und da ritt er denn nach As im Hjaltadal und verabredete mit Sigurd, daß er als Schmied zu ihm ziehen solle. Dort wohnte Sigurd eine Zeitlang, aber bald kam es zwischen ihm und Margret so weit, daß sie einander ewige Treue gelobten und daß ihr Vater seine Einwilligung gab.

Bald danach erschien die Riesenfrau Sigurd im Traum, und er meinte daher zu wissen, daß sie nun gestorben sei. Da bat er den Probst, mit ihm hinauf nach Silfrunarstadir zu reiten und bei dem Bauern Gudmund zu übernachten. Als aber der Bauer Gudmund hörte, daß Sigurd mit der Tochter des Probstes verlobt sei, offenbarte er ihm einen Entschluß, den er längst im Sinne gehabt, und der bestand darin, daß er Sigurd alle seine Reichtümer vermachen wollte; er bat ihn, die Wirtschaft und sämtliche Besitztümer im nächsten Frühjahr zu übernehmen. Sigurd dankte dem Bauern herzlich, und der Probst freute sich, seine Tochter in so gute Verhältnisse kommen zu sehen.

Tags darauf bat Sigurd den Probst und den Bauern Gudmund, mit ihm hinauf in die Berge zu gehen. Er führte sie zu einer Höhlenmündung oben in der Felswand und sagte, sie sollten ohne Furcht hineingehen. Da erblickten sie die Riesenfrau, die tot am Boden lag und sehr grausig anzusehen war. Nun erzählte ihnen Sigurd die ganze Geschichte und bat sie, ihm zu helfen, daß er die Riesin bestatte. Sie scharrten sie im Gestein außen vor der Höhle ein, dann drangen sie weiter vor und fanden allerlei Besitztümer, genug um zehn Pferde damit zu beladen; das schaffte Sigurd alles heim nach Silfrunarstadir. Er war von nun an bis zu seinem Todestage ein hochangesehener und glücklicher Mann. Auf dem Wege am Flusse Nordurau hinauf soll man den Höhleneingang und den Grabhügel aus Steinen noch sehen können.

Ulfhild die Elbenfrau
Eine isländische Sage

Es war einmal ein Bauer auf seinem Hof, er wohnte im Nordland am See Myvatn. Dieser See ist so groß, daß der Weg um ihn herum eine Tagereise dauert. Einmal zu Beginn der Heuzeit, als alle Leute draußen auf der Wiese beim Heuen waren, kam vom See her eine Frau auf den Hof zugegangen. Sie trat zu dem Bauern und bat ihn, sie über Nacht zu beherbergen. Der Bauer erlaubte es ihr und fragte sie nach ihrem Namen; sie sagte, sei heiße Ulfhild. Er fragte nun, woher sie sei, aber davon wollte sie nicht gern sprechen. Am Abend wurde bei dem Bauern das Heu zusammengetragen, und da bat Ulfhild um einen Rechen. Sie allein rechte nicht weniger zusammen als sonst zwei Frauen, auch wenn sie sehr tüchtig sind. Am nächsten Morgen wollte Ulfhild wieder mit den Mägden Heu rechen, aber der Bauer sagte, das sei nicht nötig, und gab ihr zu verstehen, es sei ihm am liebsten, wenn sie nun gehe. Da fing Ulfhild an zu weinen, und der Bauer erlaubte ihr nun, noch diesen Tag zu bleiben. Am andern Morgen jedoch sagte er ihr, nun müsse sie gehen, und da fing sie wieder an zu weinen. Da fühlte der Bauer Mitleid und gestattete ihr, eine Woche dazubleiben. Als nun die Woche um war, sagte der Bauer, nun könne er sie nicht länger behalten, aber es ging wie früher, Ulfhild fing an zu weinen. Nun kam es dahin, daß er ihr den Sommer über zu bleiben erlaubte, und darüber war sie sehr froh. Allen auf dem Hof gefiel Ulfhild wohl, und niemand glaubte, je eine tüchtigere, fleißigere und ehrbarere Frau gekannt zu haben. Als es auf den Herbst zuging, wurde beschlossen, daß Ulfhild noch das Jahr zu Ende bleiben solle, und etwas später dingte man sie auch für das nächste Jahr.

Als nun im Winter das Weihnachtsfest naht, gibt die Hausfrau ihr Leder, aus dem sie für sich und die beiden Knechte, die ihr halfen, Schuhe zum Fest machen soll. Da macht sie Schuhe für die Knechte, aber ihre eigenen Schuhe läßt sie ungemacht. Am Weihnachtstag ziehen alle zur Kirche, nur Ulfhild bleibt daheim.

Nun ist nichts weiter zu erzählen, bis das nächste Christfest herankommt. Da gibt ihr die Hausfrau wieder Schuhleder wie im vorigen Jahr, sie aber machte nur für die Knechte Schuhe daraus und keine für sich. Am Weihnachtstag gehen wieder alle zur Kirche, nur Ulfhild bleibt zu Hause. In der Nacht aber war es dem einen Knecht vorgekommen, als sei Ulfhild eine Zeitlang fort gewesen, und er nahm sich vor, wenn er übers Jahr um diese Zeit noch mit ihr zusammen da sein sollte, besser acht zu geben, was sie treibe.

Der Winter verging, und Ulfhild war überaus wohlgelitten, denn man meinte, in jeder Hinsicht noch nicht ihresgleichen gesehen zu haben. Es fiel aber nichts vor, bis das dritte Weihnachtsfest herankommt. Die Hausfrau gibt Ulfhild wie gewöhnlich Leder zu Weihnachtsschuhen, und diese macht wie früher Schuhe für die Knechte, aber keine für sich selber. Die Hausfrau sagt nun zu Ulfhild, diesmal müsse sie am Weihnachtstag mit zur Kirche gehen, denn sie habe ihretwegen vom Pfarrer schon Vorwürfe bekommen, weil sie nie die Kirche besuche. Ulfhild sagte darauf nicht viel und brach das Gespräch ab. In der Christnacht, als alle zu Bett sind und nur der besagte

Knecht noch wach liegt, steht Ulfhild leise auf, so daß keiner es hört, und schleicht sich aus dem Haus, der Knecht aber geht hinterher. Sie geht an den See, und wie sie dorthin kommt, nimmt sie Handschuhe hervor und reibt sie. Da entsteht sogleich eine Brücke über den See; sie geht darauf hinüber, und der Knecht folgt ihr. Jenseits des Wassers angelangt, reibt sie wieder die Handschuhe, und die Brücke verschwindet. Ulfhild setzt ihren Weg fort, und dem Knecht ist es, als gehe es hinab in die Erde, denn es wird ganz dunkel um sie her. Er kann sie jedoch noch wahrnehmen und geht ihr immerzu nach. Sie wandern nun weiter und weiter, bis allmählich der Weg lichter zu werden beginnt. Endlich kommen sie auf ein schönes ebenes Wiesenland, welches so voller Blumen ist, daß der Knecht vermeint, noch keinen so lieblichen Ort gesehen zu haben. Beide Seiten des Weges sind mit den herrlichsten Blüten bedeckt, und der Grund ist ganz lichtgelb anzusehen, wie die Sonne so auf den Löwenzahn scheint. Eine Schafherde tummelt sich auf der Ebene und rupft hier und da Blumen ab. Die Natur war in ihr schönstes Gewand gekleidet. Mitten auf diesem Grasland stand ein stattliches Schloß, und dem Knecht kam es vor wie ein Königsschloß, so prächtig war es anzusehen. Ulfhild ging dorthin und in das Schloß hinein, der Knecht aber blieb in einem Winkel draußen stehen. Bei dem Schloß stand eine Kirche, und auch die war ein schönes Gebäude.

Nach einer kleinen Weile kommt Ulfhild aus dem Schloß heraus, mit königlichen Gewändern angetan, und hat einen Goldring an jedem Finger. Sie trägt ein Kind auf dem Arm, und an ihrer Seite geht ein Mann mit einer Krone auf dem Haupt und in königlicher Kleidung; da dachte sich der Knecht, daß dies König und Königin seien. Sie gingen in die Kirche, und eine große Menge Leute folgte ihnen, alle ausnehmend schön gekleidet und mit fröhlichen Mienen. Der Knecht ging nun an die Kirchentür, und niemand sah ihn, auch Ulfhild nicht. Jetzt begann die Messe, und man hörte liebliche Harfentöne und schönen Gesang. Das Kind, welches Ulfhild trug, wurde während der Messe unruhig und laut; da zog sie einen goldenen Ring von ihrer Hand, das Kind aber warf ihn die Kirche entlang, so daß der Knecht sich seiner bemächtigen konnte.

Als die Kirche aus war, gingen alle hinaus; Ulfhild kehrte mit dem schön gekleideten Mann in das Schloß zurück, und da schienen dem Knecht alle Leute traurig auszusehen. Nach einem Weilchen kommt Ulfhild in ihrer früheren Kleidung wieder heraus und geht rasch vondannen. Sie geht denselben Weg, den sie gekommen ist, und der Knecht hinter ihr her. Es wird nichts weiter erzählt, bis sie an den See kommen. Dort reibt sie die Handschuhe, und da entsteht die Brücke, auf dieser überschreiten sie den See. Da reibt sie die Handschuhe von neuem, und die Brücke verschwindet. Nun aber beeilt sich der Knecht, daß er vor Ulfhild zu Hause ist, und legt sich rasch zu Bett, sie kommt kurz nach ihm und begibt sich ebenfalls zur Ruhe, und da graut schon der Morgen.

Es wird nun Tag, und die Leute stehen auf. Da sagt die Hausfrau zu Ulfhild, heute müsse sie nun mit in die Kirche kommen. Der Knecht entgegnet, das tue gewiß nicht not, denn sie sei in der Nacht schon zur Kirche gewesen. »Du sprichst als Glücklichster der Menschen, wenn du das beweisen kannst«, sagte Ulfhild. Da erzählte der Knecht die ganze Geschichte, die sich in der Nacht zugetragen hatte, und zeigte als Beweis dafür den Ring.

Nun wurde Ulfhild über die Maßen froh und erklärte, wie es mit ihr zusammenhänge. Sie sei eine Königin aus dem Elbenland, sagte sie, und habe sich einst mit einem bösen alten Weib gezankt; sie habe sie mit dem Fluch belegt, daß sie von jetzt an immer bei den Menschen sein solle, wenn nicht ein menschliches Wesen in der Christnacht mit ihr in die Elbenwelt käme, doch müsse dies im ersten, zweiten oder dritten Jahr nach ihrer Verbannung geschehen. Als einziges erlaubte ihr das Weib, daß sie in diesen drei ersten Christnächten ihren Mann besuchen dürfe. Sie selbst aber habe das Weib dazu verdammt, daß es sterben müsse, sobald sie von dem Zauber erlöst würde. Zu dem Knecht sagte Ulfhild: »Das verspreche ich dir, daß du von nun an in allen Dingen Glück haben sollst. Morgen geh hinunter zum See, da wirst du zwei lederne Beutel finden; den kleineren sollst du haben und den größeren dein Bauer und seine Frau.« Dann schickte sich Ulfhild an zu gehen und nahm von allen freundschaftlich Abschied. Sie eilte hinunter zum See und verschwand, und keiner hat sie je wieder gesehen, alle Hausbewohner aber vermißten sie schmerzlich.

Am andern Tag ging der Knecht hinunter zum See und fand da zwei Beutel, die beide recht ansehnlich waren. In dem kleineren lagen goldene, in dem größeren silberne Münzen. Man sagt, der Knecht sei von jener Zeit an sein ganzes Leben lang vom Glück begünstigt gewesen, und so endet diese Geschichte.

Hans Nikolai und Glück-Anders
Ein norwegisches Märchen

Ein reicher Bauer hatte zwei Söhne, die hießen Hans Nikolai und Glück-Anders. Der älteste war einer, aus dem man nicht recht schlau werden konnte; mit ihm war schlecht auszukommen, und er hatte noch mehr Nahrungsverstand als sonst die Leute aus dem Nordland, obwohl sie mit dieser Gottesgabe selten zu wenig gesegnet sind. Der andere, Glück-Anders, war wild und ausgelassen, aber immer in guter Laune; und wenn es ihm noch so dreckig ging, er sagte stets, das Glück sei auf seiner Seite. Selbst wenn ein Adler, um sein Nest zu verteidigen, ihm auf den Kopf oder ins Gesicht schlug, daß das Blut lief, sagte er dasselbe – wenn er nur mit einem Adlerjungen nach Hause kam. Kenterte er, was nicht selten geschah, und man fand ihn auf dem umgekippten Boot, ganz verkommen vor Nässe, Kälte und Anstrengung, und einer fragte ihn dann, wie es ihm ginge, so antwortete er: »Na, ganz gut soweit, ich bin gerettet: Das Glück ist ja mit mir.«

Als der Vater starb, waren sie beide erwachsen, und einige Zeit darauf mußten sie hinaus zu den Sandschären, um einige Fanggeräte zu holen, die seit dem Sommerfischen dort zurückgelassen waren. Glück-Anders hatte seine Büchse mit sich, die ihn immer begleitete, egal, wo er sich aufhielt. Es war spät im Herbst, und die Zeit, wo die Fischer auf Utrör fischten (d. h. auf Sommerfang fuhren), war vorüber. Hans Nikolai sprach nicht viel auf der Fahrt, aber er dachte wohl an dieses und jenes. Zur Heimreise wurden sie erst fertig, als sich die Sonne neigte. »Hör mal, Glück-Anders, weißt du was, es wird Schlechtwetter geben heut nacht«, sagte Hans Nikolai und starrte über das Meer; »ich meine, es ist das beste, wir bleiben bis morgen hier.« – »Schlechtwetter wird es wohl nicht«, antwortete Anders, »die Sieben Schwestern haben ihre Nebelkappen nicht auf. Laß es scheuern.«

Aber da klagte der andere, er sei müde, und schließlich wurden sie sich darüber einig, über Nacht dazubleiben. Als Anders aufwachte, war er allein; er sah weder Bruder noch Boot, bis er die Spitze der Insel erreicht hatte: Da sah er ihn weit draußen, wie eine Möwe, die landwärts flog. Glück-Anders konnte keinen Sinn darin sehen. Ein Proviantkorb lag da, ein Napf mit Molke, seine Büchse und verschiedenes noch dazu. Anders dachte nicht lange an irgendwas. »Er kommt wohl bis zum Abend zurück«, sagte er und machte sich über den Proviant her, »ein Dummkopf, der mutlos wird, bevor er speiselos wird.« Aber es kam kein Bruder bis zum Abend, und Glück-Anders wartete Tag um Tag und Woche um Woche, dann begriff er, daß er ihn auf der öden Insel ausgesetzt hatte, um selbst bei dem ungeteilten Erbe zu bleiben, und das war der richtige Gedanke: denn als Hans Nikolai auf der Heimfahrt unter Land gekommen war, ließ er das Boot kentern und sagte, Glück-Anders wäre ertrunken.

Aber der ließ den Mut nicht sinken, er sammelte Treibholz am Strand, schoß Seevögel, sammelte Wurzeln und Stämme; er machte sich ein Floß aus herumliegendem Lattenholz und fischte mit einer Seelachs-Angelrute, die dort hinterlegt war. Eines Tages, als er damit zugange war, fiel sein Blick auf eine Vertiefung oder Einsenkung im Sand, wie die Kielspur einer großen Nordlandjacht, und er konnte deutlich die Windungen der Taue von der See bis hinauf zur Inselspitze sehen. Da dachte er bei sich selbst, nun habe es keine Gefahr mit ihm; denn er sah, daß es wahr war, was er oft gehört

hatte: daß das »Tuftevolk« hier seinen Aufenthalt hätte und einen regen Schiffsverkehr betriebe.

»Gott sei Dank für die gute Gesellschaft! Das ist genau das richtige Völkchen. Ja, es stimmt schon, wie ich sage, das Glück ist mit mir«, dachte Glück-Anders bei sich selbst, vielleicht sagte er es auch; denn er hatte es nötig, dann und wann ein wenig zu sprechen. So lebte er den Herbst über; einmal sah er ein Boot; da hing er ein Kleidungsstück auf eine Stange und winkte damit, aber in diesem Augenblick fiel das Segel, die Leute setzten sich an die Ruder und fuhren in Hui und Hast wieder fort; sie glaubten, es sei das Tuftevolk, das da flaggte und winkte.

Am Julabend bekam er Fiedeln und Musik zu hören weit draußen vom Meer; als er hinaustrat, sah er ein Leuchten; es kam von einer großen Nordlandjacht, die dem Lande zu glitt. Aber eine solche Jacht hatte keiner zuvor gesehen. Es hatte ein verrückt großes Rahsegel, das ihm aus Seide schien, das schmächtigste Tauwerk, nicht dicker, als wenn es aus Stahldraht wäre – und alles, was dazu gehörte, war im Verhältnis dazu, so schön und fein, wie ein Nordländer es sich nur wünschen kann. Die ganze Jacht war voll von blaugekleideten kleinen Leuten, aber die, die am Steuer stand, war geschmückt wie eine Braut und so prächtig wie eine Königin; sie hatte eine Krone auf und kostbare Kleider an. Aber das konnte er sehen, daß sie ein Menschenkind war; denn sie war hochgewachsen und schmucker als alles Koboldvolk; ja, sie kam Glück-Anders so schön vor, wie er noch nie ein Mädchen gesehen hatte. Die Jacht steuerte auf das Land zu, dorthin, wo Glück-Anders stand; aber schnelldenkend wie er war, lief er hinein in die Fischerkate, riß das Gewehr von der Wand und kroch hinauf auf den großen Bretterboden und versteckte sich so, daß er sehen konnte, was da vor sich ging in der Hütte. Bald sah er, daß es in der Stube nur so wimmelte; sie wurde proppenvoll, und es kamen mehr und mehr. Da fing es an, in den Wänden zu knacken, und die Stube weitete sich in alle Richtungen aus, und es wurde so prächtig und stattlich, wie es prächtiger nicht sein könnte bei dem reichsten Handelsherrn; es war fast wie auf einem Königsschloß. Tische wurden gedeckt mit den köstlichsten Gerichten, und die Teller und Schüsseln und alle Gefäße waren aus Silber oder Gold.

Als sie gespeist hatten, fingen sie an zu tanzen. Während des Tanzlärms kroch Glück-Anders aus dem Rauchloch hinaus, das auf der einen Seite des Daches angebracht war, und kletterte hinab. Dann rannte er zu der Jacht, warf seinen Feuerstahl über sie und schnitt, der größeren Sicherheit wegen, mit dem Schnitzmesser ein Kreuz in die Wandung. Als er wieder hinaufkam, war der Tanz in vollem Gange: Die Tische tanzten und die Bänke und Stühle, und alles, was in der Stube war, tanzte mit. Die einzige, die nicht tanzte, war die Braut; sie saß nur und guckte zu, und wenn der Bräutigam sie auffordern wollte, so schob sie ihn weg. Vorerst aber gab es kein Stehenbleiben: Der Spielmann verschnaufte nicht und hielt nicht inne und griff nicht nach den Knöpfen, er spielte immerzu mit seiner linken Hand und trat den Takt, bis der Schweiß von ihm hagelte und er die Fiedel vor lauter Staub und Rauch nicht mehr sehen konnte.

Als Anders spürte, daß es auch ihm in den Füßen zu rucken und zucken begann, da, wo er stand, sagte er zu sich selbst: »Jetzt ist es wohl das beste, ich knalle los, sonst spielt er mich von Grund und Boden.« So wandte er sein Gewehr, steckte es zur Fensteröffnung hinein und schoß es ab, über den Kopf der Braut hinweg, aber verkehrt herum, sonst hätte die Kugel ihn selbst getroffen. In demselben Augenblick, als der Schuß fiel, stürzte alles Koboldvolk übereinander zur Tür hinaus, doch als sie sahen, daß die Jacht gebunden war, jammerte es sie, und sie krochen in ein Loch im Fjäll (Berg). Aber alles Silber- und Goldzeug war zurückgeblieben, und die Braut saß auch noch da; es war, als sei sie zu sich selbst zurückgekehrt. Sie erzählte Glück-Anders, daß sie in den Berg genommen* worden sei, als sie ein kleines Kind gewesen. Als ihre Mutter einmal bei den Hürden war, um zu melken, hatte sie sie bei sich, aber als sie heim mußte, um etwas zu erledigen, ließ sie das Kind im Heidekraut sitzen unter einem Wacholderbusch und sagte, es dürfe von den Beeren essen, wenn es nur dreimal sage:

»Ich esse von Wacholderbeeren blau
Mit Jesu Kreuz darauf;
Ich esse von Preiselbeeren rot
Mit Jesu Pein und Tod.«

Aber als ihre Mutter fort war, fand sie so viele Beeren, daß sie ihren Spruch zu sagen vergaß, und deshalb wurde sie in den Berg genommen. Sie hatte keinen anderen Makel zurückbehalten als den, daß sie das oberste Gelenk vom linken kleinen Finger verlor, und sie hatte es gut und angenehm gehabt bei dem Tuftevolk, sagte sie; aber sie empfand, es hatte nicht alles seine Richtigkeit; es war, als ob etwas an ihr nagte, und sie hatte sehr gelitten unter der Zudringlichkeit des ältlichen Kobolds, den sie ihr zum Ehemann bestimmt hatten.

Als Anders hörte, wer ihre Mutter war und woher sie stammte, wußte er, daß sie aus seiner Verwandtschaft kam, und sie wurden, wie man so sagt, rasch gute und verträgliche Freunde. Da sagte Glück-Anders mit Recht, daß das Glück mit ihm war. Also reisten sie nach Hause und nahmen die Jacht und all das Gold und Silber und all

* In den Berg nehmen, Bergtagning, ist kennzeichnend für den nordischen Troll- und Huldreglauben; ob jung oder alt, Mensch oder Tier, alle sind sie der Gefahr ausgesetzt, in den Berg genommen zu werden – vor allem Frauen und Kinder.

die Kostbarkeiten, die in der Fischerhütte zurückgeblieben waren, mit sich, so daß Anders um ein Vielfaches reicher wurde als der Bruder.

Aber der, der eine Ahnung hatte, woher all dieser Reichtum gekommen war, wollte nicht weniger reich sein. Er wußte, daß Trolle und Tuftevolk meist am Weihnachtsabend draußen zu sein pflegten; deshalb fuhr er um die Zeit zu den Sandschären hinaus. Am Julabend bekam auch er ein Feuer oder Licht zu sehen, aber es war wie Meerleuchten, das funkelte. Als es näher kam, hörte er ein Platschen, ein gräßliches Heulen und kalte, durchdringende Schreie, und er roch einen abscheulichen Teerdunst. In seinem Schrecken rannte er in die Fischerhütte hinauf, von wo er die Seegespenster am Strand erblicken konnte. Sie waren kurz und dick wie Heudiemen, waren ganz in Fell gekleidet, Fellröcke, Wasserstiefel und große wollene Handschuhe, die fast bis zur Erde hingen. Anstelle von Kopf und Haar hatten sie ein Tanggewirr. Als sie den Strand heraufkrochen, leuchtete es hinter ihnen wie von glimmenden Birkenborken, und wenn sie sich schüttelten, sprühten die Funken um sie; als sie nach oben kamen, kroch Hans Nikolai hinauf auf den Bretterboden, wie es sein Bruder getan hatte. Die Seegespenster schleppten einen großen Stein in die Hütte und begannen ihre Seehandschuhe trocken zu klopfen, und mitunter schrien sie, daß es ihn fröstelte in seinem Bodenversteck. Dann nieste einer in die Aschenglut, um Feuer auf den Herd zu kriegen, während die anderen Heidekraut und Treibholz hereintrugen, so rauh und schwer wie Blei. Der Rauch und die Hitze waren drauf und dran, den auf dem Boden oben zu ersticken, und um wieder zu Atem und an die frische Luft zu kommen, versuchte er, durch das Rauchloch herauszukriechen, aber er war viel grobgliedriger als sein Bruder, und so blieb er stecken und konnte weder heraus noch herein. Nun bekam er Angst und fing an zu schreien, aber die

Seegespenster schrien noch schlimmer, und sie brüllten und heulten und taumelten und polterten draußen wie drinnen.

Aber als der Hahn krähte, verschwanden sie, und Hans Nikolai kam los. Als er aber von der Reise nach Hause kam, war er nicht mehr richtig im Kopf, und seit der Zeit konnte man oft auf den Speichern oder in Vorratshäusern, wo er gerade war, dieselben dunklen kalten Schreie hören, an denen man im Nordland die Draugene (Seegespenster) erkennt. Vor seinem Tod kam er doch wieder zu Verstand, und er bekam, wie man sagt, christliche Erde. Doch seit dieser Zeit hat kein Mensch seinen Fuß auf die Sandschären gesetzt. Sie sanken, und das Tuftevolk, so glaubte man, siedelte um auf die Lekang-Inseln. Dem Glück-Anders ging es stets gut; kein Schiff machte glücklichere Reisen als seines, aber jedesmal, wenn er zu den Lekang-Inseln kam, wurde es windstill – das Tuftevolk ging an Bord oder an Land mit seinen Waren –, doch nach einer Weile hatte er günstigen Wind, ob er nun nach Bergen fuhr oder wieder heimwärts. Er bekam viele Kinder, und alle waren sie flink, aber allen fehlte das oberste Gelenk am linken kleinen Finger.

ZEHNTES KAPITEL

DIE MAGIER AUS DEM MORGENLAND

»Der Stern blieb stehn über Josephs Haus,
Da sind sie hineingegangen
Das Öchslein brüllte, das Kindlein schrie,
Die heil'gen drei Könige sangen.«

Heinrich Heine, ›Buch der Lieder‹,
Nr. XXXVII (1827)

Die Magier in dreifachem Sinn

Aus der Legenda aurea des Jacobus de Voragine

Als unser Herr geboren ward, da kamen die drei Magier nach Jerusalem. Sie hießen auf hebräisch Appellius, Amerius, Damascus; auf griechisch Galgalat, Magalat, Sarachin; auf lateinisch Caspar, Balthasar, Melchior. Was für Magier sie aber waren, des sind drei Meinungen, nach dem dreifachen Sinn, den dieser Name haben mag. Denn magus ist gesprochen der Betrüger, der Zauberer oder der Weise.

Sie sind Betrüger genannt, wie etliche sagen, nach dem, was durch sie geschah; denn Herodes ward von ihnen betrogen, weil sie nicht wieder zu ihm zurückkehrten. Darum heißt es von Herodes: »Da er sah, daß ihn die Weisen betrogen hatten.« Zum andern heißt magus der Zauberer, darum man auch die Zauberer des Pharao Magier nennen mag. Zum dritten heißt magus

der Weise. Denn Magier ist ein persisches Wort und heißt auf hebräisch der Schreiber, auf griechisch der Philosoph, zu latein sapiens, das ist der Weise. Daher waren sie Magier genannt, das ist: Weise; darum ist Magier auch soviel wie »welche groß sind in Weisheit«. Also kamen die drei Weisen und Könige mit großem Gefolge nach Jerusalem.

Die Könige waren aus dem Geschlecht Balaams, darum folgten sie dem Stern nach. Denn ihr Ahnherr hatte geweissagt: »Es wird ein Stern aufgehen aus Jakob, und ein König aus Israel« (Num. 24, 17). Chrysostomus nennt einen anderen Beweggrund, denn er schreibt in dem Original über Matthäus, es werde auch erzählt, daß etliche Betrachter heimlicher Dinge »unter sich zwölf besondere Meister auswählten«, und wenn einer von ihnen starb, so setzte man seinen Sohn oder seinen nächsten Anverwandten an seine Statt. Die gingen alle Jahre einen Monat nach dem andern auf den Berg des Sieges und wohnten da drei Tage und wuschen sich und baten Gott, daß er ihnen den Stern zeige, den Balaam geweissagt hatte. Es geschah auf den Weihnachtstag, daß sie auf dem Berge waren, da kam ein Stern über den Berg herauf, der hatte die Gestalt eines wunderschönen Kindes, und ein Kreuz leuchtete über seinem Haupt; und der Stern sprach zu ihnen: »Gehet eilends hin in das jüdische Land, da findet ihr den König geboren, den ihr suchet.«

Da machten sie sich eilends zu der Fahrt auf. Wie aber das sein mochte, daß sie in so kurzer Zeit, in dreizehn Tagen, vom Aufgang der Sonne bis nach Jerusalem fuhren, das in der Mitte der Erde liegt, davon spricht Remigius: das himmlische Kind, das sie suchten, habe sie wohl so schnell zu ihrem Ziele zu führen vermocht. Anders spricht Hieronymus: daß sie ritten auf Tieren, die so schnell sind, daß sie an einem Tag so viel laufen wie ein Pferd in dreien; davon haben sie den Namen Dromedarius, das ist gesprochen Laufekraft, von dromos Lauf und ares Kraft. Also kamen sie nach Jerusalem und fragten: »Wo ist der neugeborene König der Juden?« Sie glaubten fürwahr, daß er geboren sei, darum fragten sie nicht, ob er geboren, sondern sie fragten nur, wo er geboren sei; und wenn einer nun zu ihnen gesprochen hätte: »Woher wißt ihr denn, daß dieser König geboren ist?« sagten sie alsogleich: »Wir haben seinen Stern gesehen im Aufgang und sind gekommen, ihn anzubeten.«

Als das der König Herodes hörte, erschrak er und mit ihm das ganze Jerusalem. Herodes versammelte alle Priester und Schriftgelehrten und erforschte von ihnen, wo Christus sollte geboren werden. Und da er von ihnen vernahm: zu Bethlehem im jüdischen Land, da berief er die Weisen heimlich zu sich und forschte sie aus, wann ihnen der Stern erschienen wäre, damit er wüßte, was er tue, so die Weisen nicht wieder zu ihm zurückkehrten; und sprach zu ihnen: »Und wenn ihr das Kindlein findet, so saget mirs wieder«; als wolle er den auch anbeten, den er doch zu töten gedachte.

Hier sollen wir auch anmerken, daß die Könige den Stern verloren, als sie zu Jerusalem eingingen. Und das um drei Sachen. Denn sie sollten erstlich aus Not nach diesem Kinde fragen, damit sie des Ortes inne würden und gänzlich Sicherheit gewönnen von seiner Geburt, indem ihnen die Erscheinung des Sterns bestätigt würde und die Weissagung – was auch geschah. Zum andern: da sie weltlichen Rat begehrten, war es ziemlich, daß sie die göttliche Hilfe verloren. Zum dritten, wie Sankt Paulus spricht, sind die Zeichen den Ungläubigen gegeben, die Prophezeiungen aber den Gläubigen: so erschien den Königen das Zeichen in dem heidnischen Land, und sie verloren es, als sie unter den gläubigen Juden waren. Und siehe, da sie wieder aus Jerusalem zogen, ging der Stern vor ihnen her, bis daß er kam und stand oben drüber, wo das Kindlein war.

Als sie aber in das Haus traten und das Kind fanden mit

Maria, seiner Mutter, da knieten sie nieder und opferten ihm ein jeglicher seine Gaben, als da sind Gold, Weihrauch und Myrrhen. Warum die Könige solche Gaben opferten, des sind mancherlei Ursachen. Remigius spricht davon, es sei eine Gewohnheit der Alten, daß niemand vor Gott oder vor den König ging ohne eine Gabe. Und es sei die Gewohnheit des Volkes von Persien und Chaldäa, solcherlei Gaben darzubringen. Und die Könige kamen von den Enden von Persien und Chaldäa, wie es in der Historia Scholastica heißt; dort fließt der Fluß Saba, davon das Land auch Sabäa genannt ist. Sankt Bernhard aber spricht, daß sie Gold opferten für die Armut Marias, Weihrauch wider den bösen Geruch des Stalles, Myrrhen um des Kindes Glieder zu kräftigen und die bösen Würmer zu vertreiben. Oder sie opferten Gold zu einem Zins, da er der oberste König war, Weihrauch zu einem Opfer, da er Gott war, Myrrhen zu einem Begräbnis, da er ein sterblicher Mensch war.

Danach wurden die Könige im Schlaf ermahnt, daß sie nicht wieder zu Herodes zögen, und sie kehrten auf einem anderen Weg wieder heim in ihr Land.

Sehet hier, wie die Könige zugenommen haben an ihrer Fahrt: der Stern geleitete ihre Herfahrt, Menschen, ja Propheten wiesen sie zu der Stadt, der Engel geleitete sie zu der Heimfahrt, und Christus wird sie ins ewige Leben empfangen auf ihrer letzten Fahrt.

Ihre Leiber waren vor Zeiten zu Mailand in der Kirche, die nun den Predigermönchen gehört, jetzt aber ruhen sie zu Köln.

Rübezahl beschenkt die heiligen drei Könige
Eine schlesische Sage

In Böhmen ist vor vielen Zeiten der Brauch gewesen, welcher auch noch ist, daß die Böhmen mit dem Sterne, Joseph, Maria und dem Kindlein Jesu über das Gebirg gegangen. Es sind nicht nur Knaben gewesen, als man hier in Städten im Brauch hat, sondern Männer, welche sich der Sache beflissen haben.

Einstmals gehen sie über das Gebirg bei rauhem Winter, kommen auch in ein Wirtshaus, bitten den Wirt um Herberge, weil es spät am Abend gewesen. Er läßt sie hinein. Die Jungfrau Maria ist sehr durchfroren. Der Wirt macht ihr bald ein warm Bier, daß sie sich erholen kann. Es kommen andere Gäste hinein, zehren um ihr Geld, sie lassen sie Komödie spielen, was dem Wirt wohl gefiel.

Früh morgens mußten sie solches dem Wirt allein spielen, der verehrt jedem drei Groschen, der Jungfrau Maria aber sechs und dem Kindlein einen Reichstaler und weist ihnen den Weg durchs Gebirge.

Wie sie in die erste Herberge kommen, so erzählen sie es und weisen das Geld vor, das ein jeder empfangen, sind dessen froh, wie sie es aber anschauen, so sind die Groschen alle Dukaten und der Reichstaler, welchen er dem Kindlein Jesu verehrt, ist ein Portugaleser gewesen. Einer aber unter ihnen, der auch drei Groschen bekommen, die zu Dukaten worden sind, der sagt, das hätte gewißlich der Rübezahl getan, und bald Gutes, bald Böses von ihm geredet. Als er einen von seinen drei Groschen, welche zu Dukaten geworden, wechseln wollte, ist er ein Groschen vor und nach geblieben, wie auch die andern zwei Dukaten. Die andern haben ihn ausgelacht. Das ist seine Strafe gewesen.

Das Kölner Dreikönigsfest
Rheinischer Volksbrauch

Der Dreikönigstag wurde am Rhein besonders festlich begangen, denn der Kölner Dom ist die vielverehrte Ruhestätte der Weisen aus dem Morgenland, auf die auch die drei Kronen im Wappen der rheinischen Metropole hinweisen. Der Reichskanzler Friedrich Barbarossas, Erzbischof Reinald von Dassel, hatte die Gebeine als Geschenk des Kaisers aus dem zerstörten Mailand nach Köln übergeführt. Zur Dreikönigsfeier gehörte der Königskuchen. Eine Bohne, von altersher ein beliebtes Wahlmittel, oder eine Silbermünze wurde in ihm versteckt. Wer sie in seinem Stück fand, ward zum König ausgerufen. Er wählte die Königin, während die Würdenträger durch das Los bestimmt wurden. Zu ihnen zählten nach einem alten Dreikönigslied der Edelmann, Bettelmann, Küster, Pastor, Ratsherr, Bürgermeister, Apotheker, Major. An die bei der Dreikönigsfeier gesungenen Spottlieder soll die Redewendung »Es geht etwas über das Bohnenlied« erinnern. Man beschenkte uns mit Dreikönigszetteln, auf denen die Namen Kaspar, Melchior, Balthasar verzeichnet waren und die der Landmann zum Schutz gegen Viehseuchen im Stall aufhing. Für die enge Verbundenheit der Vergangenheit mit diesen Heiligen spricht auch die Tatsache, auf die ein gelehrter Freund des Elternhauses einmal hinwies. In den Namen vieler alter Gaststätten lebt das Andenken an die drei Könige, besonders den Mohren Balthasar, als Urbilder und Patrone der Reisenden, an ihre Kronen und den sie führenden Stern fort. Heute sind das meist unverstandene Zusammenhänge. Auch in Bonn hieß ein ausgezeichneter Gasthof »Stern« und ein viel besuchtes Kaffeehaus im benachbarten Poppelsdorf »Heilige drei Könige«.

Der Dreikönigskuchen wurde in einer Kindergesellschaft zerschnitten, bei welcher der Christbaum noch einmal angezündet wurde, um tags darauf, seines Schmuckes beraubt, wie es hieß, »geplündert« zu werden. Unsere beliebtesten Spiele bei diesem Fest waren: »Adam hatte sieben Söhne«, »Wir reisen nach Jerusalem« und »Die Herren von Nonnefei«. Bei diesem erschien der von Legende und Dichtung geschäftig umrankte römische Landpfleger Pilatus als Fifilatus. Wir stellten uns in zwei Reihen auf, gingen wechselweise vor und nach einer Verbeugung wieder zurück, wobei ein Kind nach dem anderen zu der gegenüberstehenden Seite trat. Dazu sangen wir: »Hier kommen die Herren aus Nonnefei. Heiza Fifilatus. Was wollen die Herren aus Nonnefei? Sie wollen die jüngste Tochter haben. Was wollen sie mit der Tochter tun? Sie wollen sie in ein Kloster tun. Heiza Fifilatus.« Großer Jubel herrschte beim Auslösen der Spielpfänder, bei dem »Speck- oder Schinkenschneiden« oder dem »Am-Kreuz-hängen«, wobei es hieß: »Ich hänge hier am Krüzche, wer mich lieb hat, gibt mir ein Bützche.«

Der Knüppel aus Holz
Eine spanische Legende

Es waren einmal – so sagt man – drei Brüder, die einander so innig liebten, daß sie, bereits alle verheiratet, dennoch zusammen geblieben sind, ihre Herden gemeinsam gehütet und ihren Besitz gemeinsam verwaltet haben.

Das alles war – so sagt man – um die Zeit, als Christus geboren worden ist.

Und als in der Geburtsnacht des Erlösers sich ein großer Stern über Bethlehem zeigte, da sahen ihn auch jene drei Brüder, die im Orient waren. Zuerst sah der älteste der drei den Stern und er holte seine Brüder und zeigte ihn ihnen. Und nachdem sie lange den seltsamen Stern betrachtet hatten, sagte der Älteste: »Es ist soweit; die Zeit ist gekommen, die Zeit hat sich erfüllt: Der große König, der Herr der Herrscher, ist geboren worden. Wir müssen hin zu ihm und ihm unsere Gaben bringen.«

Die anderen beiden Brüder stimmten ihm zu und sie gingen zunächst zu einem nahen Gebirge. Dort in einer Höhle war versteckt und vergraben, was von alters her dem Messias bestimmt und zugedacht war.

Und die beiden jüngeren Brüder gruben dort mit ihren Schaufeln, bis sie auf eine Truhe stießen. Und nachdem sie das Loch groß genug gemacht hatten, hoben sie die Truhe heraus, damit der Älteste sie öffnen könne.

Und während ein Bruder die Fackel übernahm, mit der bisher der Älteste ihnen geleuchtet hatte, öffnete dieser selbst die Truhe. Und sie fanden darin einen Beutel mit Gold, eine Schale mit Weihrauch, ein Gefäß mit Myrrhe – und . . . und einen Stab, einen Knüppel aus Holz.

Sie konnten sich wohl denken, was es mit Gold, Weihrauch und Myrrhe für einen Bezug habe. Aber sie konnten sich absolut nicht denken, was das göttliche Kind mit dem Stock aus Holz machen sollte.

»Nun«, sagte der Älteste, »es ist nun einmal so, wie es ist. Und unsere Weisung lautet: Alles, was in der Truhe ruht, soll dem kommenden König der Herrlichkeit gebracht werden.«

Sie nahmen also die Schätze, trugen sie zu ihrem Haus, und am nächsten Tag luden sie alles auf Saumtiere, nahmen Abschied von ihren Familien und reisten ab.

Sie hatten eine lange Reise vor sich, Wochen und Monate. Man weiß nicht genau, wie lange sie unterwegs gewesen sind, denn in der Schrift ist darüber nichts berichtet. Wohl aber weiß man, daß sie zuerst in Jerusalem und beim König Herodes gewesen sind.

Und endlich sind sie nach Bethlehem gelangt, denn der Stern, der ihnen zuvor entschwunden schien, ist auf einmal wieder aufgetaucht.

Und sie waren voll der Freude, als sie in das Haus gekommen sind, wo die Heilige Familie gewohnt hat. Und sie warfen sich auf den Erdboden, beteten das göttliche Kind an, und dann gaben sie den Eltern ihre Gaben: Gold, Weihrauch, Myrrhe und den Knüppel, den Stab, dieses Stück Holz. Und sie waren in Sorge, daß man es ihnen übel nehmen könne, und so sagte der Älteste zu Joseph: »Verzeih! Aber wir haben den Auftrag von unseren Voreltern übernommen, alles, was in einer Truhe enthalten sei, die in einer bestimmten Höhle vergraben liegt, dem Messias zu überbringen. Nun, das hier ist alles und dabei ist auch dieser Stab.«

Der heilige Joseph, der wohl merkte, daß sie irgendwie verlegen waren, sagte: »Nun, ihr Lieben. Es ist nun einmal der Wille des Himmels, und man wird schon sehen, zu was alles gut ist.«

Und er dankte ihnen sehr herzlich für alles, bewirtete sie, und dann zogen sie wieder in ihre Heimat zurück.

Der heilige Joseph wußte zunächst nicht, was er mit dem Stock machen sollte, für was er gut sein könne; und er lehnt ihn im Vorhof des Hauses an die Mauer.

Aber als er am nächsten Tag den Stock wieder holen wollte, da hat er gesehen: Der Stock hat Wurzeln geschlagen, er beginnt, Blätter zu treiben. Und dann sind Zweige gewachsen und dann Äste, und eines Tages war der Stab zu einem großen Baum gewachsen.

Und es geht das Gerücht, daß aus diesem Baum einmal das Holz genommen worden ist, mit dem man das Kreuz gemacht hat, um unseren Herrn Jesus Christus daran zu hängen.

So sagt man. Aber vielleicht war alles auch anders.

Die heiligen drei Magier als Paten
Eine mexikanische Legende

Das ist schon lange her, da streiften die heiligen drei Magier durch die Welt auf der Suche nach dem Jesuskind. Sie gingen von Dorf zu Dorf, schauten in alle Häuser hinein, wo es ein Neugeborenes gab, sagten: »Nein, da ist es nicht«, und wanderten wieder weiter.

Als sie so herumzogen, kamen sie eines Abends zu einem alleinstehenden Haus. Das Haus war halb verfallen – aber was willst du machen? Weit und breit gab es kein anderes – und so legten sie sich zum Schlafen in das verfallene Haus.

Um Mitternacht hörten sie ein Weinen wie von einem kleinen Kind. Da wachten sie auf, und der Älteste von ihnen sagte: »Weint da nicht ein kleines Kind?« – »Du Dummkopf«, schimpft ihn der Zweite, »wo soll denn hier in der Einsamkeit ein Kind herkommen?«

Und sie schliefen wieder ein. Aber nach einer Weile hörten sie wieder ein Kind weinen und wachten auf. Und der Älteste sagt wieder: »Ich meine, da weint irgendwo ein kleines Kind.« – »Du mußt dich täuschen«, sagte der Mittlere, »wie soll denn ein kleines Kind hierher kommen? Es wird der Wind gewesen sein.«

Nun, die drei Männer drehen sich um und schlafen wieder ein. Aber nach einer Weile hört man wieder ein Kind weinen. Der Ältere und der Mittlere haben sich nicht darum gekümmert, denn sie haben geglaubt, daß es der Wind ist, aber der Jüngste ist aufgestanden und hat zu suchen angefangen. Suche du dort, dann suche ich hier! Und nach einiger Zeit hat er mitten im Stroh ein kleines Kind gefunden, das war in einen Fetzen gewickelt und weint sehr.

Der Jüngste nimmt das Kind, trägt es dorthin, wo die anderen beiden schlafen, weckt sie und sagt: »He, Brüder, seht einmal, was ich gefunden habe!« Die beiden anderen wischen sich den Schlaf aus den Augen und staunen: »Richtig, ein kleines Kind! Zeig her!«

Und wie sie es aus den Windeln wickeln, sehen sie, daß es ein Mädchen ist. »Brüder«, sagt der Älteste voller Freude, »Brüder«, sagt er, »wir haben eine kleine Schwester gefunden.« – »Die wollen wir mitnehmen!« sagt der Mittlere. »Ich werde sie tragen!« sagt der Jüngste. Und weil er sie gefunden hatte, hat man sie ihm anvertraut.

Nun war es gut, daß die drei Magier waren, sonst wäre das Mädchen elendiglich umgekommen. Aber sie hatten eine Kürbisflasche, die war immer voll Wein, und nun machten sie, daß aus dem Wein Milch wurde, das war leicht für sie. Und mit der Milch haben sie das Mädchen getränkt.

»Nun müssen wir in eine Stadt gehen«, sagte der Älteste, »und unserer Schwester Kleider kaufen.« – »Das müssen wir«, sagt der Mittlere. »Aber vorher müssen wir unsere Schwester taufen!« sagt der Jüngste.

Sie sind also so lange gegangen, bis sie zu einer Quelle gekommen sind, da haben sie die Kleine aufgewickelt und getauft, und sie geben ihr den Namen Maria.

Dann sind sie weitergewandert, haben in der Stadt Kleider gekauft, haben das Mädchen schön angezogen. Ein ganzes Jahr sind sie so gewandert.

Eines Tages aber sagt der Älteste: »Brüder, nun kommen wir bald ins Heilige Land. Und wie ihr wißt, gibt es dort einen schlimmen König; der wird bald alle kleinen Kinder umbringen lassen, kurz nachdem wir das Jesuskind gefunden haben.« – »Ja«, sagt der Mittlere, »so steht es in den Sternen.« – »Soll ich vielleicht mit unserer Schwester hierbleiben und auf euch warten?« fragt der Jüngste. »Nein«, sagt der Älteste, »was würden der heilige Joseph und die heilige Maria denken, wenn wir nur zu zweit kämen? Du mußt mitgehen. Wir werden das Kind bei guten Leuten lassen.«

Und in der nächsten Stadt haben sie die Sterne befragt, wer die besten Menschen seien. Und die Sterne haben ihnen geantwortet: »Die Ärmsten.«

Da sind sie zu einem kleinen Häuschen gegangen, in dem ein Mann und eine Frau mit sieben Kindern lebten. Die waren bettelarm, aber ebenso gut waren sie wie arm.

Und der Älteste hat zu dem Mann und der Frau gesagt: »Gute Leute, wir drei Brüder müssen in ein Land ziehen, wo ein böser König regiert, der keine kleinen Kinder mag. Da wollen wir unsere kleine Schwester nicht mitnehmen. Könntet ihr sie hier behalten?« – »Aber freilich wollen wir«, sagten der Mann und die Frau, »wo neun Mäuler genug Futter finden, wird auch das zehnte nicht verhungern.« – »Gut«, sagt der Älteste, »ihr braucht nicht zu hungern, denn ich werde euch genug Geld dalassen.« Und damit zieht er den Beutel heraus, in dem er das Gold für das Jesuskind hat, und er gibt ihnen eine Goldmünze, und das ist mehr Geld, als die beiden armen Leute je gesehen haben.

»Habt keine Sorge!« sagt der Mann. »Meine Frau und ich werden auf eure Schwester aufpassen, als wäre es unser eigenes Kind.« Da hat ihnen der Jüngste seine

Schwester ausgehändigt und hat gesagt: »Sie heißt Maria und getauft ist sie schon.« – »Das ist recht«, hat die Frau gesagt und nimmt ihm das Mädchen ab.

So ist Maria bei den armen Leuten geblieben, und die heiligen drei Könige sind weitergewandert. Nun war es aber noch ein weiter Weg ins Heilige Land. Und als sie dort waren, sind sie zwei Jahre geblieben und dann sind sie in eine andere Richtung weitergezogen, weil sie Angst gehabt haben, daß der böse König sie verfolgen läßt. Und so ist es gekommen, daß sie sehr lange weggewesen sind.

Während dieser Zeit wuchs Maria heran und sie wurde ein außerordentlich hübsches Mädchen.

Nun muß man wissen: In dem Lande, in dem die armen Leute mit Maria wohnten, gab es einen König, der hatte einen Sohn, aber der Sohn war verzaubert. Ein Dämon wohnte in ihm. Und so oft der Königssohn eine Frau heimführte: in der Brautnacht schlüpfte der Dämon durch den Mund des Königssohns aus ihm heraus, tötete die Braut und fraß ihr Herz.

Bald aber war die Geschichte bekannt geworden, daß die Bräute des Königssohns immer während der Hochzeitsnacht starben, und niemand mehr wollte den Königssohn heiraten, obwohl der König sehr viel Geld versprach, wenn ein Mädchen seinen Sohn heiraten werde.

Die armen Leute aber, bei denen Maria wohnte, hatten das Geld ausgegeben, das ihnen der älteste von den heiligen drei Königen gegeben hatte. Und sie litten große Not. Der Mann fand keine Arbeit, und er mußte Schulden machen, um die sieben Kinder und Maria ernähren zu können.

Als nun Maria hörte, daß der König viel Geld derjenigen versprochen hatte, die seinen Sohn heiraten würde, sagte sie zu dem Mann: »Vater«, sagt sie, »wie wäre es, wenn ich den Königssohn heiratete? Dann hättet ihr ausgesorgt, könntet alle Schulden bezahlen, euch ein neues Haus kaufen und alle meine Schwestern versorgen.« – »Nein«, sagte der arme Mann, »das werde ich niemals tun. Was würden deine Brüder sagen, wenn sie zurückkämen?«

Aber die Gläubiger wollten ihr Geld wieder haben, und da es der arme Mann nicht zahlen konnte, ließen sie ihn ins Gefängnis werfen.

Nun ging Maria zu der Frau und sagte: »Mutter, laß mich zum König gehen und ihm sagen, daß ich seinen Sohn heiraten will. Dann kannst du von dem Geld den Vater auslösen, kannst alle Schulden zahlen, ein neues Haus kaufen und meine Schwestern versorgen.« – »Nein«, sagte die Frau, »es geht nicht. Wir haben deinen Brüdern versprochen, daß wir dich wie ein eigenes Kind behandeln wollen, und glaubst du, wir würden eines unserer Kinder verkaufen, damit der Dämon es tötet?«

Und da die Schulden nicht bezahlt wurden, ließen die Gläubiger auch die Mutter verhaften und ins Gefängnis werfen.

Da wollte Maria nicht länger warten. Sie sagt zu ihrer jüngsten Schwester: »Komm mit!« Und sie geht mit ihr zum Palast des Königs.

Als der König Maria sieht, ist er ganz betroffen: So ein schönes Mädchen hat er noch nicht gesehen. Gern würde er Maria als Schwiegertochter haben. Und auch der Königssohn, der selbst auch ein hübscher Bursche ist – er kann ja nichts dafür, daß ein Dämon in ihm ist, böse Menschen haben ihn verwünscht –, verliebt sich sogleich in Maria. Und der König zahlt die doppelte Mitgift, die er sonst zu zahlen pflegt. ›Vielleicht schafft es diese‹, denkt er sich. ›Der Fluch muß doch irgendwann verschwinden.‹ Aber in Wirklichkeit steht es schlimm für Maria, denn der Dämon wartet bereits auf sein nächstes Opfer.

Man bereitet die Hochzeit vor, aber in der ganzen Stadt herrscht keine Freude. Was sag ich? Trauer herrscht und Klagen.

Am Hochzeitsmorgen kommen die heiligen drei Könige zurück. Aber das halbverfallene Haus, in dem der arme Mann mit den sieben Kindern lebte und in dem sie Maria zurückgelassen haben, steht leer.

»Wohin sind die Leute hier gezogen?« fragt der Älteste die Nachbarn. Man sagt: »Sie haben sich ein neues Haus gekauft, aber sie haben keine Freude daran, denn Maria will den Königssohn heiraten, und in der Brautnacht wird der Dämon sie töten.«

Da gehen die drei Brüder zu den armen Leuten, die nun in einem schönen Haus wohnen. Aber sie weinen und weinen, diese armen Menschen, denn sie haben Maria alle sehr lieb.

»Hört auf zu weinen!« sagt der älteste von den heiligen drei Königen. »Aber wißt ihr denn nicht, was sich zugetragen hat?« fragt der Vater. »Die ganze Stadt weiß es. Und ich hätte das nie zugelassen, wenn ich nicht im Gefängnis gesessen hätte.« – »Ich auch nicht!« sagt die Frau.

»Gute Leute, beruhigt euch und hört auf zu weinen! Wir werden unserer Schwester schon helfen!«

Es wird Abend. Man führt das Brautpaar in sein Zimmer. Und als die Leute hinausgegangen sind, sagt der Königssohn: »Legen wir uns ins Bett!« – »Nein«, sagt Maria, »es geht nicht, solange noch Leute da sind. Dort stehen ja noch drei Männer.« – »Wo?« – »Dort!« – »Ich sehe niemand«, sagt der Königssohn.

Die heiligen drei Könige stehen dort, sie machen Maria ein Zeichen. Sie soll sich ruhig hinlegen. Da verliert Maria alle Angst und wird ganz ruhig. Sie legt sich ins Bett und der Königssohn auch. Kaum hat der Königssohn sich hingelegt und will etwas sagen, da fährt der Dämon aus seinem Mund. Da ist der Dämon! Er will das Mädchen töten. Da ist der älteste von den drei Brüdern, er packt den Dämon bei den Haaren. Er zermalmt ihn zu Staub.

Da sind der Mittlere und der Jüngere! Der Mittlere nimmt ein Messer und schneidet dem Königssohn den Bauch auf. Der ganze Leib ist voll von Würmern. Der Jüngste kratzt den ganzen Leib aus und zertritt die Würmer am Boden. Der Mittlere näht den Bauch wieder zu und bestreicht ihn mit einer Salbe. Der Älteste bläst ihm zur Nase hinein.

Da setzt sich der Königssohn auf und sagt: »Brrr! Schrecklich habe ich geträumt!« – »Du hast nicht geträumt«, sagt seine Frau, »hier diese drei Männer haben den Dämon getötet und dich geheilt.« – »Wo kommt ihr denn her?« fragt der Königssohn. »Weißt du«, sagt der Älteste, »wir sind Brüder deiner Frau und erst heute hier angekommen.« – »Ihr habt uns gerettet!«

Dann haben sie angefangen, ein frommes Lied zu singen. Der König hört den Gesang und läuft, so schnell er kann, in jenes Zimmer. Da sind drei Männer und der Bräutigam und die Braut und alles freut sich.

Am nächsten Morgen aber hat man nochmals ein großes Fest begangen und bis in die Nacht hinein getanzt. Und auch später hat man diesen Brauch beibehalten, am Tag der heiligen drei Könige zu tanzen.

Das Waisenkind und die heiligen drei Könige
Eine brasilianische Legende

Vor vielen Jahren lebte einmal in einer Hütte vor der Stadt eine arme Negerfamilie. Sie gehörte einer reichen, aber bösen weißen Frau. Sie mußten arbeiten wie die Ochsen, erhielten aber schlechteres Essen als das Vieh und weniger auch.

Die Negerfrau gebar eines Tages einen Jungen. Die Eltern wollten das Kind taufen lassen, aber sie hatten kein Geld, um die Taufe zu bezahlen. Da ging der Vater zu der weißen Dame und sagte: »Herrin, meine Frau hat einen Jungen geboren, und wir möchten den Kleinen taufen lassen.« – »Nun, so laßt ihn meinetwegen taufen!« – »Ja, aber wir haben keinen Paten und kein Geld für die Taufe.« – »So, heißt das bei euch jetzt ›Taufe‹? Schnaps trinken wollt ihr, gestehe es nur!« – »Nein, Herrin, wir wollen keinen Schnaps trinken, wir wollen taufen.« – »Nun, so geht zum Pfarrer. Was geht das mich an?« – »Wir hatten gedacht, wegen der Patenstelle ...« – »Fällt mir nicht ein. Sieh zu, wo du einen unter deinesgleichen dafür findest!«

Traurig ging der Vater von Haus zu Haus. Keiner wollte den Paten machen, und die Sklaven wagten es nicht, gegen den Willen ihrer Herrn das zu tun.

Am Abend machte er sich müde und erfolglos auf den Heimweg, und als er im Dunkeln zur Stadt hinausstolperte, stieß er auf der Straße gegen drei Männer: einer war weiß, einer war rot, und der dritte war schwarz. Der Weiße fragte: »Freund, wo gehst du hin?« – »Ich gehe heim zu meiner Frau und zu meinem Kind.« Der Rote fragte: »Und wo kommst du her?« – »Ich komme aus der Stadt.« Und der Schwarze fragte: »Warum bist du so traurig?« – »Ich bin so traurig, weil ich den ganzen Tag herumgelaufen bin und niemand gefunden habe, der bei meinem Sohn den Paten machen will.« – »So, so!« machte der Weiße. »Böse Menschen sind in dieser Stadt, da werden wir nicht hineingehen.« Und er besprach sich mit den beiden andern. Dann ergriff er wieder das Wort, er sagte: »Freund, hör zu, wir werden morgen zu dir kommen und einen Priester mitbringen für die Taufe. Hier hast du ein Geldstück: kaufe Essen für das Taufmahl!«

Und ehe der Vater sich bedanken konnte, waren die drei im Dunkeln verschwunden. Er ging heim. »Hast du einen Paten gefunden?« fragte die Mutter des kleinen Negerjungen. »Ja«, sagte der Vater, »ich weiß nicht, was ich sagen soll. Ich habe im Finstern drei Männer getroffen, die wollen morgen zur Taufe kommen. Schau: einer hat mir sogar Geld gegeben.« Und er zeigte ihr das Geld.

»Heilige Mutter Gottes«, rief die Negerin entsetzt, »das müssen drei Räuber sein!« – »Ach was!« sagte der Vater. »Würden die uns vielleicht etwas schenken? Und sie haben auch gesagt, daß sie den Pfarrer gleich mitbringen.«

Es wird Morgen – es war ein Sonntag, und die Leute rannten alle in die Kirche –, da kommen die drei Männer, der Weiße, der Rote und der Schwarze. Gut angezogen sind sie alle drei. Und ein altes Väterchen kommt mitgehinkt, ein Pfarrerchen. Sie kommen in die Hütte. »Guten Morgen, ihr lieben Freunde! Habt ihr alles vorbereitet; wir wollen das Kind taufen.« Und der Schwarze sagt: »Ich will den Paten machen, das heißt: ich will das Kind über das Taufbecken halten, denn Paten wollen wir alle drei sein. Und wie soll denn das Kind heißen?« – »José.« – »Gut, sehr gut!« rief das Priesterchen und rieb sich die Hände. »So wird das Kind nach mir heißen, und die Paten werden sich nicht streiten.«

Man taufte das Kind, man setzte sich zum Mahl. Dann hinterließen die drei einige bescheidene Geschenke und verabschiedeten sich, nachdem die Eltern sich herzlich bedankt hatten.

Es vergingen sieben Jahre. José wurde groß. Er mußte nun mit seinen Eltern auf der Pflanzung der weißen Dame arbeiten. Eines Tages stieß seinem Vater ein Unglück zu, und er starb. Bald danach wurde die Mutter von einer giftigen Schlange gebissen und starb auch. Nun war José auf einmal allein in der Welt. Seine Herrin ließ ihn rufen. »Schlingel«, sagte sie, »du bist klein und schwach, und da ich dich zum Arbeiten nicht brauchen kann, ist es auch um das Essen schade. Sieh zu, wo du bleibst! Räume die Hütte, die ich für die Arbeiter brauche, und verzieh dich!«

Der arme kleine Schwarze fing an zu weinen, er verließ das Landgut und ging in den Wald. Am Abend, als er vor Müdigkeit nicht mehr weiterkonnte, setzte er sich unter einen Baum. Er war sehr hungrig und fürchtete sich vor den wilden Tieren.

Da waren auf einmal die heiligen drei Könige da und sagten: »Kleiner, was machst du da am Abend in der Wildnis?« – »Meine Eltern sind gestorben, und meine Herrin hat mich davongejagt.« – »Hör auf zu weinen! Wir werden dir helfen. Oder glaubst du, deine Paten würden dich im Stich lassen?«

Sie gaben José zu essen, wickelten ihn in eine Decke und legten ihn in eine Hängematte. »So: schlafe nun ruhig und sorglos! Morgen werden wir dir eine Hütte bauen.«

Am nächsten Morgen war auf einmal auch das Priesterchen wieder da. Eine Axt trug er, denn es war der heilige Joseph. Und zusammen mit den drei andern, dem Weißen, dem Roten und dem Schwarzen, fing er an Bäume zu fällen und eine Hütte zu bauen.

»Kümmere du dich um das Essen!« sagte der heilige Joseph zum weißen König. »Die Arbeit verstehen die andern beiden besser, aber niemand kann so gut kochen wie du.« (Das sagte er, weil er den Weißen nicht kränken wollte.) So kochte denn der weiße König, und mittags speisten alle zusammen mit dem kleinen José. Dann gingen sie wieder an die Arbeit, und am Abend war die Hütte fertig. »So: hier sollst du wohnen!« – »Aber ich habe Angst, die wilden Tiere werden mich fressen.« – »Nein, du brauchst keine Angst zu haben! Wir werden es ihnen sagen, daß sie dir nichts tun dürfen.« Damit ging der Rote hinaus in den Wald und unterhielt sich mit den Tieren, und die versprachen, den kleinen José nicht anzurühren.

»Erledigt!« sagte der rote König, als er zurückkam.

Am nächsten Tag sagten die drei: »Hör einmal: Was

für eine Arbeit willst du denn lernen? Denn das ist ja wohl klar: wir können nicht Jahr für Jahr hier bei dir sitzen bleiben.« – »Ich möchte ein Zimmermann werden.« – »Hehe!« lachte der heilige Joseph. »Bürschlein, du gefällst mir immer besser. Zimmermann willst du werden, wie ich einer war? Das ist gut! Das ist sehr gut!« Und er schaute sich im Kreis um, und die drei nickten und waren einverstanden. »Aber den Lehrherrn wollen wir selber aussuchen!« – »Freilich, freilich«, sagte der heilige Joseph, »das müßt ihr selber in die Hand nehmen. Aber ihr werdet mir nicht verwehren, daß ich dem Jungen meine Axt dalasse.«

Der weiße und der rote König nahmen den José bei der Hand und gingen mit ihm in die Stadt, der schwarze hütete das Haus, und der heilige Joseph hatte anderswo zu tun und verschwand plötzlich. In der Stadt gingen sie zu einem braven Meister und sagten: »Hier dieser Kleine ist unser Patenkind. Wir wollen ihn dir zur Lehre anvertrauen. Hier ist das Geld: sieh zu, daß er genug zu essen bekommt und sein Handwerk gut lernt.« – »Ich will alles so machen.«

Einige Jahre arbeitete José dort, dann konnte er alles, was er sollte, und er machte sich auf den Heimweg. Als er bei seiner Hütte ankam, da staunte er, denn er hätte sie nicht wiedererkannt, wenn er nicht gewußt hätte: da muß meine Hütte sein. Die heiligen drei Könige hatten ein großes Haus gebaut, schön ordentlich, einen Stall hatten sie auch nicht vergessen.

»José, wie geht's?« – »Gut geht's, Onkelchen. Ich bin nun ein Zimmermann.« – »Schau, schau: wie groß der Junge geworden ist! Er braucht nun bald eine Frau. Hast du denn noch kein Mädchen?« – »Nein, ich habe keines.«

Diesmal ging der Schwarze weg, und der weiße und der rote König blieben daheim. Der Schwarze aber ging mit José zu einem Mädchen. Er zeigt sie ihm von weitem. »Würde dir die gefallen?« – »Ja.« – »Nun, wir wollen sehen.«

Und sie gingen hin um die Mittagszeit, als gerade das Essen ausgeteilt war. »Mädchen, wir sind zwei arme Wanderer. Gibst du uns einen Bissen zu essen?« – »Schert euch weg, das Essen reicht kaum für mich«, sagte das Mädchen.

»Nun, das ist nicht ganz das Richtige«, sagte der schwarze König, »gehen wir also weiter.«

Sie wanderten in eine andere Stadt. Dort sahen sie wieder ein schwarzes Mädchen. Sie warteten bis Mittag und gingen dann hin. »Zwei arme Wanderer bitten um ein wenig Essen.« – »Nun wartet, wenn ich gegessen habe und satt bin und es ist noch etwas übrig, dann sollt ihr es haben.«

»Immer noch nicht das Richtige«, brummte der Schwarze. Aber sie blieben doch sitzen und aßen das, was das Mädchen übriggelassen hat. Dann bedankten sie sich und wanderten weiter.

»Weil sie uns etwas übriggelassen hat«, sagte der schwarze König, »soll sie einmal einen Mann bekommen ... aber er wird manchmal einen Rausch haben und ihr dann ein paar Schläge versetzen. Die andere aber soll verdorren und keinen Mann finden!«

In der nächsten Stadt sahen sie im Hof eines Hauses wieder ein schwarzes Mädchen. »Wie gefällt dir die?« – »Gut, sehr gut sogar.«

Sie warten die Mittagszeit ab, und als das Essen ausgeteilt ist, gehen sie in den Hof. »Zwei arme Wanderer bitten um etwas Essen.« – »Ach, ihr Armen! Hier nehmt meine Schüssel! Ich werde morgen wieder Essen haben, ihr aber werdet vielleicht morgen hungern müssen.«

Da sah der schwarze Onkel sein Patenkind an. »Die ist richtig! Was meinst du?« – »Ich liebe sie.«

Der schwarze König ging ins Haus zur Herrin des schwarzen Mädchens. »Die Sache ist so und so: Mein

Neffe würde gern eure Dienerin heiraten.« – »Ja«, sagte die Dame, »irgendeinmal muß sie ja heiraten. Sie ist ein braves Mädchen. Aber wie steht es mit dem jungen Mann?« – »Ich verbürge mich für ihn.« – »Sag, Freund, du kommst mir so bekannt vor. Haben wir uns schon einmal gesehen?« – »Kann sein, kann sein.« – »Wo bist du denn daheim?« – »Ach, ich komme mit meinen beiden Freunden viel herum.« – »Du hast zwei Freunde? Habe ich euch drei schon in der Kirche gesehen?« – »Vielleicht, vielleicht.«

Da wurde die Dame rot, denn sie schöpfte Verdacht, und sagte: »Warst du vielleicht zufällig auch schon einmal in Bethlehem?« Da sagte der Schwarze nichts, aber die Dame verstand, daß er davon nicht sprechen wollte, und sie kniete sich vor den Schwarzen hin, aber der war auf einmal verschwunden.

Was soll ich noch erzählen? Daß José bei der Dame in Dienst trat und das Mädchen heiratete, das könnt ihr euch selbst denken. Und daß es den beiden dort gut ging, besser als uns hier, das könnt ihr euch auch denken. Und daß es eben eine feine Sache ist, wenn ein Schwarzer die heiligen drei Könige zu Paten hat, wer das nicht einsieht, dem soll man den Hintern versohlen!

ELFTES KAPITEL

SILVESTERNACHT UND NEUJAHRSMORGEN

»Wünsch a glückseligs nuis Jaor
'S Christkindle im grausa Haor,
Daß d'r Flax und s' Koara graot
'S Glück ins Haus!
'S Unglück beim First oben 'naus!«

Neujahransingen im Illertal

Die Messe der Wölfe
Eine provençalische Sage

Die Wölfe sind Tiere wie alle andern. Sie haben keine Seele. Für sie ist mit dem Tod alles aus. Einmal im Jahr jedoch versammeln sich die Wölfe in ein und derselben Gegend zur Messe. Die Messe wird von einem Wolf-Pfarrer gelesen, der seinen Beruf ich weiß nicht wo gelernt hat. Genau um Mitternacht am letzten Tag im Jahr, zu Silvester also, steigt der Wolf-Priester zum Altar hinauf. Es soll auch Wolf-Bischöfe, Wolf-Erzbischöfe und einen Wolf-Papst geben, aber niemand hat sie jemals gesehen. Was die Wolf-Pfarrer anbetrifft, so ist das eine andere Sache. Ihr werdet gleich den Beweis dafür bekommen.

In Mauvezin lebte einmal ein braver Mann, der das Handwerk eines Wagners ausübte. Einer seiner Söhne arbeitete bei ihm als Lehrling. Eines Tages, nach dem Abendessen, sagte der Vater zu seinem Sohn:

»Mein Freund, du bist heute genau einundzwanzig Jahre. Alles, was ich dir beibringen konnte, kannst du jetzt genausogut wie ich. Es ist nun an der Zeit, daß du dich selbständig machst. Halt die Augen offen und überleg dir gut, wo du dich niederlassen willst. Hast du einmal einen gewissen Stock an Kunden, dann findest du sicher auch bald eine Frau.«

»Ihr habt recht, Vater. Es ist an der Zeit, daß ich mich selbständig mache. Was das Heiraten betrifft, so habe ich das schon lange vor. Meine Braut wohnt in Monfort. Es ist ein bildhübsches und grundehrliches Mädchen. Ich werde mich also in Monfort als Wagner niederlassen.«

Sieben Tage später hatte der junge Mann das getan, und es fehlte ihm nicht an Kunden. Sieben Monate später heiratete er sein Mädchen. Beide lebten ruhig und glücklich wie die Fische im Wasser.

An einem Winterabend, sieben Tage vor Silvester, waren der Wagner und seine Frau gerade beim Abendessen, als sie den Hufschlag eines dahingaloppierenden Pferdes hörten. Das Pferd blieb vor der Tür ihres Hauses stehen.

»He! Wagner! He! Wagner!« rief der Reiter.

Der Wagner öffnete das Fenster und erkannte einen seiner Freunde aus Mauvezin.

»Was willst du von mir, mein Freund?«

»Ich habe eine schlechte Nachricht für dich, Wagner. Dein Vater ist krank, schwer krank. Wenn du ihn noch lebend sehen willst, dann mach dich sofort auf den Weg nach Mauvezin.«

»Hab Dank, mein Freund. Ich mache mich sofort auf den Weg. Steig ab und trink einen Schluck.«

»Hab Dank, Wagner. Ich habe anderswo noch wichtigen Geschäften nachzugehn.«

Der Reiter machte sich im gestreckten Galopp davon, und der Wagner suchte sofort den Wahrsager der Gemeinde auf.

»Guten Abend, Wahrsager.«

»Guten Abend, Wagner. Ich weiß, warum du hier bist. Dein Vater ist krank, schwer krank. Sei beruhigt, er wird nicht sterben. Aber er wird wie ein Verdammter in der Hölle leiden, bis er von dem Heilmittel genommen hat, das er braucht. Dieses Heilmittel ist der Schwanz eines Wolf-Pfarrers, den dein Vater ganz und gar, mit Haut und Haar, Fleisch, Knochen und Mark, verzehren muß. Willst du tun, was notwendig ist, um diesen Schwanz eines Wolf-Pfarrers zu bekommen?«

»Ich will es gern tun, Wahrsager, und ich werde dir zahlen, was du verlangst.«

»Wenn dein Vater wieder fast gesund ist, werde ich meinen Lohn, nämlich deine Ohren, mit eigenen Händen holen.«

Nach diesen Worten verwandelte der Wahrsager den Wagner in einen Wolf, der auf der Stelle im vollen Galopp in den Wald von Boucone lief. Die Wölfe nahmen ihn in ihre Gemeinschaft auf. Sechs Tage und sechs Nächte lang half er ihnen, Kälber und Schafe zu stehlen.

Am letzten Tag des Jahres, zu Silvester also, sollte ein Wolf-Pfarrer genau in der Mitte des Waldes von Boucone die Mitternachtsmesse lesen, und die Wölfe mußten einen Ministranten herbeischaffen, der bei der Messe ministrieren sollte. Da sagten die Wölfe zueinander:

»Wer von uns kann ministrieren?«

»Ich«, antwortete der Wagner.

»Nun gut, Bruder, du wirst es machen.«

Eine Stunde vor Mitternacht hatte der Wagner genau in der Mitte des Waldes einen Altar aufgestellt und die Kerzen angezündet. Vor dem Altar warteten die Wölfe auf den Wolf-Pfarrer, der für die Messe gekleidet Schlag Mitternacht erschien. Die Messe begann, und der Wagner ministrierte bis zum letzten Evangelium. Dann jagten die Wölfe in vollem Galopp davon, so daß nur noch der Wolf-Pfarrer und sein Ministrant übrigblieben.

»Warte einen Augenblick, Wolf-Pfarrer. Ich helfe dir beim Ablegen der Meßkleider.«

Der Wagner ging von hinten an den Wolf-Pfarrer heran, öffnete sein großes Maul und biß ihm den Schwanz bis zum Arsch ab. Der Wolf-Pfarrer lief heulend davon. Gleich darauf befand sich der Wagner, ohne zu wissen wie, im Haus des Wahrsagers von Monfort.

»Da bist du wieder, Wagner. Schau in diesen Spiegel.«

Der Wagner betrachtete sich im Spiegel. Er war wieder ein Mensch geworden. Aber er hatte noch die Ohren eines Wolfes, und der Schwanz des Wolf-Pfarrers steckte zwischen seinen Zähnen.

»So, und jetzt heißt es zahlen, Wagner, und zwar mit deinen Ohren.«

Der Wahrsager riß dem Wagner die Wolfsohren ab. Sogleich wuchsen zwei Christenohren an ihrer Stelle.

»Und jetzt hast du etwas, Wagner, das deinen Vater gesund machen wird.«

»Hab Dank, Wahrsager!«

Der Wagner ging schnell nach Mauvezin und befahl seinem Vater, den ganzen Schwanz des Wolf-Pfarrers mit Haut und Haar, Fleisch, Knochen und Mark aufzuessen. Der Kranke wurde auf der Stelle gesund und lebte noch viele Jahre lang.

Huldrentänze in der Neujahrsnacht
Eine isländische Sage

Zwei Brüder stritten darüber, ob es Huldren gäbe. Der eine behauptete dies steif und fest, der andere stritt es ab. Das ging so eine Weile hin und her, bis derjenige, der die Existenz von Huldren abstritt, zornig wurde und erklärte, er wolle fortziehen und erst dann wiederkommen, wenn er mit Gewißheit wüßte, ob es Huldren gäbe oder nicht. Damit ging er seiner Wege und durchwanderte Gebirge und Einöden, Täler und Höhen, und wurde um nichts klüger.

Nichts ist bekannt von seinen Reisen, bis er am Abend vor Silvester zu einem Hof kam, dessen Bewohner alle sehr traurig waren. Der Wanderer fragte, warum sie alle so bedrückt seien. Da erzählte man ihm, niemand wolle den Hof bewachen, solange die anderen zur Messe in die Kirche führen, weil nun schon seit langer Zeit der Hofhüter in jeder Silvesternacht verschwunden sei; daher wolle niemand allein zur Wache zurückbleiben. Der Fremde bat die Leute, sich nicht länger zu fürchten, und bot sich selbst als Wächter für den Hof an; es sei keine Gefahr weiter dabei, sagte er.

Bald darauf fahren alle fort zum Gottesdienst. Er bereitet sich nun auf die Nacht vor und löst ein Brett aus der Wandverkleidung oberhalb des vordersten Bettes in der Badstube*, versteckt sich zwischen der Holzverkleidung und der Wand und schob das Brett wieder an seine Stelle, ließ dabei aber eine Spalte offen, so daß er die ganze Stube überblicken konnte. Sein Hund lag vor dem Bett.

Nach kurzer Zeit hörte er Stimmen und Schritte draußen, und gleich danach kommen viele Leute in die Stube. Er sieht, wie sie den Hund packen und zu Boden schleudern, daß jeder Knochen in seinem Körper zerschmettert wird. Bald darauf hört er, wie die neu angekommenen Gäste darüber sprechen, daß Menschengeruch auf dem Hof zu riechen sei, aber dazu meinten andere, das sei nicht verwunderlich, da doch die Bewohner erst vor kurzem zur Messe aufgebrochen seien. Als sie sich beraten hatten, sah der Wächter, daß diese Gäste eine golddurchwobene Decke mitgebracht hatten, eine große Kostbarkeit, und den Tisch damit deckten, und das gan-

* Wohn- und Schlafstube auf dem isländischen Bauernhof.

ze Geschirr war dazu passend, Schüsseln und Teller, Becher und Messer, alles war aus Silber. Dann setzte sich die ganze Versammlung zu Tisch, und alles ging sehr wohlgesittet vonstatten. Ein Junge mußte an der Türe Wache halten und aufpassen, wann der Tag graute, der war manchmal drinnen, manchmal draußen. Der Menschenmann beobachtete, daß der Junge, immer wenn er hereinkam, gefragt wurde, wie spät es sei, und dieser antwortete jedesmal, es sei noch lange hin bis zum Tagesanbruch. Der Wächter begann nun langsam und vorsichtig, die spaltbreite Öffnung in der Wand zu vergrößern, damit er herauskäme, wenn es not täte.

Als alle gegessen, wurden ein Mann und eine Frau nach vorne geführt; zu ihnen trat ein dritter Mann hinzu, der dem Wächter wie ein Priester erschien. Dann begannen alle zu singen, und sie sangen die gleichen Lieder, die bei uns zur Hochzeit gesungen werden, und alles ging genau so, wie es bei guten Christen üblich ist. Als die Trauung zu Ende war, wurde zum Tanz aufgespielt, und dabei vergnügte man sich eine Weile. Da kam der Türwächter der Huldren herein, und, wiederum nach der Zeit gefragt, antwortete er wieder, daß die Nacht noch lang sei. In diesem Augenblick stieß der Wächter, der hinter ihm stand – denn in der Zwischenzeit war er aus dem Spalt gekrochen – einen Schrei aus und rief: »Du lügst, denn draußen ist schon heller Tag!« Darüber erschraken die Huldren, die eben noch in vollem Schwunge getanzt hatten, so furchtbar, daß sie ihren Türwächter erschlugen, davonliefen und alles zurückließen.

Der Wächter lief ihnen nach, doch das war das letzte, das er von ihnen sah, daß sie sich alle in einen See stürzten, der gar nicht weit vom Hof lag. Da drehte er um und ging wieder nach Hause und nahm alles an sich, was die Huldren zurückgelassen hatten. Kurz darauf kamen die Leute des Hofes vom Gottesdienst und fragten den Wächter, ob er nichts wahrgenommen hätte. Er antwortete, daß es nicht eben viel gewesen sei und erzählte ihnen, was sich zugetragen hatte. Da schien es den Leuten klar auf der Hand zu liegen, daß die früheren Wächter von den Huldren entdeckt und auf die gleiche Weise zu Tode gebracht worden waren wie der Hund bei diesem Mal. Die Leute vom Hof gaben dem Wächter alles, was die Huldren zurückgelassen hatten. Darauf machte sich der Wächter auf, um seinen Bruder zu treffen, und erzählte ihm die ganze Geschichte und versicherte, er werde von nun an niemals wieder leugnen, daß es Huldren gibt. Er übernahm dann den Hof seiner Eltern und heiratete und hatte allezeit das Glück auf seiner Seite. Und es wird auch nicht berichtet, daß jemals wieder ein Mensch verschwunden sei auf jenem Hof, den er einst bewacht hatte.

Jon Krukk
Eine isländische Sage

Soviel ich weiß, wissen die Leute von niemandem zu erzählen, der ohne Schaden davon gekommen wäre, wenn er auf dem Kreuzweg gesessen oder gelegen hatte; wenn auch wenig daran fehlte, daß es dem gewaltigen Wahrsager Jon Krukk ganz hübsch gelungen wäre. Die Geschichten von Jons »Draußensitzen« scheinen mehr dem Elben- und Gespensterglauben anzugehören, wie hier gezeigt werden soll, und doch lebte Jon am Anfang des 16. Jahrhunderts. Da hierzulande der Glaube allgemein war, daß die Huldrenleute in der Neujahrsnacht ihre Umzüge veranstalteten, so mußte man sich gerade diese Nacht vornehmen, um am Kreuzweg zu sitzen, wollte man von ihnen angetroffen werden. Sie können dann an demjenigen, der am Wege sitzt, nicht vorbei und bieten ihm viele Kostbarkeiten an, Gold und Kleinodien und ausgesuchte Leckerbissen aller Art. Schweigt der Mensch zu dem allem, so bleiben die Kostbarkeiten und Leckerbissen bei ihm liegen, und er kann sie behalten, wenn er bis zum Tagesanbruch aushält.

Einst setzte sich ein Mann in der Neujahrsnacht auf einen Kreuzweg; er hieß Jon, wenn auch einige seinen Namen nicht nennen. Er saß dort die ganze Nacht dem Elbenvolk im Weg, so daß keiner wußte, was mit ihm war, bis er am andern Morgen nach Hause kam und berichtete, was er erlebt hatte.

Sobald es am Silvesterabend dunkel geworden war, sagte er, seien die Huldrenleute in Scharen zu ihm gekommen und hätten ihm Gold und Silber, gute Kleider und die leckersten Gerichte angeboten; lange sei er standhaft geblieben und habe geschwiegen, was ihm auch geboten worden sei. Da seien die ersten fortgezogen und darauf andere gekommen, die hätten es ebenso gemacht,

und alle hätten das bei ihm zurückgelassen, was sie ihm angeboten, und so sei es die ganze Nacht bis gegen Morgen gegangen. Zuletzt aber war eine Frau zu ihm gekommen mit einer Kelle voll heißer Fettbrühe oder, wie manche sagen, Fleisch und Brühe; Jon aber liebte heißes Fett über alles. Da, sagte er, sei es ihm passiert, daß er hingeblickt und gesagt habe: »Selten habe ich fette Brühe genossen.« Dadurch verlor er alle Kostbarkeiten und Leckerbissen, die ihm zuvor angeboten waren und bei ihm lagen. Er stand nun auf, und da graute der Tag.

Von der Zeit an wurde er verwirrt und schwachköpfig, doch hatte er fortan die Gabe, zukünftige Dinge voraussagen zu können, wenn er zuvor ganze Nächte draußen lag. Man sagt, er habe dazu vornehmlich die Weihnachtszeit gewählt, zum Beispiel die Christnacht, die Neujahrsnacht, die Dreizehntenacht, einzelne Male aber auch die Mittwinternacht und die der Jonsmesse. Dieser Jon wurde später Krukk vom Kreuzweg genannt und ist in Island allgemein bekannt unter diesem Namen wegen der Wahrsagungen, die von ihm in »Krukksspa« (Krukks Weissagung) und in mündlichen Berichten überliefert sind.

Liebeszauber in der Neujahrsnacht
Pommerscher Volksglaube

Wer wissen will, wie sein künftiger Schatz aussieht, der muß die Neujahrsnacht gut ausnutzen. Er mache im Ofen ein Feuer von neunerlei Holz, stelle sich mit dem Rücken gegen die Flamme und schaue sodann zwischen den Beinen in die Glut hinein, so sieht er die betreffende Person, mit der er später vereint durchs Leben gehen soll, in dem Ofen stehen.

Noch viel wirksamer halten manche Leute jedoch folgendes Mittel: Man säe in der genannten Nacht Leinsamen in das Bett und spreche darauf:

»Ich säe diesen Leinsamen
An diesem heiligen Neujahrsabend!
Wer da will mein Liebchen sein,
Der stell' sich heut Nacht bei mir ein!«

Das führt immer zum Ziel. Ein junges Mädchen in Ritzig machte es so, und herein trat zu ihr ein Geist in grünem Gewand. Und wirklich, als sie sich später verlobte, sah ihr Bräutigam genauso aus wie der Mann, welchen sie in jener Nacht gesehen hatte, und trug auch dasselbe grüne Gewand.

Eine schon bejahrte, aber immer noch sehr heiratslustige Witwe in demselben Dorf bediente sich ebenfalls dieses Zaubers. Da trat jedoch der Geist ihres verstorbenen Eheherrn in die Kammer hinein und blickte sie drohend an, ging auch nicht eher fort, als bis die Turmuhr zwölf geschlagen hatte. Der guten Frau ist darauf jede Lust zu neuen Liebschaften vergangen, und sie ist Witwe geblieben ihr Leben lang.

Das Gesicht in der Neujahrsnacht
Ein estnisches Märchen

Einmal ging ein Mädchen, ohne daß die andern es wußten, in der Neujahrsnacht in eine leere Stube, stellte einen Spiegel vor sich auf, stellte zwei Schnapsflaschen rechts und links vom Spiegel hin, setzte sich vor den Spiegel und schaute starr hinein, um ihren zukünftigen Bräutigam zu erblicken.

Plötzlich tauchte vor dem Mädchen ein Soldat auf, der

einen blanken Degen in der Hand hielt. Das Mädchen erschrak vor dem Soldaten und lief davon. Der Soldat warf ihr seinen Degen nach, und der Degen blieb in den Kleidern des Mädchens stecken. Darauf verschwand der Soldat. Das Mädchen aber nahm den Degen und versteckte ihn.

Im nächsten Jahr bekam das Mädchen auch wirklich einen abgedankten Soldaten zum Mann. Als sie schon ein paar Jahre zusammengelebt hatten, da gebar die Frau einen Sohn. Um diese Zeit fand der Soldat den von seinem Weibe versteckten Degen. Er fragte sie sogleich, wo sie den Degen her habe.

Die Frau wollte es zuerst nicht sagen. Schließlich sagte sie's aber doch. Der Mann geriet in Zorn und rief, daß er wegen des verschwundenen Degens viel Leid erfahren habe. Da habe er damals geschworen, wenn er den De-

gen wieder in seine Hände bekomme, wolle er sofort denjenigen töten, bei dem er ihn finde.

Er zog darauf den Degen und tötete seine Frau und danach auch sich selbst.

Für die Katz
Schlesischer Volksglaube

Nach dem Görlitzer Aberglauben kauft der Teufel in der Neujahrsnacht einen Hasen. Man geht Punkt zwölf Uhr hinter eine Kirche. Da wird der Teufel als ein gewöhnlicher Mensch gekleidet erscheinen und fragen, was man begehre. Man antworte, daß man einen Hasen zu verkaufen habe. Dann wird er um den Preis fragen. Den kann man so hoch bestimmen, wie man will, er gibt, was man fordert. Um ihn nun zu betrügen, muß man eine ganz schwarze Katze in einem neuen Sack bereit haben, der mit lindenem Bast und soviel Knoten als möglich zugebunden ist. Während nun der Teufel die Bastknoten aufzulösen sich abquält, muß man sich in die Kirche salvieren und bis ein Uhr dort bleiben. Hat er den Knoten gelöst und den Betrug gemerkt, ehe man die Kirche erreicht hat, so ist man verloren.

Die Wunschstunde
Eine isländische Sage

In der Neujahrsnacht geschahen viele wunderbare Dinge, und allerlei Herrlichkeiten gab es, denn die Elben hielten da ihren Umzug und besuchten Gottesdienste und Festlichkeiten, einer beim andern, auch eignete sie sich gut zum Draußensitzen am Kreuzweg; da redeten die Kühe, wie manche sagen, obgleich andere behaupten, das sei in der Heiligen Dreikönigsnacht geschehen; da glaubte man, daß »der Kirchhof aufstehe«, und daß alles Wasser auf eine kurze Weile zu Wein würde. »Feste bringen am besten Heil«, und daher hat mancher gemeint, in diese merkwürdige Nacht falle die Wunschstunde. Auf alle mögliche Weise haben die Leute sich Glück und Heil verschaffen wollen und deshalb eifrig danach geforscht, wann die Wunschstunde wäre, damit sie sich wünschen könnten, was sie wollten. Sæmund Frodi soll am zuversichtlichsten davon gesprochen und

gesagt haben, die Wunschstunde wäre jeden Tag einmal. Doch ist man darüber verschiedener Ansicht, denn einige sagen, sie finde nicht öfter statt als einmal an jedem Sonnabend, andere, sie sei nur an einem Sonnabend im Jahr, und noch andere, sie sei in der Neujahrsnacht.

Man sagt, ein Junge habe versuchen wollen, die Wunschstunde zu treffen. Er ging am Silvesterabend ans Werk, setzte sich oben auf den Hausgiebel, hielt seine offene Mütze zwischen den Händen und bat ohne Unterlaß mit lauter Stimme folgendermaßen: »Voll, voll meine Mütze von rotem Gold!« Dort saß der Junge die ganze Neujahrsnacht über und wünschte, bis am Morgen einer von den Hausbewohnern herauskam und hörte, was der Junge wünschte; da sagte er, indem er aus dem Hause trat: »Ich wollte, sie wäre voller Kot!« Diese Worte gingen in Erfüllung, denn der Mann traf die Wunschstunde*. Der Junge aber hatte gerade geschwiegen, während jener seinen Wunsch tat.

Das kleine Mädchen mit den Schwefelhölzchen
Ein Märchen von Hans Christian Andersen

Es war so gräßlich kalt; es schneite, und es begann dunkler Abend zu werden; es war auch der letzte Abend des Jahres, Silvesterabend. In dieser Kälte und in diesem Dunkel ging auf der Straße ein kleines, armes Mädchen mit bloßem Kopf und nackten Füßen. Als sie das Haus verließ, hatte sie freilich Pantoffeln angehabt, aber was half das? Es waren sehr große Pantoffeln gewesen, die ihre Mutter bisher benutzt hatte, so groß waren sie. Und

* Das isländische »stund« bedeutet mehr einen kurzen Zeitraum als eine Stunde.

die verlor die Kleine, als sie über die Straße weg huschte, weil zwei Wagen schrecklich schnell vorüberrollten. Der eine Pantoffel war nicht wiederzufinden, und mit dem andern lief ein Junge fort; er sagte, er würde ihn als Wiege benützen, wenn er selbst Kinder bekäme.

Da ging nun das kleine Mädchen mit den kleinen, nackten Füßen, die rot und blau vor Kälte waren; in einer alten Schürze trug sie eine Menge Schwefelhölzchen und ein Bund davon in der Hand. Niemand hatte ihr den ganzen langen Tag etwas abgekauft, niemand ihr einen Pfennig geschenkt. Hungrig und erfroren ging sie und sah so elend aus, die arme Kleine. Die Schneeflocken bedeckten ihr langes, blondes Haar, das sich schön um den Nacken lockte, aber daran dachte sie nun freilich nicht. Aus allen Fenstern glänzten die Lichter und es roch ganz herrlich nach Gänsebraten; es war ja Silvesterabend. Ja, daran dachte sie!

In einem Winkel zwischen zwei Häusern, von denen das eine etwas mehr in die Straße vorsprang als das andere, setzte sie sich hin und kauerte sich zusammen; die kleinen Füße hatte sie an sich gezogen, aber es fror sie noch mehr, und nach Hause zu gehen wagte sie nicht, sie hatte ja keine Schwefelhölzchen verkauft, nicht einen einzigen Pfennig bekommen, ihr Vater würde sie schlagen, und kalt war es zu Hause auch, sie hatten nur das Dach über sich, und da pfiff der Wind herein, wenn auch die größten Spalten mit Stroh und Lumpen zugestopft waren.

Ihre kleinen Hände waren vor Kälte beinahe ganz abgestorben. Ach! ein kleines Schwefelhölzchen konnte wohl tun! Wenn sie nur ein einziges aus dem Bund herausziehen, es an die Wand streichen und sich die Finger erwärmen dürfte. Sie zog eins heraus. Ritsch! wie sprühte das, wie brannte es! Es war eine warme, helle Flamme, wie ein Lichtchen, als sie die Hände darüber hielt; es war ein wunderbares Lichtchen! Dem kleinen Mädchen schien es, als säße sie vor einem großen, eisernen Ofen mit polierten Messingfüßen und einem messingenen Aufsatz, das Feuer brannte darin so wohltuend, es wärmte so gut. Die Kleine streckte schon die Füße aus, um auch diese zu wärmen, doch da erlosch das Flämmchen, der Ofen verschwand, sie hatte nur die kleinen Überreste des abgebrannten Schwefelhölzchens in der Hand.

Ein zweites wurde an der Wand angestrichen, es brannte, es leuchtete, und wo der Schein auf die Mauer fiel, wurde sie durchsichtig wie ein Schleier: sie sah in die Stube hinein, wo der Tisch gedeckt stand mit einem glänzenden, weißen Tuch, mit feinem Porzellan, und herrlich dampfte die gebratene Gans, mit Äpfeln und getrockneten Pflaumen gefüllt. Und was noch prächtiger anzusehen war, die Gans hüpfte von der Schüssel herunter und wackelte auf dem Fußboden, Messer und Gabel in dem Rücken, bis zu dem armen Mädchen hin kam sie; da erlosch das Schwefelhölzchen, und es blieb nur die dicke, feuchtkalte Mauer zurück.

Sie zündete noch ein Hölzchen an. Da saß sie unter dem herrlichsten Christbaum; er war noch größer und geputzter als der, den sie durch die Glastür bei dem reichen Kaufmann beim letzten Weihnachtsfest gesehen hatte; tausende von Lichtern brannten auf den grünen Zweigen, und bunte Bilder, wie sie die Schaufenster schmückten, sahen auf sie herab. Die Kleine streckte beide Hände in die Höhe – da erlosch das Schwefelhölzchen; die vielen Weihnachtslichter stiegen höher und höher, sie sah, es waren nun klare Sterne, einer davon fiel herunter und bildete einen langen Feuerstreifen am Himmel.

»Jetzt stirbt jemand!« sagte die Kleine, denn die alte Großmutter, die einzige, die gut zu ihr gewesen, aber nun tot war, hatte gesagt: Wenn ein Stern fällt, geht eine Seele empor zu Gott.

Sie strich wieder ein Schwefelhölzchen an der Mauer

an, das leuchtete ringsum, und in dem Glanze stand die alte Großmutter, so klar, so leuchtend, so mild und gesegnet. »Großmutter!« rief die Kleine, »o, nimm mich mit! Ich weiß, du bist fort, wenn das Schwefelhölzchen ausgeht, fort, wie der warme Kachelofen, der herrliche Gänsebraten und der große wundervolle Weihnachtsbaum!« Und sie strich in Eile den ganzen Rest Schwefelhölzer an, die im Bund waren, sie wollte die Großmutter recht festhalten; und die Schwefelhölzer leuchteten mit solch einem Glanz, daß es heller war als am lichten Tag. Die Großmutter war nie zuvor so schön, so groß gewesen; sie hob das kleine Mädchen auf ihren Arm, und sie flogen in Glanz und Freude so hoch, so hoch; und da war keine Kälte, kein Hunger, keine Angst – sie waren bei Gott.

Aber im Winkel, an die Mauer gelehnt, saß in der kalten Morgenstunde das kleine Mädchen mit den roten Wangen, mit dem Lächeln um den Mund – tot, erfroren am letzten Abend des alten Jahres. Der Neujahrsmorgen ging auf über der kleinen Leiche. Starr saß das Kind dort mit den Schwefelhölzchen, von denen ein Bund abgebrannt war. »Sie hat sich wärmen wollen«, sagte man; niemand wußte, was sie Schönes gesehen hatte, in welchem Glanz sie mit der alten Großmutter eingegangen war in die Neujahrsfreude.

Der König des neuen Jahres
Schlesischer Volksbrauch

In den Gebirgsdörfern des polnischen Schlesiens stecken am Neujahrstag die jungen Bauern eine hohe Stange, auf der ein Hirtenhut befestigt ist, in die Erde. Diejenigen, die auf einem Sallasche oder auf einer Polane ihre Herden weiden, vereinigen sich zu einer Gruppe. Eine jede Gruppe eilt dann dem aufgesteckten Ziele zu. Wer es zuerst erreicht, ist der Hirtenkönig dieser Gruppe, und die Hirten alle müssen seinen Anordnungen folgen. Hat nun auf diese Weise jede Gruppe ihren König erhalten, so kommt die Reihe an die Könige. Alle Könige stellen sich in eine Reihe und bilden eine Kette mit ihren Händen, und wer am ehesten sich von der Kette losreißt und am ersten das Ziel erreicht, ist wiederum der König aller Könige.

Auf diese Weise vergeht der Neujahrstag. Diese Würde behält einer für das ganze Jahr. Das nächste Jahr folgt dasselbe, und jeder Bauernjunge bemüht sich, seinem Obern die Würde abzugewinnen.

ZWÖLFTES KAPITEL

JETZT SCHLÄGT'S ZWÖLFE

»Der Mond, der scheint,
Das Kindlein weint,
Die Glock schlägt zwölf,
Daß Gott doch allen Kranken helf!

Gott alles weiß,
Das Mäuslein beißt,
Die Glock schlägt ein,
Der Traum spielt auf dem Kissen dein.«

Ammenuhr, aus ›Des Knaben Wunderhorn‹ (1808)

Die zwölfte Nacht
Altenglische Maskenspiele

Zu Zeiten Shakespeares feierte man am Hofe von King James illustre Spiele zu Ehren der Zwölften Nacht. »The Twelfth Night« (der Dreikönigsabend) galt als Höhepunkt der Weihnachtssaison, und in dem ihr huldigenden Maskenspiel wurde eine alte Theatertradition lebendig: Mysterienspiele, mythisch-allegorische Umzüge, Narrenpossen, Volksaberglaube, all dies bezog man ein und gab ihm eine neue Form. Der Hofstaat, vor allem der weibliche, agierte mit, allerdings stumm. Für Stimme und Gesang wurde eine Londoner Theatertruppe verpflichtet. Die Zwölferzahl war den beziehungsreichen »Masques« sozusagen eingepflanzt: zwölf Göttinnen, zwölf Königinnen, zwölf Damen von Hofe.

Begonnen hatte dies mit Edmund Spensers Versepos ›The Fairie Queene‹ (1590–96), einer Huldigung an Queen Elizabeth; dort traten die Tugenden und ihre Ritter und ebenso die Übel in Zwölfergruppen auf und waren verknüpft mit jeweils zwölf Legenden. In dieses Epos hatte Spenser einen Maskenreigen eingefügt, weniger Tanz als eine Art Prozession, in der emblematische Figuren, die verschiedenen Wirklichkeiten der Liebe allegorisch darstellend, dreimal den Raum umschreiten. Jenem Reigen waren auch Verse in den Mund gelegt.

Zehn Monate nach dem Tod der Queen Elizabeth, am 8. Januar 1604, wurde zu Hampton Court in London das Maskenspiel ›The Vision of the Twelve Goddesses‹ aufgeführt. Es war King James' erste Weihnachtssaison, und Queen Anne beauftragte den Dramatiker-Schauspieler Ben Jonson (der soeben noch wegen Majestätsbeleidigung im Gefängnis gewesen war), ein neues Spiel zu erfinden, in welchem sie und ihre Hofdamen glänzen konnten – »am hochgeschätzten Hof zu Whitehall während der Weihnachtsfestivitäten«. Dort hatte am folgenden Dreikönigsabend Jonsons ›The Masque of Blackness‹ Premiere, es spielte im tiefsten Äthiopien, am Niger, dem schwärzesten aller Länder; die Königin und die Gräfin von Bedford führten den Reigen der insgesamt sechs Paare an, ihre allegorischen Namen waren Euphoris (der Überfluß) und Aglaia (die Pracht), und beiden wurde sinnbildlich ein goldener Baum zugeteilt, beladen mit Früchten: das Symbol der Fruchtbarkeit. Es war ein Spiel von Verhüllung und Enthüllung, das sich dem Zuschauer darbot, eine Abfolge von Epiphanien.

Dem ersten Jonsonschen Maskenspiel folgte 1608, genauer gesagt an dem der Zwölften Nacht folgenden Sonntagabend, ein zweites, ›The Masque of Beauty‹. Schon ein Jahr später wurde das dritte, ›The Masque of Queens‹, aufgeführt. Hier gaben sich wundersame Gestalten wie Penthesilea, Haupt der Amazonen, Camilla, Königin der Volsker, Thomrys, Königin der Skythen, Artemisia, Königin von Caria, ein Stelldichein.

In ›The Masque of Christmas‹ (1616) ist die Zwölferzahl nicht mehr erheblich. Ben Jonson läßt Herren und Damen auftreten, allen voran *Christmas* persönlich, angetan mit einer kurzen Pumphose und langen engen Beinkleidern, einem knappen Wams, herrschaftlich hohem, broschenbesetzten Hut, einem langen dünnen Bart, gefälteltem Kragen, weißen Schuhen, die Strumpfbänder überkreuz gebunden, einen Stab in der Hand; und vor sich zwei oder drei Begleiter, die die Trommel rühren.

Ben Jonson, der sich mit dem Theatermann Inigo Jones zu arrangieren hatte, war fünfundzwanzig Jahre lang oberster Maskenspielautor bei Hofe und diente in dieser Zeit zwei Stuart-Königen.

Wie populär die Vorstellung der Zwölften Nacht noch heute in England ist, beglaubigt ein Lied: »On the Twelfth Night of Christmas my True Love Said to Me . . «

Von den zwölf Monaten
Ein slowakisches Märchen

Es war eine Mutter, die hatte zwei Töchter; die eine war ihre eigne, die andere ihre Stieftochter. Die eigne Tochter hatte sie sehr lieb, die Stieftochter konnte sie nicht einmal ansehen, bloß darum, weil Maruschka schöner war als Holena. Die gute Maruschka wußte von ihrer Schönheit nichts; sie konnte sich gar nicht erklären, warum die Mutter so böse war, so oft sie sie ansah. Alle Arbeit mußte sie selbst verrichten: die Stube aufräumen, kochen, waschen, nähen, spinnen, weben, Gras zutragen und die Kuh versorgen. Holena putzte sich nur und ging müßig. Aber Maruschka arbeitete gern, war geduldig, und das Schelten, das Fluchen der Schwester und Mutter ertrug sie wie ein Lamm. Allein dies half nichts, sie wurden von Tag zu Tag schlimmer, und zwar bloß darum, weil Maruschka je länger desto schöner, Holena desto garstiger wurde. Die Mutter dachte: ›Wozu soll ich die schöne Stieftochter im Hause leiden, wenn meine eigne Tochter nicht auch so ist? Die Burschen werden auf Brautschau kommen. Maruschka wird ihnen gefallen, Holena werden sie nicht haben wollen!‹ Von diesem Augenblick an suchten sie die arme Maruschka loszuwerden; sie quälten sie mit Hunger, sie schlugen sie, doch sie ertrug's geduldig und wurde von Tag zu Tag schöner. Sie ersannen Qualen, wie sie braven Menschen gar nicht in den Sinn gekommen wären.

Eines Tages – es war in der Mitte des Eismonats – wollte Holena Veilchen haben. »Geh, Maruschka, bring' mir aus dem Walde einen Veilchenstrauß! Ich will ihn hinter den Gürtel stecken und an ihm riechen!« befahl sie der Schwester. »Ach Gott, liebe Schwester, was fällt dir ein! Hab' nie gehört, daß unter dem Schnee Veilchen wüchsen«, sagte das arme Mädchen. »Du nichtsnutziges

Ding, du Kröte, du widersprichst, wenn ich befehle? Gleich wirst du in den Wald gehen, und bringst du keine Veilchen, so schlag ich dich tot!« drohte Holena. Die Stiefmutter faßte Maruschka, stieß sie zur Tür hinaus und schloß diese hinter ihr. Das Mädchen ging bitter weinend in den Wald. Der Schnee lag hoch, nirgend war eine Fußstapfe. Die Arme irrte, irrte lange. Hunger plagte sie, Kälte schüttelte sie; sie bat Gott, er möchte sie lieber aus der Welt nehmen. Da gewahrt sie in der Ferne ein Licht. Sie geht dem Glanze nach und kommt auf den Gipfel eines Berges. Auf dem Gipfel brannte ein großes Feuer, um das Feuer lagen zwölf Steine, auf den Steinen saßen zwölf Männer. Drei waren graubärtig, drei waren jünger, drei waren noch jünger, und die drei jüngsten waren die schönsten. Sie redeten nichts, sie blickten still in das Feuer. Die zwölf Männer waren die zwölf Mona-

te. Der Eismonat saß obenan; der hatte Haare und Bart weiß wie Schnee. In der Hand hielt er einen Stab.

Maruschka erschrak und blieb eine Weile verwundert stehen; dann aber faßte sie Mut, trat näher und bat: »Liebe Leute, erlaubt mir, daß ich mich am Feuer wärme, Kälte schüttelt mich!« Der Eismonat nickte mit dem Haupt und fragte sie: »Weshalb bist du hergekommen, Mädchen? Was suchst du hier?« – »Ich suche Veilchen«, antwortete Maruschka. »Es ist nicht an der Zeit, Veilchen zu suchen, wenn Schnee liegt«, sagte der Eismonat. »Ich weiß wohl«, entgegnete Maruschka traurig, »allein Schwester Holena und die Stiefmutter haben mir befohlen, Veilchen aus dem Wald zu bringen; bring ich sie nicht, so schlagen sie mich tot. Bitte schön, ihr Hirten, sagt mir, wo ich welche finde!« Da erhob sich der Eismonat, schritt zu dem jüngsten Monat, gab ihm die Hand, und sprach: »Bruder März, setz dich obenan!« Der Monat März setzte sich obenan und schwang den Stab über dem Feuer. In dem Augenblick loderte das Feuer höher, der Schnee begann zu tauen, Bäume trieben Knospen, unter den Buchen grünte Gras, in dem Grase keimten bunte Blumen, und es war Frühling. Unter Gesträuch verborgen blühten Veilchen, und eh sich Maruschka dessen versah, gab es ihrer so viele, als ob einer ein blaues Tuch ausgebreitet hätte. »Schnell, Maruschka, pflücke!« gebot der März. Maruschka pflückte freudig, bis sie einen großen Strauß beisammen hatte. Dann dankte sie den Monaten und eilte froh nach Hause. Es wunderte sich Holena, es wunderte sich die Stiefmutter, als sie Maruschka sahen, wie sie einen Veilchenstrauß trug; sie gingen ihr die Tür zu öffnen, und der Duft der Veilchen ergoß sich durch die ganze Hütte. »Wo hast du sie gepflückt?« fragte Holena störrisch. »Hoch auf dem Berg, dort wuchsen welche unter dem Gesträuch in Menge«, erwiderte Maruschka. Holena nahm die Veilchen, steckte sie hinter den Gürtel, roch an ihnen und ließ die Mutter riechen; zur Schwester sagte sie nicht einmal: »Riech auch!«

Des andern Tages saß Holena müßig beim Ofen, und es gelüstete sie nach Erdbeeren. »Geh, Maruschka, bring mir Erdbeeren aus dem Wald!« befahl Holena der Schwester. »Ach Gott, liebe Schwester, wo werd ich Erdbeeren finden! Hab nie gehört, daß unter dem Schnee Erdbeeren wüchsen«, sagte Maruschka. »Du nichtsnutziges Ding, du Kröte, du widersprichst, wenn ich befehle? Gleich geh in den Wald, und bringst du keine Erdbeeren, wahrlich, so schlag ich dich tot!« drohte die böse Holena. Die Stiefmutter faßte Maruschka, stieß sie zur Tür hinaus und schloß diese fest hinter ihr. Das Mädchen ging bitter weinend in den Wald. Der Schnee lag hoch, nirgend war eine Fußstapfe. Die Arme irrte, irrte lange; Hunger plagte sie, Kälte schüttelte sie. Da gewahrte sie in der Ferne dasselbe Feuer, das sie den Tag zuvor gesehen. Mit Freuden eilte sie darauf zu. Sie kam wieder zu dem großen Feuer, um das die zwölf Monate saßen. Der Eismonat saß obenan. »Liebe Leute, erlaubt mir, daß ich mich am Feuer wärme, Kälte schüttelt mich«, bat Maruschka. Der Eismonat nickte mit dem Haupt und fragte: »Warum bist du wiedergekommen, was suchst du?« – »Ich suche Erdbeeren«, entgegnete Maruschka. »Es ist nicht an der Zeit, Erdbeeren zu suchen, wenn Schnee liegt«, sagte der Eismonat. »Ich weiß wohl«, antwortete Maruschka traurig, »allein Schwester Holena und meine Stiefmutter haben mir befohlen, Erdbeeren zu bringen; bring ich sie nicht, so schlagen sie mich tot. Bitte schön, ihr Hirten, sagt mir, wo ich welche finde!« Der Eismonat erhob sich, schritt zum Monat, der ihm gegenüber saß, gab ihm den Stab in die Hand und sprach: »Bruder Juni, setz dich obenan!« Der schöne Monat Juni setzte sich obenan und schwang den Stab über dem Feuer. In dem Augenblick schlug die Flamme hoch empor, der Schnee zerschmolz alsbald, die Erde grünte, Bäume umhüllten sich mit Laub, Vögel begannen zu singen, mannigfaltige Blumen blühten im Wald, und es war Sommer. Weiße Sternlein gab es, als ob sie einer dahin gesät hätte. Sichtbar aber verwandelten sich die weißen Sternlein in Erdbeeren, die Erdbeeren reiften schnell, und eh sich Maruschka dessen versah, gab es ihrer in dem grünen Rasen, als ob einer Blut ausgegossen hätte. »Schnell, Maruschka, pflücke!« gebot der Juni. Maruschka pflückte freudig, bis sie die Schürze voll hatte. Dann dankte sie den Monaten schön und eilte froh nach Hause. Es wunderte sich Holena, es wunderte sich die Stiefmutter, als sie sahen, daß Maruschka wirklich Erdbeeren brachte, die ganze Schürze voll. Sie liefen, ihr die Tür zu öffnen, und der Duft der Erdbeeren ergoß sich durch die ganze Hütte. »Wo hast du sie gepflückt?« fragte Holena störrisch. »Hoch auf dem Berg, dort wachsen ihrer in Fülle unter den Buchen«, erwiderte Maruschka. Holena nahm die Erdbeeren, aß sich satt und gab auch der Mutter davon; zu Maruschka sagten sie nicht einmal: »Kost auch!«

Holena hatten die Erdbeeren geschmeckt, und es gelüstete sie des dritten Tages nach roten Äpfeln. »Geh in den Wald, Maruschka und bring mir rote Äpfel!« befahl sie der Schwester. »Ach Gott, liebe Schwester, woher sollten im Winter Äpfel kommen?« sagte die arme Maruschka. »Du nichtsnutziges Ding, du Kröte, du widersprichst, wenn ich befehle? Gleich geh in den Wald, und bringst du keine roten Äpfel, wahrlich, so schlag ich dich tot!« drohte die böse Holena. Die Stiefmutter faßte Maruschka, stieß sie zur Tür hinaus und schloß diese fest hinter ihr. Das Mädchen eilte bitter weinend in den Wald. Der Schnee lag hoch, nirgend war eine Fußstapfe. Allein das Mädchen irrte nicht umher, es ging gerade auf den Gipfel des Berges, wo das große Feuer brannte, wo die zwölf Monate saßen. Sie saßen dort, der Eismonat saß obenan. »Liebe Leute, erlaubt mir, daß ich mich am Feuer wärme, Kälte schüttelt mich«, bat Maruschka und trat zum Feuer.

Der Eismonat nickte mit dem Haupt und fragte: »Weshalb bist du wiedergekommen, was suchst du da?« – »Ich suche rote Äpfel«, antwortete Maruschka. »Es ist nicht an der Zeit«, sagte der Eismonat. »Ich weiß wohl«, entgegnete Maruschka traurig, »allein Schwester Holena und meine Stiefmutter haben mir befohlen, rote Äpfel aus dem Wald zu bringen; bring ich sie nicht, so schlagen sie mich tot. Bitte schön, ihr Hirten, sagt mir, wo ich welche finde!« Da erhob sich der Eismonat, schritt zu einem der älteren Monate, gab ihm den Stab in die Hand und sprach: »Bruder September, setz dich obenan!« Der Monat September setzte sich obenan und schwang den Stab über dem Feuer. Das Feuer glühte rot, der Schnee verlor sich, aber die Bäume umhüllten sich nicht mit Laub, ein Blatt nach dem andern fiel ab, und der kühle Wind verstreute sie auf dem falben Rasen, eins dahin, das andere dorthin. Maruschka sah nicht so viele bunte Blumen. Am Talhang blühte Altmannskraut, blühten rote Nelken, im Tale standen gelbliche Eschen, unter den Buchen wuchs hohes Farrenkraut und dichtes Immergrün. Maruschka blickte nur nach roten Äpfeln umher, und sie gewahrte wirklich einen Apfelbaum und hoch auf ihm zwischen den Zweigen rote Äpfel. »Schnell, Maruschka, schüttle!« gebot der September. Maruschka schüttelte freudig den Apfelbaum; es fiel ein Apfel herab. Maruschka schüttelte noch einmal; es fiel ein zweiter herab. »Schnell, Maruschka, eile nach Hause!« gebot der Monat. Maruschka gehorchte, nahm die zwei Äpfel, dankte den Monaten schön und eilte froh nach Hause. Es wunderte sich Holena, es wunderte sich die Stiefmutter, als sie sahen, daß Maruschka Äpfel brachte. Sie gingen ihr öffnen. Maruschka gab ihnen die zwei Äpfel. »Wo hast du sie gepflückt?« – Hoch auf dem Berg; sie wachsen dort, und noch gibt's ihrer genug«, erwiderte Maruschka. »Warum hast du nicht mehr gebracht? Oder hast du sie unterwegs gegessen?« fuhr Holena zornig gegen sie los. »Ach liebe Schwester, ich habe keinen Bissen gegessen. Ich schüttelte einmal, da fiel ein Apfel herab; ich schüttelte zum zweiten Mal, da fiel noch einer herab; länger zu schütteln erlaubten sie mir nicht. Sie hießen mich nach Hause gehen«, sagte Maruschka. »Daß der Donner in dich fahre!« fluchte Holena und wollte Maruschka schlagen. Maruschka brach in Tränen aus und bat Gott, er solle sie lieber zu sich nehmen und sie nicht von der bösen Schwester und Stiefmutter erschlagen lassen. Sie floh in die Küche. Die genäschige Holena ließ das Fluchen und begann einen Apfel zu essen. Der Apfel schmeckte ihr so, daß sie vermeinte, noch niemals in ihrem Leben so was Köstliches gegessen zu haben. Auch die Stiefmutter ließ es sich schmecken. Sie aßen die Äpfel auf, und es gelüstete sie nach mehr. »Mutter, gib mir meinen Pelz! Ich will selbst in den Wald gehen«, sagte Holena. »Das nichtsnutzige Ding würde sie wieder unterwegs essen. Ich will schon den Ort finden und sie alle herabschütteln, ob es wer erlaubt oder nicht!« Vergebens riet die Mutter ab. Holena zog den Pelz an, nahm ein Tuch um den Kopf und eilte in den Wald. Die Mutter stand auf der Schwelle, und sah Holena nach, wie es ihr gehe.

Alles lag voll Schnee, nirgend war eine Fußstapfe zu schauen. Holena irrte, irrte lange; ihre Genäschigkeit trieb sie immer weiter. Da gewahrte sie in der Ferne ein Licht. Sie eilt darauf zu. Sie gelangt auf den Gipfel, wo das Feuer brennt, um das auf zwölf Steinen die zwölf Monate sitzen. Holena erschrickt; doch bald faßt sie sich, tritt näher zu dem Feuer und streckt die Hände aus, um sich zu wärmen. Sie fragt die Monate nicht: »Darf ich mich wärmen?« und spricht kein Wort zu ihnen. »Was suchst du hier, warum bist du hergekommen?« fragt verdrießlich der Eismonat. »Wozu fragst du, du alter Tor? Du brauchst nicht zu wissen, wohin ich gehe!« fertigt ihn Holena störrisch ab und wendet sich vom Feuer in den Wald. Der Eismonat runzelt die Stirn und schwingt seinen Stab über dem Haupt. In dem Augenblick verfinstert sich der Himmel, das Feuer brennt niedrig, es beginnt Schnee zu fallen, als ob wer ein Federbett ausschüttete, eisiger Wind weht durch den Wald. Holena sieht nicht einen Schritt vor sich; sie irrt und irrt, stürzt in eine Schneewehe, und ihre Glieder ermatten, erstarren. Unaufhörlich fällt Schnee, eisiger Wind weht, Holena flucht der Schwester, flucht dem lieben Gott. Ihre Glieder erfrieren in dem warmen Pelz.

Die Mutter harrte ihrer, blickte zum Fenster hinaus, blickte zur Tür hinaus, konnte aber die Tochter nicht erharren. Stunde auf Stunde verstrich, Holena kam nicht. ›Vielleicht schmecken ihr die Äpfel so gut, daß sie sich nicht von ihnen trennen kann‹, dachte die Mutter, ›ich muß nach ihr sehen!‹ Sie zog ihren Pelz an, nahm ein Tuch um den Kopf und ging, Holena zu finden. Alles lag voll Schnee, nirgend war eine Fußstapfe zu schauen. Sie rief Holena; niemand meldete sich. Sie irrte, irrte lange; Schnee fiel dicht, eisiger Wind wehte. Maruschka kochte das Essen, besorgte die Kuh, doch weder Holena noch die Stiefmutter kam. »Wo bleiben sie so lange!« sprach Maruschka zu sich und setzte sich zum Spinnrocken. Schon war die Spindel voll, schon dämmerte es in der Stube, und es kam weder Holena noch die Stiefmutter. »Ach Gott, was ist ihnen zugestoßen!« klagte das gute Mädchen und sah zum Fenster hinaus. Der Himmel strahlte von Sternen, die Erde glänzte von Schnee, es ließ sich niemand sehen; traurig schloß Maruschka das Fenster, machte das Kreuz und betete ein Vaterunser für die Schwester und Mutter. Des andern Tages harrte sie mit dem Frühstück, harrte sie mit dem Mittagsmahl; doch sie erharrte weder Holena noch die Stiefmutter. Beide waren im Wald erfroren.

Der guten Maruschka blieb die Hütte, die Kuh und ein Stückchen Feld; es fand sich auch ein Hauswirt dazu, und beide lebten in Frieden glücklich miteinander.

Wie ein Holzschnitzer für einen Erzbischof zwölf Apostel arbeitete
Ein litauischer Schwank

Es war einmal ein sehr berühmter Meister, der mit dem Schnitzmesser allerlei Bildwerke aus Holz zu schnitzen pflegte, Heiligenbilder usw. Einst brauchte ein Erzbischof zwölf Apostel und befahl dem Meister, er sollte sie in einem Jahr fertig haben. Für die Arbeit versprach er ihm tausend Rubel. Der Holzschnitzer nahm trocknes Weidenholz und begann die Apostel zu schnitzen. Er arbeitete und arbeitete. Das Jahr war fast zu Ende, aber er hatte nur neun Apostel fertig gestellt. Was sollte er da anfangen? Der Erzbischof mußte in den nächsten Tagen kommen und wird die Apostel nicht zur rechten Zeit fertig finden. Die Arbeit des ganzen Jahres wäre dann dahin, und weil er sein Wort nicht gehalten hat, müßte er dazu noch Strafe zahlen.

Der Holzschnitzer aber hatte eine kluge Frau. Die hieß ihren Mann auf ein paar Tage bis unmittelbar zur Ankunft des Erzbischofs verreisen. Der Pope hatte bald erfahren, daß die Frau des Meisters allein war. Er ging zu ihr, liebkoste sie und bat, sie sollte ihm doch gestatten, wenigstens eine Nacht bei ihr zu schlafen. Sie ward mit ihm einig und hieß ihn den Abend um neun Uhr kommen. Darauf erschien der Vikar des Popen. Der bat sie um das gleiche. Den bestellte sie um zehn Uhr. Schließlich kam der Psalmensänger mit genau dem gleichen Anliegen. Den bestellte sie um elf Uhr nachts. In derselben Nacht war auch gerade das Jahr zu Ende, wo der Meister mit seinen Aposteln fertig sein sollte und der Erzbischof herbeikommen mußte, um sie abzuholen. Als es Abend geworden war, stellte sich um neun Uhr der Pope ein. Er gab der Frau des Meisters hundert Rubel für ihre Liebe, und sie befahl ihm, sich nackt auszuziehen, denn es würde sich so besser kosen lassen. Der Pope war kaum damit fertig, da schlug einer, klopf, klopf! an die Tür. Er erschrak und wußte nicht, was er tun sollte. Aber die Frau sprach zu ihm: »Lauf und verbirg dich! Es ist wahrscheinlich mein Mann.« Sie wies ihn in die Kammer, wo die fertigen neun Apostel aufgestellt waren, und befahl ihm, er solle sich mit in die Reihe stellen, still stehen bleiben und sich nicht rühren. Das tat der Pope auch. Dann ließ die Frau den Vikar herein. Von dem erhielt sie ebenfalls hübsch Geld, und auch er mußte sich nackt ausziehen. Kaum war er damit fertig, da klopfte auch schon der Psalmensänger an die Tür. Die Frau sprach zu dem verwunderten Vikar: »Lauf, verbirg dich! Mein Mann kommt.« Und auch ihn stellte sie mitten unter die Apostel. Der Pope erkannte seinen Vikar und fürchtete sich, sich zu rühren, damit er nicht erkannt würde. Jetzt ließ die Frau auch den Psalmensänger herein. Von ihm erhielt sie gleichfalls Geld, und er mußte sich auch ausziehen. Als er damit fertig war, klopfte der Meister, der heimkehrte, an die Tür. Der Psalmensänger erschrak und wußte nicht, wo er hin sollte. Die Frau ließ auch ihn sich zu den Aposteln stellen. Der Mann trat ein, und die Frau erzählte ihm, was sie mit dem Popen und seinen Dienern getan hätte, und sie gab ihm das Geld, was sie von ihnen erhalten hatte.

Während sie noch redeten, siehe! da kam der Erzbischof vorgefahren. Der Meister lief hinaus, um ihn zu begrüßen, und er führte ihn in sein Haus. »Nun, hast du die Apostel fertig?« fragte er den Holzschnitzer. Er antwortete: »Ja«, öffnete die Kammer und zeigte auf die dort stehenden Statuen. Der Mond schien durch das Kammerfenster, und man konnte sehen, wie schön die zwölf Apostel dastanden. Der Erzbischof sagte: »O, wie sind die schön, wie sind die schön! Wenn auch alle sehr passabel sind, diese drei hier sind wie lebend. Bring Licht herbei! Ich will sie mir genauer ansehen.« Der Pope erschrak und seine beiden Diener mit ihm. Denn der Erzbischof war ihnen natürlich bekannt. Und während er also das Licht brachte, da, husch, husch! sprangen alle drei durch das Fenster und stoben davon. Der Erzbischof brüllte: »Bring kein Licht, bring kein Licht! Sonst laufen sie alle fort.« Er nahm also die übrigen neun, bezahlte die tausend Rubel und fuhr von dannen. Dabei jammerte er in einem fort: »Ach, was war ich für ein Tor! Gerade die drei schönsten Apostel habe ich mit dem Licht verjagt.« Der Meister hatte viel Geld erhalten und lebte glücklich mit seiner Frau.

Der Kutscher und die Koljaden
Ein weißrussisches Märchen

Vorbemerkung: In keiner anderen Zeit des Jahres erzählen sich die Weißrussen so viele Märchen wie während der *Koljady*, der personifizierten zwölf Nächte vom 26. Dezember bis 6. Januar. Wörtlich heißen sie »die Vermummten«, und das Märchenerzählen ist ihr Lebenselement.

Einst bat ein Pan (hoher Herr) einen Bauern um Übernachtung. Der aber sagte: »Ich laß dich in die Hütte,

Herr. Doch nur unter einer Bedingung, wenn du mir Geschichten und Märchen erzählst. Bist doch gebildet – weißt viel!«

»Gut, gut, einverstanden. Ich kenne deren viele.«

Der Bauer ließ den Pan in seine Hütte. Der zog sich aus und machte es sich auf dem Lager bequem. Da sprach der Bauer: »Bald wird es Nacht. Komm, Herr, erzähl mir drei Geschichten und drei Märchen und dann wird's auch Zeit zu schlafen.«

Und der Pan begann: »Es flog eine Möwe von Insel zu Insel ... Es flog eine Möwe von Insel zu Insel ... Es flog eine Möwe von Insel zu Insel ...«

Der Bauer hörte eine Weile zu, lauschte, lauschte und schlief ein. Bald schlief auch der Herr. Nur sein Kutscher blieb wach, hörte jedes Geräusch. Und plötzlich merkte er: eine barfüßige Koljade trat leise ans Fenster. »Ich hörte«, sagte sie, »von guten Leuten, daß man hier Geschichten erzählt. Jedoch – nichts, keine Geschichten, keine Märchen. Dafür werde ich mich in eine Quelle am Wegesrand verwandeln. Und wenn der Herr an mir vorüberfährt und aus mir trinken wird, so muß er sterben. Doch wer davon erfährt und ihn warnt, möge bis zu den Knien in der Erde versinken!«

Die Koljade ging fort, doch gleich nach ihr trat eine weitere Koljade heran. »Ich hörte«, sagte sie, »von guten Menschen, daß man hier Geschichten erzählt. Jedoch – nichts, keine Geschichten, keine Märchen. So werde ich gehen und mich an einem Apfelbaum in ein silbernes Blatt und einen goldenen Apfel verwandeln ... Und wenn der Herr an mir vorüberfährt und zu essen verlangt, so muß er sterben. Doch wer davon erfährt und mich verrät, möge bis zum Gürtel in der Erde versinken!«

Sie ging fort, und bald darauf kam eine dritte Koljade. »Ich hörte«, sagte sie, »von guten Menschen, daß man hier Geschichten erzählt. Jedoch – nichts, keine Geschichten, keine Märchen. So werde ich gehen und mich am Wegesrand in eine warme Bettstatt verwandeln. Und wenn der Herr vorüberfährt und schlafen möchte, wird er sich niederlegen und nie wieder aufwachen. Doch wer davon erfährt und mich verrät, möge bis zum Hals in der Erde versinken.« Und fort ging auch sie.

Doch der Kutscher hatte alles gehört.

Früh am Morgen machte sich der Pan wieder auf den Weg. Sie fuhren und fuhren und sahen plötzlich eine Quelle am Wegesrand. Da befahl der Herr dem Kutscher: »Halte die Pferde an, ich steige kurz aus, ich bin zum Sterben durstig!«

Doch noch ehe er eine Bewegung machen konnte, hatte sein Knecht den Pferden schon die Peitsche gegeben und diese stürmten davon, schneller als zuvor. Da schrie der Herr: »Halt, bleib doch stehen!«

Doch der Kutscher schlug noch wilder auf die Pferde ein. Da wurde der Herr zornig und schlug mit den Fäusten auf des Kutschers Rücken ein. Doch der schwang entschlossen die Peitsche und ließ die Quelle bald hinter sich.

So fuhren sie weiter. Da stand ein Apfelbaum am Wegesrand. Daran hing ein silbernes Blatt und ein goldener Apfel. Der Herr schrie den Kutscher an: »Bleib stehen! Ich bin sterbenshungrig.«

Doch noch ehe er eine Bewegung machen konnte, hatte sein Knecht den Pferden schon die Peitsche gegeben und diese stürmten davon, schneller als zuvor. Der Herr wurde zornig und brüllte: »Halt an oder ich schick dich in die Verbannung!«

Doch der schwang entschlossen die Peitsche und ließ den Baum bald hinter sich.

Sie kamen bald an eine Stelle, da stand ein Bett am Wegesrand.

Wieder befahl der Herr dem Kutscher: »Halt an, ich bin sterbensmüde.«

Der Kutscher tat, als hörte er nicht, und trieb die Pferde an. Der Herr wurde vollends wütend: »Nun, du Mistkerl, jetzt sind wir bald da, und für deinen Ungehorsam werde ich dich nach Sibirien schicken lassen.«

Der Kutscher antwortete nicht und trieb die Pferde an. Bald kamen sie zum Hof des Herrn, der Kutscher brachte die Pferde in den Stall, trat zu seinem Pan und sagte: »So Herr, dafür, daß ich dir heute ungehorsam war – schick mich ruhig nach Sibirien. Doch zuerst ruf das Volk zusammen und laß mich alles erklären. Dann kannst du mich schicken, wohin du willst.«

Der Pan ließ die Leute herbeirufen. Der Kutscher bat den Herrn um ein Pferd, sprang auf und wandte sich von oben an das Volk.

»Hört, Brüder! Gestern übernachteten wir bei einem Bauern. Alle schliefen, nur ich allein blieb wach. Da hörte ich, wie aus dem Dunkel eine Koljade heranschlich und sagte: ›Ich hörte‹, sagte sie, ›von guten Leuten, daß man hier Geschichten erzählt. Jedoch – nichts, keine Geschichten, keine Märchen. Dafür werde ich mich in eine Quelle am Wegesrand verwandeln. Und wenn der Herr an mir vorüberfährt und aus mir trinken wird, so muß er sterben. Doch wer davon erfährt und ihn warnt, möge bis zu den Knien in der Erde versinken!‹«

Da versank das Pferd unter dem Kutscher bis zu den Knien in der Erde. »Siehst du nun, Herr, warum ich nicht an der Quelle stehenbleiben wollte.«

Und fuhr fort: »Immer noch war ich wach, da hörte ich eine zweite Koljade kommen, die sprach: ›Ich hörte‹, sagte sie, ›von guten Menschen, daß man hier Geschichten erzählt. Jedoch – nichts, keine Geschichten, keine Märchen. So werde ich gehen und mich an einem Apfelbaum in ein silbernes Blatt und einen goldenen Apfel verwandeln ... Und wenn der Herr an mir vorüberfährt und zu essen verlangt, so muß er sterben. Doch wer davon erfährt und mich verrät, möge bis zum Gürtel in der Erde versinken!‹«

Da versank das Pferd unter dem Knecht bis zur Kruppe in der Erde. »Siehst du nun, Herr, warum ich an jenem Baum nicht halten wollte!«

Dann fuhr er fort: »Kaum war die zweite Koljade verschwunden, kam eine dritte. Und sprach: ›Ich hörte‹, sagte sie, ›von guten Menschen, daß man hier Geschichten erzählt. Jedoch – nichts, keine Geschichten, keine Märchen. So werde ich gehen und mich am Wegesrand in eine warme Bettstatt verwandeln. Und wenn der Herr vorüberfährt und schlafen möchte, wird er sich niederlegen und nie wieder aufwachen. Doch wer davon erfährt und mich verrät, möge bis zum Hals in der Erde versinken.‹«

Da versank das Pferd unter dem Kutscher bis zum Hals in der Erde und der Knecht sprach:

»Siehst du nun, Herr, warum ich nicht an jenem Bett halten wollte!«

Dann sprang er vom Pferd und wollte dem Tier aus der Erde heraushelfen – doch umsonst. Und auch als alles Volk mithalf zu graben, gruben sie es nie mehr aus.

Der Pan aber belohnte den Kutscher fürstlich und gab ein großes Fest – nahezu fürs ganze Land. Und auch ich war dort, der Honigmet troff mir vom Schnurrbart, in den Mund aber lief er nicht. Man schlug mir auf den Rücken, da rannte ich über den Hof. Sie schlugen mich mit der Bratpfanne, da floh ich aus der Stadt. Man sattelte mir ein Pferd aus Harz. Und schirrte es an mit Stroh und mit Kraut – und ich fuhr los. Ich kam zu einem Juden, es kamen seine Kinder heraus, vertrieben mich von meinem Pferd. Da kam ein Schwein und fraß das Kraut. Dann kam eine Ziege und fraß das Stroh. Gott sei Dank kam da die Sonne hervor und taute mein Pferd auf.

Zwölfe mit der Post
Ein Märchen von Hans Christian Andersen

Es war klingender Frost, sternklare Luft, windstill. »Bums!« da warfen sie einen Topf an die Tür, »Paff!« da schossen sie das Neujahr ein: es war Neujahrsnacht; nun schlug die Uhr zwölf!

»Trateratra!« da kam die Post. Die große Postkutsche hielt draußen vor dem Stadttor, sie brachte zwölf Personen mit, mehr konnte sie nicht aufnehmen, alle Plätze waren besetzt.

»Hurra! Hurra!« sang man drinnen in den Häusern, wo die Leute die Neujahrsnacht feierten und sich gerade mit den gefüllten Gläsern erhoben hatten und auf das neue Jahr tranken.

»Gesundheit und Glück im neuen Jahr!« sagten sie, »ein schönes Weib! viel Geld! keinen Ärger und Verdruß!«

Ja, das wünscht man sich gegenseitig, und darauf wurde angestoßen, daß es klang – und vor dem Stadttor hielt der Postwagen mit den fremden Gästen, den zwölf Reisenden.

Was waren das für Leute? Sie hatten ihre Reisepässe und Gepäck mit, ja auch Geschenke für mich und dich und alle Menschen in der Stadt. Was wollten sie und was brachten sie?

»Guten Morgen!« sagten sie zu der Schildwache am Tor.

»Guten Morgen!« antwortete diese, denn die Uhr hatte ja Zwölf geschlagen.

»Ihr Name? Ihr Stand?« fragte die Schildwache den, der zuerst aus dem Wagen stieg.

»Sehen Sie im Passe nach«, sagte der Mann. »Ich bin ich!« Es war auch ein ganzer Kerl, angetan mit Bärenpelz und Pelzstiefeln. »Ich bin der Mann, in den sehr viele

Leute ihre Hoffnung setzen. Komm morgen, so sollst du ein Neujahrsgeschenk haben! Ich werfe Groschen und Taler unter die Leute, mache Geschenke, ja ich gebe Bälle, volle einunddreißig Bälle, mehr Nächte habe ich nicht zu vergeben. Meine Schiffe sind eingefroren, aber es ist warm in meinem Kontor. Ich bin Kaufmann und heiße Januar. Ich habe nur Rechnungen bei mir.«

Dann kam der nächste, der war ein Bruder Lustig, er war Direktor der Komödie, der Maskenbälle und aller Vergnügungen, die man sich nur denken kann. Sein Gepäck bestand aus einer großen Tonne.

»Aus der Tonne wollen wir zur Fastnachtszeit mehr als nur die Katze herausjagen«, sagte er, »ich will andere und mich selbst amüsieren, denn ich habe die kürzeste Lebenszeit von der ganzen Familie, ich werde nur achtundzwanzig Jahre alt. Ja, vielleicht schalten sie mir noch einen Tag ein, aber das ist gleichviel! Hurra!«

»Sie dürfen nicht so laut schreien!« sagte die Schildwache.

»Ei was, freilich darf ich schreien«, rief der Mann, »ich bin Prinz Karneval und reise unter dem Namen Februarius.«

Nun kam der dritte, er sah aus wie das leibhaftige Fasten, aber er brüstete sich, denn er war verwandt mit den »vierzig Rittern« und war Wetterprophet, aber das ist kein fettes Amt, deshalb pries er die Fastenzeit. Sein Schmuck war ein Sträußchen Veilchen im Knopfloch, aber sie waren sehr klein.

»März! Marsch!« rief der vierte und stieß den dritten. »März, marsch! Hinein in die Wachtstube, hier ist Punsch, ich kann ihn riechen!« Aber es war nicht wahr, er wollte ihn nur in den April narren, damit begann der vierte Bursche. Er sah überhaupt sehr flott aus; arbeiten tat er nicht sehr viel, aber er machte viele Feiertage. »Auf und ab mit der Laune!« sagte er; »Regen und Sonnenschein, ziehen heraus und ziehen herein! Ich bin auch

Umzugskommissär, ich bin Leichenbitter, ich kann beides, lachen und weinen. Ich habe Sommergarderobe im Koffer, aber es würde sehr töricht sein, sie anzuziehen. Hier bin ich! Sonntags gehe ich in Seidenstrümpfen und mit Muff spazieren.«

Nun kam eine Dame aus dem Wagen.

»Fräulein Mai!« sagte sie. Sie hatte ein buchenblattgrünes Seidenkleid an, Anemonen im Haar, und sie duftete dazu dermaßen von Waldmeister, daß die Schildwache niesen mußte. »Gesundheit und Gottes Segen!« sagte sie, das war ihr Gruß. Sie war niedlich! Und Sängerin war sie, nicht im Theater, aber drinnen im Wald; nicht in die Zelte, nein, in den frischen grünen Wald ging sie und sang dort zu ihrem eigenen Vergnügen; sie hatte in ihrem Arbeitsbeutel Christian Winthers ›Holzschnitte‹, denn die sind wie der Buchenwald selbst, und ›Kleine Gedichte von Richardt‹, die sind wie Waldmeister.

»Jetzt kommt die junge Frau!« riefen sie drinnen im Wagen, und da kam die junge Frau, jung und fein, stolz und niedlich. Man konnte es ihr gleich ansehen, daß sie dazu geboren war, die Siebenschläfer einzuhalten. Am längsten Tage des Jahres gab sie Gesellschaft, damit man Zeit haben könne, die vielen Gerichte zu verspeisen. Sie konnte zwar im eignen Wagen fahren, aber sie kam doch mit der Post wie die andern, sie wollte dadurch beweisen, daß sie nicht hochmütig sei; allein reiste sie aber nicht, sie war von ihrem jüngeren Bruder Julius begleitet.

Er war wohlgenährt, sommerlich gekleidet und mit Panamahut. Er führte nur wenig Gepäck bei sich, das war zu beschwerlich in der Hitze, er hatte nur Schwimmhose und Badehaube; das ist nicht viel.

Nun kam die Mutter, Madame August, Obsthändlerin en gros, Besitzerin einer Menge Fischteiche, Landökonom in großer Krinoline; sie war dick und heiß, faßte überall selbst an, ging selbst mit dem Bierkrug zu den

Arbeitern auf das Feld hinaus. »Im Schweiße deines Angesichts sollst du dein Brot essen!« sagte sie, »das steht in der Bibel. Hinterdrein kann man Wald- und Erntefeste feiern!« Sie war eine tüchtige Hausfrau.

Dann kam wieder ein Mann, Maler von Profession, Meister der Farbe, das bekam der Wald zu wissen; die Blätter mußten Farbe wechseln, aber schön, wenn er es wollte; rot, gelb, braun sah der Wald bald aus. Der Meister pfiff wie der schwarze Star, war ein flinker Arbeiter und wand die braungrüne Hopfenranke um seinen Bierkrug, das schmückte, und für Schmuck hatte er Sinn. Da stand er nun mit seinem Farbentopf, der war sein ganzes Gepäck.

Ihm folgte der Gutsbesitzer, der an den Saatmonat, an das Pflügen und Beackern des Bodens, ja auch ein wenig an die Jagdvergnügungen dachte; er führte Hund und Büchse mit sich, hatte Nüsse in seiner Jagdtasche: »knick, knack!« Schrecklich viel Gepäck führte er mit, auch einen englischen Pflug; er sprach von der Landwirtschaft, aber vor lauter Husten und Stöhnen bekam man nicht viel zu hören; das rührte von dem November, der dann kam.

Er hatte furchtbaren Schnupfen, so daß er ein Laken und kein Taschentuch benützte, und doch müsse er die Dienstmädchen in ihre neuen Winterdienste begleiten, sagte er, aber die Erkältung ginge wohl vorüber, wenn er ans Holzmachen ginge, und das wollte er, denn er war Sägemeister der Holzmacherinnung. Die Abende brächte er mit Schneiden von Schlittschuhhölzern zu, er wußte, daß man in wenigen Wochen Bedarf für diese Art vergnüglichen Schuhwerks haben werde.

Endlich kam die letzte, das alte Mütterchen Dezember mit der Feuerkiepe; sie fror, aber ihre Augen strahlten wie zwei helle Sterne. Sie trug einen Blumentopf mit einem kleinen Tannenbaum. »Den will ich hegen und pflegen, damit er groß werde bis zum Weihnachtsabend, vom Fußboden bis an die Decke hinaufreiche und wachse mit flammenden Lichtern, vergoldeten Äpfeln und ausgeschnittenen Figürchen. Die Feuerkiepe wärmt wie ein Ofen, ich nehme das Märchenbuch aus der Tasche und lese laut vor, so daß alle Kinder im Zimmer still werden, aber die Puppen an dem Baum werden lebendig, und der kleine Engel von Wachs auf der äußersten Spitze des Baumes schüttelt die Flittergoldflügel, fliegt von seinem grünen Sitz herab und küßt Klein und Groß im Zimmer, ja die armen Kinder auch, die draußen stehen und das Weihnachtslied von dem Stern über Bethlehem singen.«

»Und jetzt kann die Kutsche abfahren«, sagte die Schildwache, »nun haben wir das Dutzend. Laßt einen neuen Reisewagen vorfahren!«

»Laß erst die Zwölf ordentlich hereinkommen!« sagte der wachhabende Kapitän, »einen nach dem andern! Die Pässe behalte ich hier; sie gelten jeder einen Monat; wenn der verstrichen ist, werde ich darauf bescheinigen, wie jeder sich aufgeführt hat. Herr Januar, belieben Sie näherzutreten.«

Und Herr Januar trat ein.

... Wenn ein Jahr verstrichen ist, werde ich dir sagen, was die Zwölf dir, mir und uns allen gebracht haben. Jetzt weiß ich es nicht, und sie wissen es wohl selbst nicht, denn es ist eine wunderliche Zeit, in der wir leben.

Weihnachtsmärchen – eine schöne Fiktion
Literarische Streifzüge

Allwinterlich ergeht der Ruf nach den schönen alten Weihnachtsmärchen: Mütter und Väter brauchen sie dringend zum Vorlesen, die Kids wollen möglichst solche, die sie noch nicht kennen, ältere Mitmenschen sind auf der Suche nach dem einen wunderbaren Märchen, das ihnen abhanden oder aus dem Gedächtnis gekommen; Lehrer wollen etwas Besinnliches für die allerletzte Schulstunde oder etwas Lebhaftes, Dialogreiches, was sich fürs Gruppenspiel eignet; Illustratoren wollen Aufträge, Paten wollen schenken, und die Buchhändler wollen kräftig verkaufen.

Aber wo finde ich sie, die vielgefragten Märchen zum Weihnachtsgeschehen? Europas klassische Märchenbücher, Basiles ›Pentamerone‹, Perraults ›Contes de ma mère l'Oye‹ und die traulichen ›Kinder und Hausmärchen‹ der Brüder Grimm geben in der Hinsicht nichts, aber auch gar nichts her. Na gut, mag man einwenden, Basile lebte vor bald dreihundert Jahren und damals erzählte man sich in Neapel halt andere Dinge. Und am Hof von Paris, gegen Ende des 17. Jahrhunderts, hatte man mit Weihnachten vielleicht auch nichts im Sinn. Aber daß die Brüder Grimm so gar nicht fündig geworden sind?

Wahr ist, daß in vielen Weihnachtsanthologien das Grimmsche Märchen Nr. 200 steht, ›Der goldene Schlüssel‹: weil zweimal das Wort *Schnee* darin vorkommt und weil das verschlossene Kästchen uns in freudige Erwartung versetzt, vergleichbar mit der vor der Weihnachtsbescherung. Doch könnte das Kästchen, das seinen Inhalt noch nicht preisgibt, statt im Schnee ebensogut irgendwo anders liegen – und schaut her, die Brüder Grimm fügen in ihren Anmerkungen eine Variante an: »Hühnchen findet Schlüsselchen im Mist und Hähnchen findet ein Kästchen.« Also nichts da mit Weihnachten.

Nun befinden die Märchenphilologen ohnehin, zumal die deutschen, daß Märchen keinerlei Bezug auf Ort und Zeit nehmen und sich daher auch um Weihnachten nicht scheren. Das leuchtet zwar ein, denn das biblisch fromme Geschehen ist ja der Legende vorbehalten – doch etwas scheint daran ungenügend. Denn für welches Fest mehr als für das christliche Weihnachten, für welche Jahreszeit sonst als »für die langen Winterabende« werden denn Märchenbücher gedichtet, illuminiert und verbreitet? Mögen Wörter wie Weihnachten, Christnacht oder Heiliger Nikolaus kein einziges Mal in den Grimmschen Märchen vorkommen, mit Weihnachten haben sie allemal zu tun.

Das beginnt schon mit dem 20. Dezember 1812, dem Tag, an dem der erste Band erscheint. Freund Achim von Arnim schreibt noch am Vormittag des Heiligabends: »Eben habe ich von Reimer für meine Frau Euer Märchenbuch erhalten, es ist gar schön gebunden und soll ihr am Christabend beschert werden, ich habe es bei Savigny versteckt ... es ist ein recht braves Buch, das sicher lange gekauft wird.« Womit von Arnim unfreiwillig Recht hatte, denn der Verleger Reimer brauchte damals sechs Jahre, um die Auflage von 900 Stück zu verkaufen.

Nach dem Fest äußert sich Görres recht beschwingt: mit welch Verlangen seine Kinder das Märchenbuch erwartet, und wie es ihnen seither nicht aus den Händen zu winden sei ... »und schon drei Tage nach der Ankunft kam ein Bube, um das Buch, wo von Blutwürstchen und Bratwürstchen stände, zu leihen. Abends mußte meine Frau immer sieben vorlesen.«

Auch der zweite Band der ›Kinder- und Hausmärchen‹ sollte zwei Jahre später, an Weihnachten 1814, ausgeliefert werden, aber dann wurde es doch Ende Dezember damit. Geschickterweise versah ihn der Verlag mit der Jahreszahl 1815, damit er auch noch zum nächsten Weihnachtsfest taufrisch wäre.

Ferdinand Grimm, der jüngere Bruder, seit kurzem selbst im Verlagsgewerbe tätig, beobachtete die Märchenszene 1817 recht genau. Seit Weihnachten sei in Berlin nicht ein einziges Exemplar der ›Kinder- und Hausmärchen‹ verkauft worden, meldet er den älteren Brüdern im August; doch mache sich viel neuer »Quark« breit, vor allem das Zeug jenes unseligen Namensvetters, des »Weinheimer Schulmeisters« Albert Ludwig Grimm. Dieser hatte seine zweite Sammlung, ›Lina's Mährchenbuch‹, mit dem empfehlenden Untertitel ›Eine Weyhnachtsgabe‹ versehen – eine ziemliche Unverfrorenheit.

Der Grimms Märchen erster Band ist ein Jahr später dennoch vergriffen, und Wilhelm Grimm wird gegenüber dem Verleger energisch. Er will die beiden bisherigen Teilausgaben in einer neuen vereinheitlicht sehen, außerdem mit Kupfern geschmückt, und wenn Reimer dies nicht machen wolle, stünde ein anderer Verleger parat; alles in allem »wäre es gut, wenn der Anfang mit dem Druck sogleich gemacht würde, damit zu Weihnachten die beiden Bände Märchen könnten verkauft werden« (Brief vom 25. 9. 1818).

Aber es dauert noch ein Jahr, bis die »Zweite vermehrte und verbesserte Auflage« in zwei Bänden erscheinen kann, diesmal schon Mitte November. Das Frontispiz in Band I hat sogleich etwas Weihnachtliches. Bildbeherrschend ist ein schützender Engel. Er schwebt über zwei Schlafenden, einem Mädchen und einem jungen Reh;

seine Schwingen nehmen die ganze Bildbreite ein. Vordergründig ist es eine Illustration zum Märchen Nr. 11 ›Brüderchen und Schwesterchen‹, aber dort steht nichts von einem Engel oder Schutzgeist. Brüderchen ist in ein Reh verwünscht worden, Schwesterchen hat ein weiches Seil gebunden und ihm um den Hals getan, beide sind immer tiefer in den Wald gelangt; wenn es abends ans Schlafen geht, legt Schwesterchen seinen Kopf auf den Rücken des Rehkälbchens. Das ist die Bildsituation. Entspricht es nun künstlerischer Freiheit oder subtiler Spekulation, wenn hier eine liebreiche Himmelsmacht auftritt, die die Geschicke der beiden zu behüten, sie gar zu lenken scheint?

Daß mit dieser Ausgabe ein Schritt in Richtung »Weihnachtsbuch« erfolgt, bezeugt vor allem der Schlußteil des zweiten Bandes. Wilhelm Grimm, der Hauptverantwortliche für diese wie für alle weiteren Ausgaben, gibt neun ›Kinderlegenden‹ als Zugabe und merkt im Kommentarband (1822) an: »Es sind Märchen auf die heilige Geschichte angewendet, die auf ähnliche Weise von der lebendigen Volksdichtung in manchem einzelnen Glauben fortgebildet wird.« Eine Erklärung, die sich fast wie der Versuch eines Alibis liest, wie ein zartes Bemühen, mit der Legendenwurst nach der christlichen Speckseite zu werfen. Wenn doch diese Kinderlegenden stofflich origineller, erzählerisch kräftiger wären! Gleich von der ersten, ›Der heilige Joseph im Walde‹, heißt es in den Anmerkungen, eigentlich sei dies nichts anderes als das Märchen von den drei Männlein im Walde; das aber findet sich im ersten Band schon, als Nr. 13.

Weitaus überzeugender erscheint eine andere »Weihnachtsformel«, die Wilhelm Grimm Jahre später eingefallen ist: Man wähle die eingängigsten Märchen, illustriere sie »geistreich und gefällig«, nehme ein handliches Format und verlange einen wohlfeilen Preis, z. B. einen Taler; ein solches Buch würde besonders zu Weihnachten gut verkauft werden. So Wilhelms Vorschlag an Reimer, am 16. 8. 1823. Er fügte sogar an: »Mein Bruder könnte noch ein Blättchen dazu radieren, etwa eine Bescherung zu Weihnachten mit dem Christbaum.« So kam es dann, allerdings erst im Dezember 1825, zur sog. Kleinen Ausgabe der Grimmschen Märchen, fünfzig ausgesuchte Stücke, sieben davon illustriert von Ludwig Emil Grimm. Ihre Startauflage betrug zwar auch nur 1500 Exemplare, analog zur Großen Ausgabe von 1819 – aber bis 1844 waren weitere sechs Auflagen nachgedruckt und die zweibändige Große Ausgabe längst überrundet.

Dank dieses Einfalls, der auf die weihnachtliche Aufnahmebereitschaft des Lesepublikums zielte, war es endlich gelungen: Die ›Kinder- und Hausmärchen‹ hatten, wie Wilhelm Grimm es dem Jacob schon 1815 prophezeite, »uns bei aller Welt bekannt gemacht«.[1]

In jenem Dezember 1825 warten die Brüder Grimm mit einer weiteren Überraschung auf, mit einer Übersetzung so ganz anders gearteter ›Irischer Elfenmärchen‹, denen sie eine siebzigseitige Abhandlung über irische und schottische Elfenwesen voranstellen. Heiligabend schreibt Wilhelm an Jenny von Droste-Hülshoff: »Ich schicke Ihnen hier zum Christkindchen ein Buch mit Elfenmärchen. Es ist mancher hübsche unschuldige und rührende Zug des menschlichen Herzens darin erzählt.«

Ihm ist natürlich bewußt, daß jene ›Fairy Legends‹ nicht seinem eigenen Märchenbegriff entsprechen, sondern eher Volkssagen sind, jedoch »hübsche und echte«

[1] Daß wiederum Weihnachten, hinsichtlich der Popularisierung von Grimms Märchen, eine besondere Schubkraft besaß, machen zwei Großereignisse deutlich. Zunächst Engelbert Humperdincks Märchenoper »Hänsel und Gretel«, die ein religiöses Element einführte, das Lebkuchenhaus gebührend hervorhob und seit der Uraufführung Weimar 1893 stets an Weihnachten inszeniert wurde. Dann kam Walt Disneys erster abendfüllender Trickfilm »Snow White and the Seven Dwarfs«, uraufgeführt zu Weihnachten 1937: Ihm folgten nicht nur sage und schreibe 90 Ausgaben Grimmscher Märchen, sondern parallel dazu Puppen, Schallplatten, Bilder, die »Schneewittchen« zu einer amerikanischen Leitfigur machten.

und zudem »oft in wunderlicher Einstimmung mit deutschen Mährchen« (an Karl Lachmann, 20. 4. 1825). Daß der anonym gebliebene Verfasser lange in Irland gelebt haben muß, um Örtlichkeiten, Sitten, Denk- und Ausdrucksweise so genau wiederzugeben, ist für Wilhelm augenscheinlich. Und in der Tat: Thomas Crofton Croker, gebürtig aus Cork, hatte seine Streifzüge durch Irlands Süden bereits als Zwölfjähriger begonnen, hatte sich unter Schuhmachern, Fischern, Schmugglern, Zollfahndern, Mördern und Pilgern bewegt und war so zum ersten Märchensammler und Folkloristen seines Landes geworden: einer, der aus einem breiteren Strom mündlicher Überlieferung schöpfte, begabter Erzähler, kein Gelehrter; einer, der gegen den überall wuchernden Feenglauben zu Felde zog, was ihn nicht hinderte, daß er ihm wunderbar Ausdruck verlieh.

Hier, bei den ›Irischen Elfenmärchen‹, wird eine eigentümliche Wechselwirkung erstmals greifbar. Croker hatte sich durch die Sammlung der Brüder Grimm anregen lassen; die Grimms, von diesem Märchenneuland sehr angetan, ließen – in Maßen – andere Maßstäbe gelten; und Croker wiederum hielt es für das allerbeste, seinem dritten, abschließenden Band 1828 den Aufsatz von Wilhelm Grimm ›Über die Elfen‹ beizugeben.

In diesem Aufsatz, der Wilhelm nach eigenem Bekunden viel mehr Mühe gemacht hat als die Übersetzung der Märchen, wird nun auch der Weihnacht gedacht: »Weihnachten, wenn die Sonne am tiefsten ist, halten die Unterirdischen mit wilder, Schrecken erregender Lust ihren mitternächtlichen Umzug. Es sind die grün gekleideten Elfen . . . sie reiten auf schwarzen, häßlichen und zerzausten Pferden.« Wilhelm bringt die Elfenumzüge in die Nähe des »Wütenden Heeres« – aber einen Textbeleg bleibt er schuldig. Kunststück auch, denn die Weihnachtspassage findet sich im Abschnitt ›Die Elfen in Schottland‹, und dabei konnte er schlecht auf irische Traditionen zurückgreifen, wohl aber auf das kurz vorher erschienene Werk von W. Grant Stewart, ›The Popular Superstitions and Festive Amusements of the Highlanders of Scotland‹ (Edinburgh 1823). So kommt es, daß die Grimms zwar eine Weihnachtsfährte weisen, aber zugleich zu erkennen geben, daß auf der Grünen Insel darüber nichts zu holen ist. (Nur im Legendenbereich, bei den ›Saints and Sinners‹, wird man in Irland fündig.)

Daß gute Märchenstoffe in Europa zunehmend gefragt wurden, im Hinblick auf Weihnachten und allgemein, war eine Erfahrung, die auch der dänische Romancier Hans Christian Andersen machte. Noch die volksfürchtige Kinder- und Hausmärchen-Tradition achtend, gab er 1835 zwei Hefte ›Eventyr, fortalte for Børn‹ (Märchen, erzählt für Kinder) heraus. Ihnen folgte fast jedes Jahr ein weiteres Heft, die dann in ›Nye Eventyr‹ (Neue Märchen) übergingen; bis 1848 hatte es der Märchendichter auf elf Hefte gebracht. In seiner frühen Selbstbiographie, der er keck und gegen Goethe gerichtet den Titel ›Das Märchen meines Lebens ohne Dichtung‹ gab – tatsächlich erschien sie zuerst in Deutschland –, bekennt er, auf eigenwillige Weise Märchen erzählt zu haben: zunächst solche, die er als Kind gehört, dann, seit der ›Kleinen Seejungfrau‹ im dritten Heft, zunehmend freier in der Erfindung. Dadurch habe allenthalben das Interesse zugenommen, von nun an sei jedes Weihnachtsfest ein neues Heft erschienen, »und bald durften an keinem Weihnachtsbaum meine Märchen fehlen«.

Aber von Anbeginn bildete er eine Art Gegentradition zu den Grimms. Schon ›Die Blumen der kleinen Ida‹ im ersten Heft waren eine Verbeugung vor dem hochgeschätzten E. T A. Hoffmann und hatten Anklänge an dessen Nußknackermärchen (das erste, poetisch-individualistische Weihnachtsmärchen überhaupt). Als der Student, der die allerschönsten Geschichten weiß und so komische Bilder ausschneidet, die alle Leben gewinnen –

Herzen mit kleinen Damen darin, die tanzen, dann Blumengesichter und Schlösser, deren Türen aufgehen –, hat Andersen sich in diesem Märchen selbst dargestellt, sich und sein Verhältnis zu Kindern. So wie er der geträumte Student, ist Ida in der Realität die Tochter seines Dichterfreundes Thiele. Andersen will, daß man »im Stil den Erzähler höre«. Und es beflügelt sein Erzählen, wenn Reiseimpressionen, vielfältige menschliche Begegnungen, Augenblickseindrücke oder auch ihn existentiell bewegende Fragen darin einfließen.

Dank eigener erzählerischer Mittel hatten die Brüder Grimm eine Generation zuvor eine neue Gattung ›Märchen‹ erfunden. Andersen gelang dies auf seine Art ebenfalls, mit einer alles aufsaugenden, formenden Einbildungskraft, mit der Suggestion eines spontanen, ganz gegenwärtigen Erzählens, mit seinem Sich-hinein-versetzen in die erzählten Vorgänge wie in die Zuhörerschaft. ›Andersen-Märchen‹ wurden zum ersten europäischen Bestseller.

Der Däne hatte, mehr noch als die beiden Deutschen, die all-weihnachtliche Aufnahmebereitschaft ins Kalkül gezogen, aber man kann nicht sagen, daß er auch seine Märchensujets planvoll auf Weihnachten ausrichtete. Diejenigen Märchen, die sich auf die Jahreszeit, »wenn die weißen Bienen schwärmen«, bezogen, erschienen verhältnismäßig spät: ›Der Tannenbaum‹ und ›Die Schneekönigin‹ füllen das achte Heft (1844), ›Das kleine Mädchen mit den Schwefelhölzern‹ findet sich im elften Heft (1848), ›Zwölfe mit der Post‹ und ›Der Schneemann‹ stehen in ›Neue Märchen und Erzählungen‹ (1861). Sie gehören zu den Evergreens aller Weihnachtsanthologien, wie denn der Kinderglaube an das Weihnachtsmärchen vor allem von Hans Christian Andersen herrührt, d. h. von subjektiver Gestaltungsfähigkeit, aufmerksamem Wahrnehmen einer Erwartung und der Bereitschaft, diese nicht zu enttäuschen. Was »perfektes Timing« angeht, so war ihm sein jüngerer Zeitgenosse Charles Dickens noch überlegen.

Wie kühl und wie leidenschaftlich der Engländer zu Werke ging, mag ein kleiner Exkurs verdeutlichen. In der Absicht, eine Romanepisode aus den ›Pickwickier‹ zu einer längeren Weihnachtsgeschichte zu verdichten, begann Dickens Mitte Oktober 1843 mit der Niederschrift. Fünf Wochen Arbeit hatte er für ›Ein Weihnachtslied in Prosa‹ (A Christmas Carol, in Prose) kalkuliert; zu Weihnachten sollte das Buch auf dem Markt sein, denn seine Finanzen hatten es bitter nötig. Alles gedieh soweit, doch der Auslieferungstermin 19. Dezember »platzte«. Die Druckproben gefielen dem Autor nicht, einmal war ihm das Vorsatzpapier zu bunt geraten, ein andermal der Druck des Titels nicht satt genug. Einige der ausgedruckten Quoten ließ er unbeanstandet passieren, andere wurden zurückgewiesen und mußten nochmals die Maschinen durchlaufen. Druck und Bindung der 6000er Auflage waren daher bis Weihnachten keineswegs abgeschlossen, und das beste »Timing« hatte nichts genutzt. Weil in diesem Fall der Verlag nur auf Kommissionsbasis arbeitete und der Autor-Produzent, in Erwartung um so rascheren Absatzes, den Verkaufspreis allzu niedrig angesetzt hatte, erlöste er schließlich nur 230 Pfund (statt der erhofften 1000). Dennoch gelang Dickens mit diesem kalkulierten Weihnachtsmärchen eines seiner erfolgreichsten Bücher. ›A Christmas Carol‹ spielte alle möglichen Formen der Festbegehung durch, und bei aller Gewitztheit war es von geradezu herzergreifender Moral durchtränkt. Sein Zusatztitel ›Being a Ghost Story of Christmas‹ (Zugleich eine Christnachts-Geistergeschichte) ließ durchblicken, daß sich der Autor im älteren Volksglauben auskannte.

Zum nächsten Weihnachsfest folgte eine weitere Geistergeschichte, und diesmal war das Manuskript bereits am 3. November satzreif. Es drehte sich um die ominöse Silvesternacht, in der das Neue Jahr herbeigeläutet, -getanzt und -geschossen wird und in der manche Einkehr halten bei sich. Die vor Weihnachten ausgelieferten ›Silvesterglocken‹ trugen, ebenso pfiffig wie marktüblich, die neue Jahreszahl 1845. Dickens ließ noch drei weitere Weihnachtsgeschichten folgen und gab sie dann, in einen Band gebunden, als ›Christmas Books‹ 1852 heraus.

Andersen und Dickens verstanden sich gut, so wie Andersen sich auch mit Heine verstand, der sich von ihm alles über die Anhänglichkeit dänischer Kobolde erzählen ließ; aber Andersen und die Brüder Grimm waren in ihren Auffassungen vom Märchen allzu verschieden, als daß sie miteinander warm wurden. Im ›Märchen meines Lebens‹ schildert der Däne, wie er in Berlin die Grimms aufsuchen wollte und an ihrer Haustür läutete; auf Befragen, welchen der beiden Brüder er nun sprechen wollte, sagte er, einigermaßen verlegen: »Mit dem, der am meisten geschrieben hat!« Da führte ihn das Dienstmädchen zu Jacob, der aber das Märchengeschäft weitgehend an Wilhelm abgegeben hatte und mit dem Namen Andersen nichts anzufangen wußte. Höflich verwies er auf seinen Bruder, aber Andersen war für diesmal die Lust vergangen, ihn kennenzulernen, und er rannte aus dem Haus.

Mehr nach dem Geschmack der Grimms waren die vier Heftchen ›Norske folkeeventyr‹ (Nordische Volksmärchen), die in eins gebunden 1844 in Christiania, dem heutigen Oslo, erschienen. Die Urheber waren zwei Freunde, Peter Christen Asbjørnsen, Sohn eines Glasermeisters aus Christiania, und Jørgen Moe, der von einem großen Hof im Distrikt Ringerike her stammte. Angehender Botaniker und Zoologe der eine, der andere eher philologisch und theologisch interessiert (er sollte es noch bis zum Bischof bringen). Noch als sie Schüler waren, hatte ihr Landsmann Andreas Faye, eben zurück von einem Besuch bei Jacob Grimm, sie dazu bewogen, ihm beim Märchen- und Sagensammeln zu helfen. Aber die Frucht langjährigen Sammelns und Aufzeichnens wollten sie selbst genießen. Weil ihr erster Märchenband bald vergriffen war, stoppten sie die Fortführung des zweiten – und brachten beide in verbesserter Form 1852 heraus. Doch da war eine deutsche Ausgabe längst erschienen, Friedrich Bresemann hatte sie übersetzt, Ludwig Tieck hatte sie eingeleitet und Wilhelm Grimm sie geadelt: »eine ungemein frische Sammlung norwegischer Märchen«. Hier finden wir endlich ganz genuine Weihnachtsgeschichten: ›Die Mühle, die auf dem Meeresgrund mahlt‹ und ›Das Kätzchen auf Dovre‹. Mehr über Trollweihnachten enthält die von Asbjørnsen allein verantwortete Sammlung ›Norske Huldreeventyr og Folkesagn‹ (Nordische Elfenmärchen und Volkserzählungen) im ersten Band der zweiten Auflage 1859: ›Hans-Nikolai und Glück-Anders‹ und die weihnachtlich umwehte Geschichte von Per Gynt, erzählt von einem Vogelschützen, den Asbjørnsen zufällig auf der Rentierjagd getroffen hatte. Überhaupt hatte es Asbjørnsen viel mit Jägern, Waldarbeitern und Sennen zu tun, und seine Geschichten gewannen zunehmend an Kraft und Genauigkeit. Ein spezifisch norwegisches Dilemma war, daß es zu der Zeit keine landeseigene Schriftsprache gab; bis 1814 war man von den Dänen beherrscht worden, danach hatten die Schweden dominiert; es galt daher, eine im Dialekt mitgeteilte Geschichte so in die Schriftsprache zu übersetzen, daß sie jeder verstehen konnte und sie dennoch ihren Saft nicht verlor. Für die literarische, für die stilistische Erneuerung der norwegischen Sprache haben gerade diese Märchensammlungen immens viel beigetragen.

Und wieder ist jene magische Wechselwirkung zu verspüren. Asbjørnsen fühlt sich in der Nachfolge Crofton Crokers, den er durch die Grimm-Ausgabe kennt; viele seiner Märchen und Sagen umgibt er mit Schilderungen ihrer Umwelt und der Situation, in der sie ihm zugetragen wurden; die nordischen Huldrenwesen erscheinen ihm wie Halbgeschwister der irischen Feen. Sein Freund Moe wiederum macht sich die Ideen Jacob Grimms zu eigen, insbesondere dessen Forderung, das Erzählte möglichst so wiederzugeben, wie er es gehört hatte. Die Brüder Grimm akzeptieren, so wie sie es bei Crokers keltischen Erzählstoffen schon akzeptiert hatten, daß auch das norwegische Erzählgut keine reinliche Trennung von Märchen und Sage kennt – und daß ihr eigener Märchenbegriff sich anreichert, dank anderer Motive, Varianten, Färbungen, Melodien.

Das gilt auch für die Russischen Volksmärchen – nicht jenen, die Anton Dieterich in den Urschriften gesammelt und ins Deutsche übersetzt hat (Jacob Grimm gab ihnen 1831 ein Vorwort mit auf den Weg), sondern den ›Narodnye russkie skazki‹ des Aleksandr Nikolajewitsch Afanasjew, die 1855-1863 in Petersburg erschienen und zunächst acht Lieferungen umfaßten, später in der maßgeblichen Ausgabe von V. J. Propp drei stattliche Bände. Afanasjew hat alles zusammengetragen, was sich nur denken läßt, Tiermärchen, Zaubermärchen, Abenteuermärchen, Novellenmärchen, Lügen- und Scherzmärchen, in dieser wohlüberlegten Anordnung. Bei ihm werden wir winterlich–weihnachtlich wieder fündig, mit dem naturmythisch angehauchten ›Junker Frost‹, dem archaischen ›Der Frost, die Sonne und der Wind‹ und der Legende vom ›Väterchen Nikolaj‹.

Afanasjew, »der russische Grimm«, der nur 45 Jahre alt wurde, war nur gelegentlich selbst der Aufzeichner seiner Märchen, und so finden sich bei ihm auch keine Notierungen der Erzähler und der Erzählsituation. Als Archivar des Außenministeriums fand er, im Archiv der Russischen Geographischen Gesellschaft, einen ersten Fundus vor, und.das weitere Material organisierte er mit Hilfe von Sammler–Korrespondenten dieser hochangesehenen Gesellschaft; gedruckte Sammlungen und Volksbilderbogen (Lubok) vervollständigten die Sammlung, die nahezu dreimal so umfangreich wurde wie die der ›Kinder- und Hausmärchen‹. Afanasjew, dem eine quellengetreue Wiedergabe der Texte sehr am Herzen lag, sogar mehr noch als seinen Vorbildern, den Brüdern Grimm, hat sich als erster Folklorist seines Landes um die ostslawischen Literaturen verdient gemacht; als erster brachte er Märchen der Weißrussen und Ukrainer in Mundart heraus. Der »mythologischen Schule«, begründet von Jacob Grimm, vermochte er neue Impulse zu geben.

So erweisen sich die Brüder Grimm immer mehr als ein Dreh- und Angelpunkt in europäischer Sicht. Da die Suche nach Winter- und Weihnachtsmärchen von ihnen nicht direkt etwas erhoffen konnte, waren längere Wege nötig: nach Norwegen, nach Rußland. Der Herausgeber mußte sich, aber das zu erzählen führte zu weit, auch in Island und auf dem Balkan umtun, bei Schotten und Schweden, Lothringern und Provençalen. In einem der zwölf Kapitel, überschrieben ›Die Magier aus dem Morgenland‹, führte die Fährte über den angestammten Kontinent hinaus; denn von den Gabenbringern, die nach dem heiligen Kind suchen, erzählt man sich auch in Mexiko und Brasilien.

Ein zentrales Kapitel – ›Weihnachtsfratzen‹ – ist letztlich den Brüdern Grimm zu danken. Denn sie waren es, die auf das allererste und allermerkwürdigste Weihnachtsbuch deutscher Sprache aufmerksam gemacht haben, eines, das uns die christlichen Unter- und Gegenwelten erahnen läßt, die dem Volksglauben früherer Jahrhunderte noch sehr geläufig waren. Hier, in den ›Saturnalien‹ des Leipziger Gelehrten Johannes Praetorius, geht es um ›Aberglaub und Zauberey‹ der Weihnacht. Und da er auch Deutschlands frühester Sagenerzähler ist, berichtet er munter von Leuten, die in der Christnacht zu

Werwölfen werden, oder von abenteuerlichen Orakelpraktiken, oder von immervollen Kannen Bier. Und er erzählt es so, daß hinter allem Spott und bei aller Fratzenhaftigkeit ein leiser Zweifel sich erhebt, ob nicht doch etwas an der Sache dran sei.

Die christlichen Kirchen haben sich der Weihnacht bemächtigt, indem sie Ikonen aufstellten: die Jungfrau Maria und das Kind, das Geschehen im Stall zu Bethlehem, den Gabenspender St. Nikolaus, die Huldigung der heiligen drei Könige, die Flucht der heiligen Familie nach Ägypten. All das wollen wir, auch in dieser Sammlung, nicht missen. Daß es noch ein anderes, wildes Weihnachten gibt, geriet darüber in Vergessenheit. Dieses Büchlein will, daß die ganze erzählte Weihnacht bekannt werde.

Quellennachweis

I Väterchen Frost und Schneekönigin

Junker Frost. Nach A. N. Afanasjew, Russische Volksmärchen (1855–63), Bd. I, Nr. 95, übersetzt von Günter Dalitz. Aus: Erna Pomeranzewa (Hrsg.), Russische Volksmärchen, Berlin 1976, Nr. 45. Mit freundlicher Genehmigung des Akademie-Verlages, Berlin.

Der Vater der Kälte. Nach Eesti Rahva Muuseumi Aastaraamat 51, S. 23f. und Norman/Lätt, Ule oue ounapuu (1955), S. 93, übersetzt von Oskar Loorits. – Erster Abschnitt aus: O. L., Grundzüge des estnischen Volksglaubens, Bd. II, Lund 1951, S. 67f. – Zweiter Abschnitt aus: Estnische Volkserzählungen, hrsg. von Oskar Loorits, Berlin 1959, Nr. 69. Mit freundlicher Genehmigung des Verlages Walter de Gruyter, Berlin.

Der Frost, die Sonne und der Wind. Nach A. N. Afanasjew, Russische Volksmärchen (1855–63), Bd. I, Nr. 91, übersetzt von Swetlana Geier. Aus: A. N. A., Russische Volksmärchen, Bd. I, München 1985, S. 92. Mit freundlicher Genehmigung des Artemis & Winkler Verlages, München.

Die Schneekönigin. Nach mündlicher Erzählung von Luise Portmann (Winter 1938/39). Aus: Lothringer Volksmärchen, gesammelt und hrsg. von Angelika Merkelbach-Pinck, Kassel 1940, S. 36–38. Mit freundlicher Genehmigung des Bärenreiter-Verlages, Kassel.

Schlittenpartie mit Rübezahl. Nach Johannes Praetorius, Satyrus Etymologicus, Oder der Reformirende oder Informirende Rübe-Zahl: Welcher in hundert nachdencklichen und neuerfundenen eines und seines Namens Derivationibus, sampt einer wackern Compagnie der possirlichsten und wahrhafttigsten Historien von gedachtem Schlesischen Gespenste, nebenst anderen beygebrachten köstlichen raritäten und argutien ... vorstellet, Leipzig 1668.

Das Schneekind. Nach Minc/Poliscuk/Pomeranceva, Russische Volksdichtung in Baschkirien (1957), übersetzt von Günter Dalitz. Aus: Erna Pomeranzewa (Hrsg.), Russische Volksmärchen, Berlin 1976, Nr. 19. Mit freundlicher Genehmigung des Akademie-Verlages, Berlin.

II Sankt Nikolaus in mancherlei Gestalt

Nikolaus rettet drei Schwestern vor Unzucht und Schande. Nach der Legenda aurea sive historia Lombardica (1263– 88) des Jacobus de Voragine, übersetzt von Richard Benz. Erstdruck Jena 1917–21. Aus: Jacobus de Voragine, Legenda aurea, 10. Auflage, Heidelberg 1984, S. 26f.

Nikolaus, der Patron der Schiffsleute. Nach der Legenda aurea ... Ebda., S. 28. Abdruck dieses und des vorhergehenden Textes mit freundlicher Genehmigung des Gütersloher Verlagshauses, Gütersloh.

Nikolaus, der Wundertäter. Nach der von der Russischen Geographischen Gesellschaft herausgegebenen Sammlung ›Zapiski krasnojarskago‹, Bd. I, Nr. 51 (1902), übersetzt von August von Löwis of Menar. Aus: Russische Volksmärchen, hrsg. von August von Löwis of Menar, Jena 1914, Nr. 48. Mit freundlicher Genehmigung des Eugen Diederichs Verlages, München.

Väterchen Nikolaj. Nach A. N. Afanasjew, Russische Volksmärchen (1855–63), Nr. 451, übersetzt von Swetlana Geier. Aus: A.N.A., Russische Volksmärchen, Bd. II, München 1985, S. 909f. Mit freundlicher Genehmigung des Artemis & Winkler Verlages, München.

Der heilige Nikolaus und der heilige Kassian. Nach Oskar Loorits, Der heilige Kassian und die Schaltjahrlegende (Folklore Fellows Communications, Bd. 149, 1954), S. 94, von O. L. übersetzt. Aus: Legendenmärchen aus Europa, hrsg. von Felix Karlinger und Bohdan Mykytiuk, Düsseldorf/Köln 1967, Nr. 73. Mit freundlicher Genehmigung des Eugen Diederichs Verlages, München.

Der Schmutzli. Nach ›Kinder- und Hausmärchen aus der Schweiz‹, gesammelt und hrsg. von Otto Sutermeister, Aarau 1869, Nr. 55.

Der Pelzmärte. Nach Karl Theodor Griesinger, Silhouetten aus Schwaben (1838), 3. vermehrte Auflage, Stuttgart 1863, S. 253–59.

III Von Maria und Joseph und von den Engeln

Maria und der engel. Nach Simon Fl. Marian, Legendale Maicii Domnului. Bukarest 1904, S. 23f., übersetzt von Felix Karlinger. Mit freundlicher Genehmigung des Übersetzers.

Der brennende Himmel. Nach einer Magnetophonaufzeichnung aus der Sammlung Henri Noël, Erzähler Gregor Marchedian (1984), übersetzt von Felix Karlinger. Mit freundlicher Genehmigung des Übersetzers.

Joseph und der Engel. Nach dem Volksbuch ›Joachim und Anna‹, aus dem Arabischen neu verdeutscht von O. L. B. Wolff, Leipzig o. J. (1848), Kap. 19, S. 15f.

Maria und Frau Weihnachten. Nach Alexander Dima, Rumänische Märchen, Leipzig 1944, S. 134. Aus: Felix Karlinger, Heilige Ereignisse – Heilige Zeiten, Wien 1988, Nr. 12. Mit freundlicher Genehmigung des Autors.

Vom Esel, der Maria und das Kind trug. Nach E. Henry Carnoy, Littérature orale de Picardie (1883), übersetzt von Ulf Diederichs.

Das Weizenwunder. Nach Achille Millien, Petites fables et légendes du Nivernais (1887), übersetzt von Ulf Diederichs.

Der Brotteigsegen. Nach A. de Nino, Usi e costumi abruzzesi vol. 4: Sacre leggende, Firenze 1887, übersetzt von Ulf Diederichs.

Der Erzengel. Nach Pauline Schullerus, Rumänische Volksmärchen aus dem mittleren Harbachtal, Hermannstadt 1907, Nr. 21, erzählt von Lina Subtirel aus Alzen (dort u. d. T. Das Bild der heiligen Maria).

Die heilige Maria von Rosenthal. Nach Karl Haupt, Sagenbuch der Lausitz. Zweiter Theil: Die Geschichte, Leipzig 1863, Nr. 287.

Die Muttergottes hat's geheissen. Nach ›Rosinkess mit Mandlen. Aus der Volksliteratur der Ostjuden ...‹, gesammelt von Immanuel Olsvanger, Basel 1931, Nr. 320. Mit freundlicher Genehmigung des Arche Verlages, Zürich.

Wie Joseph dem Jesus ein Müslein kochte. Nach dem Rollwagenbüchlein, an den Tag gebracht und zusammengelesen durch Jörg Wickram (1555, fünfte vermehrte Auflage 1565).

Der Rabbi und der Engel. Nach der Lemberger Zeitschrift ›Leben und Werk‹, 3. Jg. 1895, S. 53f., übersetzt von Hilde Bergner und Bohdan Mykytiuk. Aus: Legendenmärchen aus Europa, hrsg. von Felix Karlinger und Bohdan Mykytiuk, Düsseldorf/Köln 1967, Nr. 58. Mit freundlicher Genehmigung des Eugen Diederichs Verlages, München.

IV Die Weihnachtsgeschichte – einmal anders

Die Weihnachtsgeschichte nach dem Evangelium des Jakobus. Nach dem Protevangelium des Jakobus (Hs. des 3. Jh.), Kap. 17, 1–19, 1. Aus: Die Andere Bibel. Ediert und herausgegeben von Alfred Pfabigan. Frankfurt a. M. 1990, Teil ›Das Neue Testament‹, S. 12f. Mit freundlicher Genehmigung des Eichborn Verlages, Frankfurt am Main.

Von den Wundern, die in der Heiligen Nacht geschahen. Nach dem apokryphen Evangelium des Pseudo-Matthäus (8./9. Jh.), nach Geufroi de Paris, Bible des VII. Estaz du Monde, und der anonym erschienenen La Nativité Nostre Seigneur Jesu Christ et ses enfances (13. Jh.), zusammengetragen von Maurice Vloberg (Les noëls de France, Grenoble 1938), übersetzt von Hanna Moog.

V Der Weihnachtsschmaus

Der Würzkessel. Nach hs. Aufzeichnung von Dr. v. Sydow (Lund), übersetzt von Klara Stroebe. Aus: Nordische Volksmärchen. Erster Teil: Schweden, hrsg. von Klara Stroebe, Jena 1915, Nr. 18(a). Mit freundlicher Genehmigung des Eugen Diederichs Verlages, München.

Das Weihnachtsschwein. Nach Edmund Schneeweis, Die Weihnachtsbräuche der Serbokroaten, Wien 1925, § 31. Mit freundlicher Genehmigung des Vereins für Volkskunde, Wien.

Wie es zum christlichen Schweinsbraten kam. Nach Gustav Bilfinger, Das germanische Julfest, Stuttgart 1901, S. 33.

das heilige Mahl. Nach Joh. Adolf Heyl, Volkssagen, Bräuche und Meinungen aus Tirol, Brixen 1897, Kap. Bräuche und Meinungen, Nr. 65.

Warum es zum Heiligen Abend süssen Brei gibt. Nach mündlicher Erzählung der bosnischen Bäuerin Halja Rupa, Tonbandaufzeichnung 1979 in Trnjani (Bosnien), übersetzt von Bohdan Mykytiuk und Hilde Bergner. Mit freundlicher Genehmigung der Übersetzer.

Das Kätzchen auf Dovre. Nach den von Peter Christen Asbjørnsen herausgegebenen Norwegischen Elfenmärchen und Volkserzählungen (Christiania 1842–44), übersetzt von Friedrich Bresemann. Aus: Asbjørnsen/Moe, Norwegische Volksmärchen, Bd. I, Berlin 1847, Nr. 26.

Das widerhaarige Weib. Nach Eero Salmelainen (Erik Rudbeck), Suomen Kansan Satuja ja Tarinoita, Heft 4 (1866). Aus: Finnische Märchen, übersetzt von Emmy Schreck, Weimar 1887, Nr. 21.

Dem Christfest entronnen. Nach J. F. Campbell, Popular Tales of the West Highlands, Bd. I (1860), S. 199f., übersetzt von Ursula Clemen. Aus: Schottische Volksmärchen, gesammelt und hrsg. von Hannah Aitken und Ruth Michaelis-Jena, Düsseldorf/Köln 1965, Nr. 40 (dort u. d. T. Die Geschichte vom weißen Lamm). Mit freundlicher Genehmigung des Eugen Diederichs Verlages, München.

Dreimal ist genug. Nach Erzherzog Ludwig Salvator, Märchen aus Mallorca, Würzburg, und Würzburg 1896, S. 267–271 (dort u. d. T. Der Sklaven-Patron).

Weihnachtsalmosen. Nach ›Legends of Saints and Sinners‹. Collected and translated from the Irish by Douglas Hyde, Dublin 1916, S. 70–75, übersetzt von Ulf Diederichs. – Der Märchensammler Douglas Hyde, 1938 zum ersten Präsidenten des Staates Irland gewählt, bekam diese Legende um 1890 von Mary Gowlan aus Cathair-na-Mort erzählt.

Die Mühle, die auf dem Meeresgrund mahlt. Nach den von Peter Christen Asbjørnsen herausgegebenen Norwegischen Elfenmärchen und Volkserzählungen (Christiania 1842–44), übersetzt von Friedrich Bresemann. Aus: Asbjørnsen/Moe, Norwegische Volksmärchen, Bd. II, Berlin 1847, Nr. 20.

VI Wonnen und Schrecken der Christnacht

Vom Weihnachtsbrot, das den Teufel verjagte. Nach ›Ukrainski narodni kazky schidnöi slovaččyni‹ (Ukrainische Märchen aus der Slowakei), Bd. 3, Prešov 1969, S. 90–95, übersetzt von Bohdan Mykytiuk und Hilde Bergner. Mit freundlicher Genehmigung der Übersetzer.

Weihnachten in der Mühle. Nach mündlicher Erzählung von Lisa Schild (November 1936) in der Meistube von Frau Ris. Aus: Lothringer Volksmärchen, gesammelt und hrsg. von Angelika Merkelbach-Pinck, Kassel 1940, S. 133–35. Mit freundlicher Genehmigung des Bärenreiter-Verlages, Kassel.

Die Christmesse in der Wildemänner Kirche. Nach August Ey, Harzmärchenbuch, Stade 1862, S. 208–10.

Julspuk. Nach hs. Aufzeichnung von Dr. v. Sydow (Lund), übersetzt von Klara Stroebe. Aus: Nordische Volksmärchen. Erster Teil: Schweden, hrsg. von Klara Stroebe, Jena 1915, Nr. 5. Mit freundlicher Genehmigung des Eugen Diederichs Verlages, München.

Das Feenschloß zu Tomnafurich. Nach W. Grant Stewart, The Popular Superstitions and Festive Amusements of the Highlanders of Scotland, Edinburgh 1823, übersetzt von F. Nork. Aus: Der Festkalender (J. Scheible, Das Kloster, Bd. 7), Stuttgart 1847, S. 769f.

Die Nacht der Huldren. Nach Konrad Maurer, Isländische Volkssagen der Gegenwart, Leipzig 1860, S. 26f.

Der unheimliche Reiter. Nach Konrad Maurer a. a. O., S. 73 f. – Erzähler Sigurdur Gudmunsson.

Die entheiligte Christnacht. Nach W. A. J. von Tettau und J. D. H. Temme, Die Volkssagen Ostpreußens, Litthauens und Westpreußens, Berlin 1837, Nr. 129.

Der schwarze Hund in Görlitz. Nach Karl Haupt, Sagenbuch der Lausitz (Neues Lausitzisches Magazin, Bd. 40, 1863, Nr. 177).

Liebeszauber rächt sich. Nach Karl Haupt a. a. O., Nr. 235.

Das Wasser wird Wein. Nach Bernhard Baader, Volkssagen aus dem Lande Baden und den angrenzenden Gegenden, Karlsruhe 1851, S. 338, 418, und nach Theodor Vernaleken, Mythen und Bräuche des Volkes in Österreich, Wien 1859, Volksbräuche Nr. 12, S. 290 f.

Der Elch. Nach hs. Aufzeichnung und Übersetzung von Karel Svoboda. Aus: Legendenmärchen aus Europa, hrsg. von Felix Karlinger und Bohdan Mykytiuk, Düsseldorf/Köln 1967, Nr. 95 (dort u. d. T. Eine Weihnachtsgeschichte). Mit freundlicher Genehmigung des Eugen Diederichs Verlages, München.

Tiere reden in der Christnacht. Nach Theodor Vernaleken, Mythen und Bräuche des Volkes in Österreich, Wien 1859, Volksbräuche Nr. 13, S. 291, und nach Karl Reiser, Sagen, Gebräuche und Sprichwörter des Allgäus. Erster Band, Kempten 1895, Nr. 501.

Was sich die Wildschweine erzählen. Nach einem slowenischen Originaltext übersetzt von Robert Wildhaber. Aus: Felix Karlinger, Heilige Ereignisse – Heilige Zeiten, Wien 1988, Nr. 25. Mit freundlicher Genehmigung des Autors.

Christlicher Veitstanz. Nach Karl Friedrich Flögel, Geschichte des Grotesk-Komischen (1788). Neu bearbeitet und erweitert von Friedrich W. Ebeling, Leipzig 1862, S. 243 f.

VII Eine Kompanie Weihnachtsfratzen

Sämtliche Texte dieses Kapitels sind, der Reihenfolge nach, folgendem Werk entnommen: Saturnalia: Das ist / Eine Compagnie Weihnachts-Fratzen / Oder Centner-Lügen / und possierliche Positiones: Zusammengeleget und auch Wiederleget Von M. Johanne Praetorio, Leipzig 1663. – Das Buch umfaßt 65 sog. Propositiones bzw. Fratzen. Hier werden berücksichtigt: propositio III, IV, VIII, XXIII, XXXVI, LIII, LIV, LV, LVI, LVIII, LX, LXI, LXII, LXIII und LXIV.

VIII Die wilde Zeit der Zwölften

ALTE WUNDERLICHE FESTE. Nach Sebastian Franck, Chronica, Zeytbuoch und Geschycht Bibel, Straßburg 1531.

DIE ZWÖLF NÄCHTE. Nach Emil Sommer, Sagen, Märchen, und Gebräuche aus Sachsen und Thüringen, Halle 1846, S. 162.

DIE WILDE BERTA KOMMT. Nach Brüder Grimm, Deutsche Sagen, Bd. I, Berlin 1816, Nr. 268.

FRU GAUDEN ZIEHT UMHER. Nach Carl und Theodor Colshorn, Märchen und Sagen, Hannover 1854, Nr. 75 – z. T. in der Bearbeitung durch Jacob Grimm, Deutsche Mythologie, Bd. II. Vierte Ausgabe, besorgt von Elard Hugo Meyer, Berlin 1876, S. 771–73.

DER WODE. Nach Karl Müllenhoff (Hrsg.), Sagen, Märchen und Lieder der Herzogthümer Schleswig Holstein und Lauenburg, Kiel 1845, S. 372f.

DER TÜRST, DAS POSTERLI UND DIE STRÄGGELE. Nach Brüder Grimm, Deutsche Sagen, Bd. I, Berlin 1816, Nr. 269.

DIE CHRUNGELINACHT. Nach Karl Friedrich Flögel, Geschichte des Grotesk-Komischen. Nach der Ausgabe von 1788 neu bearbeitet und hrsg. von Max Bauer. Zweiter Band, München 1914, S. 258.

IN DER RAUHNACHT LASS DIE ARBEIT SEIN. Nach A. Schackerl, Geheimnisse des Böhmerwaldes, Prachatitz 1900, S. 28, und nach Hans Watzlik, Böhmerwaldsagen, Budweis 1921, S. 85.

DAS KREISSTEHEN. Nach Theodor Vernaleken, Mythen und Bräuche des Volkes in Österreich, Wien 1859, S. 344f.

DAS SCHNEEWEIßE PFERD. Nach Theodor Vernaleken a. a. O., S. 346f.

DER RÜHRLÖFFEL, DER HELLSICHTIG MACHT. Nach Ernst Meier, Deutsche Sagen, Sitten und Gebräuche aus Schwaben, Stuttgart 1852, Nr. 215.

WETTERORAKEL. Nach Max Toeppen, Aberglauben in Masuren, Königsberg 1866, S. 52f.

LOHN VERSCHEUCHT DIE HAUSGEISTER. Nach Josef Virgil Grohmann, Sagen aus Böhmen, Prag 1863, S. 203–5 (basiert auf Vernaleken a. a. O., Nr. 48).

DAS PERCHTENLAUFEN. Nach Ignaz Vinzenz Zingerle, Sagen aus Tirol (1850), 2. Auflage, Innsbruck 1891, Nr. 37.

DAS KIND MIT DEM TRÄNENKRUG. Nach W. Börner, Volkssagen aus dem Orlagau, Altenburg 1838, S. 142f.

IX Weihnachten bei den Trollen

DER TANZ UM DIE STEINE. Nach Arv. Aug. Afzelius, Volkssagen und Volkslieder aus Schwedens älterer und neuerer Zeit. Aus dem

Schwedischen übersetzt von F. H. Ungewitter. 2. Theil, Leipzig 1842, S. 333–36.

HULDRA UNTER DEM EIS. Nach F. Nork, Der Festkalender, Stuttgart 1847, S. 770f. (J. Scheible, Das Kloster, Bd. 7).

DER ALTE ERIK. Nach J. A. Lundell u. a. (Hrsg.), Sagor, sägner, legender, äventyr och skildringar av folkets levnadssätt på landsmål, Stockholm 1881, Nr. 72, übersetzt von Kurt Schier. Aus: Schwedische Volksmärchen, hrsg. von Kurt Schier, Düsseldorf/Köln 1971, Nr. 55. Mit freundlicher Genehmigung des Eugen Diederichs Verlages, München.

GRETTIR UND DAS TROLLWEIB. Nach R. C. Boer (Hrsg.), Grettis saga Asmundarsonar, Halle 1900 (Altnordische Saga-Bibliothek, Bd. 8), Kap. 64–66, übersetzt von Ulf Diederichs.

DER HIRT VON SILFRUNARSTADIR. Nach Margarete Lehman-Filhés (Hrsg.), Isländische Volkssagen. Aus der Sammlung von Jón Árnason ausgewählt und aus dem Isländischen übersetzt, Berlin 1889, S. 87–91.

ULFHILD DIE ELBENFRAU. Nach Margarete Lehman-Filhés a. a. O., S. 49–53.

HANS NIKOLAI UND GLÜCK-ANDERS. Nach ›Norske Huldre-Eventyr og Folkesagn‹, fortalte af Peter Christen Asbjørnsen, 2. verbesserte Auflage, Christiania 1859, Bd. 1, S. 77–85, übersetzt von Violetta Wallenborn und Ulf Diederichs.

X Die Magier aus dem Morgenland

DIE MAGIER IN DREIFACHEM SINN. Nach der Legenda aurea sive historia Lombardica (1263-88) des Jacobus de Voragine, übersetzt von Richard Benz. Erstdruck Jena 1917–21. Aus: Jacobus de Voragine, Legenda aurea, 10. Auflage, Heidelberg 1984, S. 103–111 (gekürzt). Mit freundlicher Genehmigung des Verlages Lambert Schneider, Heidelberg.

RÜBEZAHL BESCHENKT DIE HEILIGEN DREI KÖNIGE. Nach Johannes Praetorius, Satyrus Etymologicus, a. a. O., Leipzig 1668.

DAS KÖLNER DREIKÖNIGSFEST. Aus: Paul Kaufmann, Mein rheinisches Bilderbuch. Jugenderinnerungen, Berlin 1936, S. 82f. Mit freundlicher Genehmigung des Verlages J. A. Stargardt, Marburg.

DER KNÜPPEL AUS HOLZ. Nach einer Stenogrammaufzeichnung aus der Sammlung Henri Noël (1952), übersetzt von Felix Karlinger. Aus: Felix Karlinger, Heilige Ereignisse – Heilige Zeiten, Wien 1988, Nr. 14. Mit freundlicher Genehmigung des Autors.

DIE HEILIGEN DREI MAGIER ALS PATEN. Nach mündlicher Erzählung von Aranda Silva aus Ciudad del Carmen, übersetzt von Felix Karlinger.

Aus: Märchen aus Mexiko, hrsg. von Felix Karlinger und Maria Antonia Espadinha, Düsseldorf/Köln 1978, Nr. 37. Mit freundlicher Genehmigung des Eugen Diederichs Verlages, München.

DAS WAISENKIND UND DIE HEILIGEN DREI KÖNIGE. Nach Ferreira, Lendas Brasileiras, Rio de Janeiro 1961, übersetzt von Felix Karlinger. Aus: Brasilianische Märchen, hrsg. von Felix Karlinger und Geraldo de Freitas, Düsseldorf/Köln 1972, Nr. 63. Mit freundlicher Genehmigung des Eugen Diederichs Verlages, München.

XI Silvesternacht und Neujahrsmorgen

DIE MESSE DER WÖLFE. Nach J. F. Bladé, Contes populaires de la Gascogne. Bd. II, Paris 1886, S. 360f., übersetzt von Inge Übleis. Aus: Felix Karlinger und Inge Übleis (Hrsg.), Südfranzösische Sagen, Berlin 1974, Nr. 102. Mit freundlicher Genehmigung des Erich Schmidt Verlages, Berlin.

HULDRENTÄNZE IN DER NEUJAHRSNACHT. Nach Jón Árnason, Íslenzkar Thjódsögur og Aevintýri. Erster Band, Leipzig 1862, S. 117f., übersetzt von Maria-Claudia Heß. – 1846 von Jón Árnason aufgezeichnet.

JON KRUKK. Nach Margarete Lehman-Filhés (Hrsg.), Isländische Volkssagen. Aus der Sammlung von Jón Árnason ausgewählt und aus dem Isländischen übersetzt. Neue Folge, Berlin 1891, S. 259f.

LIEBESZAUBER IN DER NEUJAHRSNACHT. Nach Ulrich Jahn, Volkssagen aus Pommern und Rügen, Stettin 1886, Nr. 448.

DAS GESICHT IN DER NEUJAHRSNACHT. Nach der fünfbändigen Sammlung Rahwa-raamat, Dorpat und Riga 1893–95, Bd. 4, Nr. 47, übersetzt von August von Löwis of Menar. Aus: Finnische und estnische Volksmärchen, hrsg. von August von Löwis of Menar, Jena 1922, Nr. 57. Mit freundlicher Genehmigung des Eugen Diederichs Verlages, München.

FÜR DIE KATZ. Nach Karl Haupt, Sagenbuch der Lausitz (Neues Lausitzisches Magazin, Bd. 40, 1863, Anm. zu Nr. 149.

DIE WUNSCHSTUNDE. Nach Margarete Lehman-Filhés (Hrsg.), Isländische Volkssagen. Aus der Sammlung von Jón Árnason ausgewählt und aus dem Isländischen übersetzt. Neue Folge, Berlin 1891, S. 258.

DAS KLEINE MÄDCHEN MIT DEN SCHWEFELHÖLZCHEN. Nach Hans Christian Andersen, Gesammelte Märchen. Vollständige vom Verfasser besorgte Ausgabe, 2. Auflage, Leipzig 1848, S. 401–04.

DER KÖNIG DES NEUEN JAHRES. Nach Theodor Vernaleken, Mythen und Bräuche des Volkes in Österreich, Wien 1859, Volksbräuche Nr. 15, S. 292.

XII Jetzt schlägt's Zwölfe

Die zwölfte Nacht. Recherchiert und beschrieben von Ulf Diederichs.

Von den zwölf Monaten. Nach Joseph Wenzig, Westslawischer Märchenschatz. Ein Charakterbild der Böhmen, Mährer und Slowaken in ihren Märchen, Sagen, Geschichten, Volksgesängen und Sprüchwörtern, Leipzig 1857, S. 20–26.

Wie ein Holzschnitzer für einen Erzbischof zwölf Apostel arbeitete. Nach J. Basanavicius (Hrsg.), Lietuviskos pasakos yvairios, Bd. II, Chicago 1904, S. 278f., übersetzt von F. Specht. Aus: Lettisch-litauische Volksmärchen, hrsg. von M. Boehm und F. Specht, Jena 1924, Nr. 33. Mit freundlicher Genehmigung des Eugen Diederichs Verlages, München.

Der Kutscher und die Koljaden. Nach E. R. Romanow, Belorusskij Sbornik, Bd. 4, Witebsk 1891, Nr. 83, übersetzt von André Sikojev.

Zwölfe mit der Post. Nach Hans Christian Andersen, Gesammelte Werke. Vom Verfasser besorgte Ausgabe (Neue Märchen und Erzählungen, 2. Reihe, 1. Sammlung – 1861), Leipzig o.J.

Bildnachweis